"十三五"江苏省高等学校重点教材（编号：201

U0663547

创业管理案例集

国际化视野与本土化实践

彭 伟 主编

ZHEJIANG UNIVERSITY PRESS
浙江大学出版社

图书在版编目(CIP)数据

创业管理案例集:国际化视野与本土化实践 / 彭伟
主编. —杭州:浙江大学出版社,2018.1
ISBN 978-7-308-17538-8

Ⅰ.①创… Ⅱ.①彭… Ⅲ.①创业—案例—汇编—中
国 Ⅳ.①F249.214

中国版本图书馆 CIP 数据核字(2017)第 256613 号

创业管理案例集:国际化视野与本土化实践

彭 伟 主编

责任编辑	王 波	
责任校对	杨利军 吕倩岚 刘 郡	
封面设计	周 灵	
出版发行	浙江大学出版社	
	(杭州市天目山路 148 号 邮政编码 310007)	
	(网址:http://www.zjupress.com)	
排 版	杭州中大图文设计有限公司	
印 刷	杭州杭新印务有限公司	
开 本	787mm×1092mm 1/16	
印 张	13	
字 数	285 千	
版 印 次	2018 年 1 月第 1 版 2018 年 1 月第 1 次印刷	
书 号	ISBN 978-7-308-17538-8	
定 价	30.00 元	

　　2012年,党的十八大强调要坚持走中国特色自主创新道路,实施创新驱动发展战略。2015年,李克强总理在《政府工作报告》中明确提出要推动"大众创业、万众创新"。今天的中国,"大众创业、万众创新"的时代潮流正在蓬勃涌动。李克强总理对首届中国"互联网＋"大学生创新创业大赛做出的重要批示指出:"大学生是实施创新驱动发展战略和推进大众创业、万众创新的生力军,既要认真扎实学习、掌握更多知识,也要投身创新创业、提高实践能力。"将创新创业教育融入人才培养体系,着力培养具有创新能力与创业精神的人才,已经成为我国当前高等教育领域供给侧结构改革的重要突破口之一。

　　近年来,我国绝大多数高校先后构建了创业教育体系,开设了创业管理相关的课程。然而,总体来看,当前我国高校的创业教育仍然局限于创业显性知识的传授。创业显性知识的传授固不可少,但创业过程中同样蕴含着大量的隐性知识。创业隐性知识的获取对大学生创新能力与创业精神的培养至关重要。打破传统的创业教学模式,建立科学的创业隐性知识传播机制,是创新我国高校创业教育体系的重要抓手。

　　隐性知识是基于个体的经验在实践探索活动中产生的,与特定的情境相关,对未来的行动具有导向性,可以通过范例来学习。因此,案例教学是创业隐性知识传递的重要途径。案例教学法最早可以追溯至古希腊、罗马时代,但它真正作为一种教学方法的形成和运用却是在1870年由哈佛法学院首倡。19世纪90年代,哈佛医学院开始引入案例教学法。案例教学法在法律和医学教育领域的成功运用激励了商科教育领域。1908年,哈佛商学院正式成立时,案例教学法又被引入商科教育领域。案例教学法将特定的案例引入课堂,使学生进入特定的管理情境和管理过程,通过讨论寻求解决问题的方案,从而掌握有关的专业知识和技能。恰当的案例可以再现创业过程中具体的问题情境。通过案例教学,教授者运用类比、隐喻或者讲故事等形式将隐性知识揭示出来,使学习者更好地领悟创业活动背后的规律。基于此,精选创业案例,建立创业案例库,编写创业管理案例教材,实施创业管理案例教学无疑是大学生创业隐性知识学习的有效途径之一。

　　案例选择是编写创业管理案例教材的首要前提。为了编写一部兼具"理论高度、实践深度"的创业管理案例教材,我们遵循"前沿性、亲近性、代表性"三个原则来选择案例。"前沿性"要求我们要基于国际化的视野来选择那些追随甚至引领国际创业活动前沿的创业案例,Case 1、Case 2、Case 3、Case 6等都是追随国际前沿创业活动的案例,Case 8在一定程度上是引领国际创业活动前沿的案例。"亲近性"要求我们要基于本土化的实践,选择那些符合学生情感特征、认知特点,与学生现实生活有一定交叉,有助于引起学生情感共鸣的创业案例。Case 1、Case 6 讲述的创业活动与学生的日常生活密切相关,Case 7、Case 8、Case 9 讲述的是大学生的创业活动,尤其符合学生的情感特征与认知特点。"代表性"要求我们要兼顾创业主体以及创业类型的全面性与典型性,选择那些具有示范性的案例。当今,我国创业活动的主体由"小众"走向"大众",形成了由海归创业者、大企业高管和连续创业者、以大学生为主体的青年创业者、科技人员创业者组成的创客"新四军"。除了创客"新四军"之外,残疾人等弱势群体的创业活动也开始显现,突出地反映了"草根创业"的特征。此外,我国创业活动的类型也由传统的"经济创业"向"经济创业与社会创业并存"转变。基于我国创业活动的上述特征,我们遵循"代表性"原则,最终选择了 3 个海归人员创业案例、3 个高管创业案例、3 个大学生创业案例以及 1 个残疾人创业案例,构成"海归创业""高管创业""大学生创业""弱势群体创业"四个篇章。这四个篇章的 10 个案例中有不少属于社会创业,比如 Case 2、Case 3、Case 10 等。

在编写案例时,我们主要采取"真实客观""逻辑清晰""形象生动"三个原则来组织语言。为了编写"真实客观"的创业案例,我们首先通过期刊文献、报纸、公司网站、行业统计公报等渠道来收集大量的案例资料,构建每个案例的资料库;然后使用"三角验证"策略,使用那些通过多方验证的二手资料来陈述创业活动。为了向读者呈现"逻辑清晰"的创业案例,我们在对大量的二手资料进行整理与分析的基础上,尽可能按照时间顺序,基于由"创业者(创业团队)、创业机会、创业资源"构成的创业三要素模型来布局内容,来详细地陈述创业活动过程。此外,为了激发读者的兴趣,我们在编写案例时,尽可能采用生动幽默的语言,并且还适当引用了一些创业者的"原话"。

本书的框架设计、统稿工作由我本人完成,我指导的学生于小进、唐康丹、郑庆龄、鲍志琛、虞睿、孙步明参与了相关案例初稿的编写工作。由于时间紧迫以及能力所限,本书的部分内容仍有很多方面不尽如人意,疏漏之处可能在所难免。衷心希望广大读者能够给予批评和指正,及时反馈意见,以督促我们不断修改完善。

彭 伟

2017 年仲夏

C ONTENTS
目 录

高管创业篇

Case 5　王利芬：从央视记者到创业教母的华丽转身

Case 6　程维：站在互联网出行平台上的青年帅才

大学生创业篇

弱势群体创业篇

Case 10　郑卫宁:残疾人创业的典范

海归创业篇

Case 1　韩小红:中国专业体检机构的开荒者[①]

引　言

　　她是健康体检行业的领军人物,第一个在北京乃至全国建立专门健康体检机构;她是曾留学德国,深刻洞悉中德医学异同的肿瘤生物医学博士;她也曾身患癌症,在生与死之间挣扎——她,就是北京慈铭健康体检管理有限公司创始人韩小红。

　　"先驱有可能会成为先烈,但如果面对梦想一直踌躇不前,不敢放手一搏,害怕付出代价,那就不仅仅是一种逃避,更是一种自我放弃。"韩小红显然认同这样的行事逻辑。创业十多年,她所创办的慈铭体检无论品牌效应还是市场份额,以及商业模式都称得上是佼佼者。但她这十多年的创业路却充满艰辛,既在生活中经历过亲人与自己罹患重疾及各种失败和挫折,也在工作中经历过连一台核磁共振仪器也要申请多次才能购买的困难。面对生活和工作中的双重困难,韩小红是如何见招拆招的?她创办的慈铭体检又是如何从最初在体检市场中颠簸起伏的一叶扁舟,成长为如今乘风破浪加速前行的巨型航母?

一、学成归国

　　韩小红 1967 年 6 月出生于大连的一个医学世家,她的爷爷在当地是驰名的中医大夫,父母也都是医生。用韩小红的母亲的话来说:"医生这个职业就是胶皮饭碗,掉在地上不但不会摔破,还能蹦得老高,不用哈腰就能捡起来。"韩小红未来的职业选择也似乎从一开始就已注定。她儿时的梦想就是"当一名好医生",她心底这份最纯真的梦想从来没有变过。

　　一切都像预先设定好了一样,韩小红高考顺利考取大连医科大学医学专业。1990年,大学毕业后的她被分入了沈阳军区总医院肿瘤科。做了几年医生后,韩小红想考研,

　　①　本案例由彭伟、郑庆龄根据公开资料整理,版权归原作者所有,并对原作者的贡献表示感谢。案例仅供讨论,并无意暗示或说明某种管理行为是否有效。

因为她觉得对于医学这种相对复杂深奥的学科来说，不考研，不读博，将来恐怕很难有所建树。同为医生的父母非常同意女儿的想法，支持她的决定。"那时候考研挺难的，而且我放下书本也有两三年的时间了，所以我必须得格外努力才有戏。"认识到形势严峻的韩小红突击了半年时间，于1994年考取了北京医科大学①医学专业的研究生。

1994年夏季，韩小红踏上了从大连开往北京的列车。一路上，她很激动，她隐约感觉到，自己的梦想不再遥远，近得仿佛触手可及。这个"好医生"的梦想始终激励着韩小红，为了这个梦想，她觉得自己的一切努力都是值得的。在毕业前的最后三个月里，为了拿到实验数据做论文，韩小红从早上7点就钻进实验室里，一直忙到晚上11点。

1997年，韩小红硕士毕业后，来到全国最好的一家部队医院——解放军总医院（301医院）②。此时，该院的肿瘤科正在扩建，急需一批人才，韩小红便成了一名肿瘤科大夫。韩小红最终"花落"301医院肿瘤科，这该算是一个不错的"归宿"，当时的韩小红自己也这么认为。然而，没过多久，她就发现，这好像并不是自己一直以来所追逐的梦想。

治病救人，本是一名医生的天职所在。如果不能做到这一点，医生的价值又在哪里？眼睁睁地看着病人痛苦离去却无能为力，对于医生来说，这不能不说是一种痛苦和折磨。而身在肿瘤科的韩小红正经历着这样的痛苦和折磨，她头一回发现自己原来竟是这样的无能，作为一名医生的责任感和使命感更让她无法释怀。在301医院肿瘤科，有九成以上的病人是癌症晚期。谁都明白，到了这个阶段的癌症患者，便已进入了生命的倒计时阶段。身为肿瘤科医生的韩小红当然比别人更明白这个道理，但她也是同样的无可奈何。肿瘤科不是一个容易获得成就感的科室，至少在韩小红看来它不是，每天这里有太多的泪水，有太多的悲情，有太多的生死永诀。

1999年，韩小红远赴德国访学，在那里她看到了国外的先进医疗技术，更看到了那里医院的人性化服务。做访问学者的时间很短暂，只有匆匆三个月，一晃即过。"我刚刚对他们的工作方式、人文环境稍微有所了解，我不想就这么匆匆离开，这不是我的个性。"于是，她申请攻读海德堡大学③的肿瘤生物学博士学位。因为多年的学医生涯和在301医院的从医经历，韩小红的申请很快被批准。由于在国外攻读博士期间，主要工作就是不停地做实验、写论文，韩小红最大的感觉就是生活艰难、情感孤独、文化有异。然而这也锻炼了韩小红的独立生活能力，让她变得更加自强。

2000年，韩小红在德国的一家医疗机构开展研究工作。上班的第一天，上司对她说："你去做一个体检，我将根据体检报告判断你能否接手研究工作。"韩小红体检完了以后感慨万分，国外的社会保障体系很完善，保险行业的发展也比中国成熟，欧美国家都非

---

① 2000年4月3日，原北京医科大学与北京大学正式合并，组建新的北京大学。2000年5月4日，北京医科大学正式更名为北京大学医学部。
② 中国人民解放军总医院（301医院）创建于1953年，是集医疗、保健、教学、科研于一体的大型现代化综合性医院。301医院既是中央重要保健基地，承担军委、总部等多个体系单位、官兵的医疗保健和各军区、军兵种转诊、后送的疑难病诊治任务，同时又是解放军医学院，以研究生教育为主。
③ 海德堡大学成立于1386年，是德国最古老的大学，也是德意志神圣罗马帝国继布拉格和维也纳之后开设的第三所大学。16世纪的下半叶，海德堡大学就成为欧洲科学文化的中心。

常重视健康体检。然而，即使在美国那样非常重视体检和疾病预防的国家，一个人在临死前的医疗花销仍然占据了他一生医疗费用的 27%。"我估计这个数字在咱们国家能达到百分之五六十。很多人在得病以后为了把病治好不惜倾家荡产，实际上，到那个时候已经太晚了。所有的疾病如果早期诊断、早期预防做得越早，治愈率就越高，花费就越少。等到了晚期，将会付出很多，但收效甚微。"韩小红对国人的疾病预防意识的薄弱深感痛惜，她想做点什么。

海德堡是德国的一个美丽小城，它实在有太多的理由被人宠爱。诗人歌德说"把心遗失在海德堡"，马克·吐温说"这是我到过的最美的地方"。但就是这样一座"偷心的城市"，也没能拴住韩小红的心，因为她早已"心有所属"。她知道，自己的舞台在祖国，她读博士学位也是为了能更好地为中国人的健康服务。

二、临危受命

韩小红留德期间，她的丈夫胡波①在北京开设了肿瘤专家门诊。初创伊始，门诊部连续亏损。2001 年 6 月 16 日，韩小红 34 岁生日这天，丈夫胡波送给她一份特殊的生日礼物：北京慈济门诊的总经理聘书。"当时丈夫的想法很简单，自己家开的门诊部，经营状况一直不好，既然我攻读的肿瘤医学博士已经学有所成，何不近水楼台先得月，靠我的医术增加门诊量，维持门诊部正常运转。"

2002 年，韩小红拿到海德堡大学肿瘤生物学的博士学位之后立即归国，一心想要帮助丈夫扭转门诊部亏损的状况。归国后韩小红惊讶地发现：短短半年时间，北京慈济的欠款总额已高达 100 万元。面对已成为巨大负担的这份厚礼，身兼学者和经营者双重身份的她，感到了前所未有的挑战。

"门诊部亏损，要扭转局面，就要给门诊部重新定位。"韩小红想救这个门诊部，她仔细思考这个门诊部为什么会亏损。最后发现，主要原因是大家不认识这个门诊部，客源太少。但怎么吸引来人？结合自己在德国的所见所思，韩小红想不妨把整个治疗前移变成体检，检后筛查出来的病就可以在门诊部治疗了。虽然在国外体检市场已经很成熟，但不久韩小红就发现在国内并没有这个市场，因为我国的体检大多是半强迫性的，只有在征兵入伍、高考、入职等时才进行体检。主动的体检从来不放在桌面上，因为没有人给你付这笔钱，民众也没有这个意识去做。但是，韩小红坚信这个市场一定是有的，且独立体检机构的优势是公立医院无法比拟的。在独立体检机构，体检已经不再是医院里的

① 胡波，男，1965 年 7 月出生，硕士学历。1987 年 7 月至 1992 年 1 月就职于第 64 集团军医院，从事医务临床工作，期间在大连医科大学获放射影像学硕士学位，并在沈阳军区总医院进行为期两年的进修；1992 年 3 月至 1997 年 3 月任中国癌症基金会科技部副主任；1997 年 3 月至 2002 年 3 月任中国医药生物技术协会常务副秘书长；2001 年 1 月至 2004 年 8 月任北京慈济门诊部、慈济潘家园店、慈济亚运村分店、慈济积水潭分店、慈济世纪城分店共同负责人。社会职务有：中国医院协会医疗技术应用专业委员会副主任委员、秘书长，中国医师协会健康管理与健康保险专业委员会副主任委员兼总干事，北京市朝阳区十三、十四届人大代表。

"附属品"角色,而是核心业务;且它面对的是健康人群的体检,交叉感染的概率小,更加安全。韩小红决定在门诊部的隔壁开设一家专业的体检中心。

对于韩小红要弃医下海的消息,父母表示无法理解,医院的同事们也感到十分诧异。但韩小红不顾家人和朋友们的反对,说干就干,当即决定把门诊隔壁的房子租下来,进设备,孤注一掷,开一家体检中心。"不成功,大不了我再去打工。"搞装修、租设备、招聘、培训员工……创业之初,她一人身兼数职。顶着巨大的资金压力,经过东挪西凑后,慈济健康体检机构潘家园店①终于在 2002 年 3 月 28 日那天顺利开业了。

当时,人们对于门牌上写的"健康体检"还懵懵懂懂,不知其为何物。刚开业的一两个月,每天只有稀稀拉拉的几个散客过来。但韩小红好像并不着急,她开玩笑说:"一天只要有四五个人来就行了,起码我们的盒饭就能解决了。"之所以不急不躁,那是因为"这个行业压根儿就不能急躁"。后来事情的发展也一再证实了她的这种判断,很多健康体检机构纷纷上马,但都急功近利,不注重内涵建设和基础打造,结果往往是"死得很惨"。韩小红甚至还有些得意:"这一行业不是谁想做就能做的,你看看全国真正成功的有几家?"

但是没有顾客上门,时间一长,不论是谁都可能扛不住。再好的产品,再好的服务,都要通过销售来实现其价值。有意思的是,与很多健康体检机构过分追求市场销售完全相反,慈济当时太注重内涵建设了,以至于差不多完全废掉了市场开拓这块,因为医生出生的韩小红相信"酒香不怕巷子深",认为只要有好东西,就不愁卖不出去。但根据开业前几个月的情况来看,她也不得不承认,一条腿走路终究快不过两条,酒香也怕巷子深。于是慈济开始在品牌包装、形象宣传上补课。由于拿不出太多的钱做广告,韩小红就带领员工上街发宣传散页。红绿灯车停的时候,他们就往车窗上插宣传名片。为此,韩小红还被警察"逮"到过几次。"这也是我们最早的市场推广吧,但我们不像有些人那样在电线杆上贴、往地上粘,到时候弄都弄不下来,这不太好。"那一阵子,韩小红像个管家一样操持着刚刚"出生"不久的慈济,她既是企业的管理者,又是设备采购员,还兼职市场推销员。

不过当时最大的压力还是来自市场观念的转变。老百姓对体检的概念不清晰,大部分人只有生病了才会去医院,只有少数比较注重生活品质或者在这方面观念较超前的人,才会定期自己出钱去做常规体检。此外,许多人做体检是受周围环境的影响,比如身边有人突然病倒了,于是受到震动,进而想到了自己的健康才去做体检。"人们生了病去医院从来不心疼,但是在健康状态下做一个体检,很多人却不愿意。"如何转变人们固有的看法,将潜在客户转变为实际的上门人数,这就成为韩小红创业初期要解决的首要问题。

尽管韩小红组织了多次社区健康教育讲座,利用媒体宣传体检的重要意义,但这样的传播太有限了,客源远远不够支撑体检机构庞大的开支。韩小红意识到,大众观念的

---

① 该店位于北京市朝阳区。

转变需要时间,短期内必须从团体消费上填补客源缺口。2003年年初,她开始派出一批销售员逐门逐户拜访大客户,开始拉团体客源。她亲自出马的第一站是律师协会。韩小红心里明白,律师的文化水平普遍比较高,对新生事物容易接受,如果能打动他们的心,他们的口碑效应不容忽视。律师协会每年都要组织8000多名律师去医院体检。这8000个客人关系到企业第一年的生存大计。"只要不赔本,我就干。我自己就是学医出身,我的服务肯定不比医院的差……"经过两次谈判,韩小红终于拿下了这笔单子。那一刻,"不成功,就回去打工"的悲壮一扫而空,也给了韩小红极大的信心。

三、乘胜追击

随着体检人数的增长,订单"爆满",第一个体检分店很快达到收支平衡。不再为生计发愁后,为了更好地满足分散在各个方向的客户,也是出于对体检市场光明前景的坚信,韩小红决定开设第二家分店,在还没有人关注这个产业时,尽快抢占更大的市场。韩小红将第二家体检分店选择在离第一家店不远的地方——北京亚运村。最初的想法是,两家店面近,既能借力于第一家店的资源,自己又方便两头管理,医生可以两边来回调度。

2002年年底,韩小红又一头扎进第二家分店的筹备之中。又是几个月的昏天黑地,等她把所有的事情都准备停当,分店已经进入了盈亏平衡阶段。由于复制了潘家园店的成功运行模式,并总结了经验、吸取了教训,第二家店少走了很多弯路,起步显得异常顺利。

可窗外的世界开始乱了。2003年3月,"非典"悄悄地在北京登陆。一夜之间,订单全撤了,但资金已经全部投进去了,员工也培训出来了,之后的六个月没有经营,资金链几乎断了,豪华的体检大厅门可罗雀。非常时期,多耽误一天就多增加一分经营风险。一个月下来,光支付员工工资就得要30万元。有人建议她辞退一些员工,韩小红摇摇头,她愿意与员工同甘苦共患难。韩小红的信念是"一定要挺过去"!那两个月她基本没有休息,带领员工卖中草药、口罩、温度计。好在"非典"高峰并没有持续太久,卖那些当时比较紧俏的医药商品让她勉强应付了基本开支。

"非典"期间,慈济还做了大量的公益事业。例如,与北京娱乐信报合作的贯穿"非典"期间的"万名的哥免费体检"公益活动、免费为北京大学生"阳光骨髓库"的志愿者采血。一次次活动,让北京的普通民众见识了一种全新的体检方式:豪华的体检大厅、男女独立的检查区域、全程引导服务、免费的早餐。活动期间,慈济在努力把"身体预检重于病后治疗"的理念传输给广大群众。韩小红说:"采集一万个人的血样,我们的成本不过是两万多块。企业在能承受的范围内,做公益事业是回馈社会的一种方式,也是理所应当的事;同时,企业也获得了很好的口碑,也兼顾了经济效益,何乐而不为呢?"的确,与北京娱乐信报合作开展的活动像一个导火索,迅速引起了北京各界的关注。北京电视台进行了连续一周的报道,慈济的知名度大幅提升。

"非典"过后,她终于松了一口气。"非典"彻底改变了民众对体检的认知,人们开始意识到医疗预防的重要性,健康产业显现出了升温迹象,她的体检业务也开始慢慢恢复元气。韩小红既对快速增长的业务感到兴奋,又对未来有一种莫名的敬畏。她开始思考创业后还能走多远、怎么办的问题。此时的韩小红事事亲力亲为,办公室永远开着门,有事随便进,有时三个人同时汇报不同的事,她可能为几件细枝末节的事花去半天的时间。

2003年年初,有人来给慈济体检"送钱",可是《合作建议书》却被慈济体检的院长扔在一边。韩小红在和一个护士长聊天时,无意中从对方口中得到了这个消息:"有人扔了一个东西在院长的桌子上,他也没在意,你看不看啊?"韩小红带着好奇打开了这份《合作建议书》,她发现这份《合作建议书》的落款是"鼎晖投资基金"①。"学医的人根本不明白什么叫资本,这些东西,我也看不太懂。"韩小红坦陈,自己当时对资本还很"懵懂",但不得不说鼎晖却来得正是时候。

谁也没想到,在前两家门店热闹兴旺的背后,一场大火正张牙舞爪地向慈济扑来。2003年2月,韩小红接到一个电话,她脸上的笑容立刻就僵住了。慈济在北京的第三家分店积水潭店还未开张就着火了!正如曾经的幸福来得那么突然一样,如今不幸的降临也是那么干脆决绝又毫不留情。韩小红迅速赶往现场,隔着老远就看到浓烟滚滚,再走近些,就呛得人直流眼泪、咳嗽。韩小红简直不敢相信自己的眼睛,这是自己投资几百万新建成的店吗?前一天还装修一新的1700多平方米的店面早已黑灰一片。墙黑了,设备被水泡了,屋子里还弥漫着黑烟。这场大火在一夜之间把她几个月的心血付之一炬。目睹此景,韩小红有些手足无措。她愤怒,她悲伤,但她绝不让自己沉浸在这种负面情绪里,因为她明白这事无补。韩小红踩着脚下的瓦砾,她甚至没有时间再哭了,必须马上想对策。重建第三家分院的资金没有着落。当时还是体检淡季,两家分院的现金流除了维持自身的运转,还不足以支撑第三家分院的重建,更何况韩小红还希望快速地投入和扩张。当时已有两家国内上市的医药企业希望能够出价收购。"卖掉慈济,赚个几千万"也许是笔好生意,但韩小红有些不甘心。她认定体检是能够做成的"大生意"。

此时,韩小红的出路只剩下一条,就是寻找风险投资,并借此迅速扩大自己在体检行业的领先优势。但韩小红认为,投资医疗行业必须是懂医的人才行,因为只有懂医的人才知道如何跟患者交流,真正了解患者的需求。但懂医的人不一定都能投资创业,因为多数懂医的人不懂管理。尽管有些资本很想进入这个行业,但多数资本的管理者都不懂医,这样的投资她不想要。

她最终选定了曾经主动提出意向的鼎晖投资。"选择它的重要原因是鼎晖的老总也是医学世家出身,他不仅是管理和投资高手,重要的是他也懂医。"在通过书面方式表达合作意向之前,鼎晖投资的总经理王霖已经数次来到慈济做体检,贴心周到的服务和排

---

① 鼎晖投资(CDH Investments)成立于2002年,是中国最大的另类资产管理机构之一。其前身是中国国际金融有限公司的直接投资部,由吴尚志、焦震等六位创始人,联合新加坡政府直接投资有限公司、中国投资担保有限公司和苏黎世保险资本集团创立。鼎晖投资发端于私募股权投资,私募股权投资业务的蓬勃发展促进了鼎晖投资另类资产管理平台的建立。

队体检的人群给他留下了深刻的印象。他们在传统行业的风险投资非常成功，而且想法跟韩小红的想法是最一致的，几乎对资本市场一无所知的韩小红决定冒险一试。

2003 年 2 月，鼎晖派来了调查团队，每周来 2 到 3 次，一共调查了 8 个月之久。2003 年年底，鼎晖和慈济达成了风险投资合作。鼎晖出资 3500 万元人民币，获得了慈济 40％ 的股权。在健康医疗服务连锁领域，韩小红的慈济是最早拿到风险投资的，强势资金的注入使慈济跃上了更高的发展空间。

四、祸不单行

2004 年，刚刚从"非典"和第三家分店失火的意外中艰难挺过来的韩小红，迎来了自己事业上的新起点——第四家慈济体检开业了，她开始品尝创业带来的喜悦。也许是天将降大任于斯人，必先苦其心志，劳其筋骨，柔弱的韩小红承担了太多的悲伤与苦痛。几年来，韩小红将全部的精力放在工作上，忽略了对家人的关心和照料。为了弥补心中的遗憾，她把远在大连的父母接到北京，希望能尽一些孝道。第二天，她就带着父母来到了自己的体检中心。

父母的体检结果很快就出来了，韩小红拿过来一看，一下子就"傻"了！她只觉得脑袋"轰"的一声，接下来便是一片空白，也不知道过了多长时间，她才清醒过来。父亲的体检结果显示癌症晚期。如果详细划分的话，可以说是最晚的一期。这究竟是命运的捉弄还是上天的讽刺？韩小红欲哭无泪，只有无尽的悔恨与遗憾。自己被外界称为"中国健康体检第一人"，却把自己父亲的病情耽误成这个样子。韩小红当初开创健康体检的目的就是"早诊断、早发现、早治疗"，但却偏偏忽视了身边最亲的人。

接下来的日子，韩小红把绝大多数时间用在了照顾病重的父亲上，她知道父亲的时间已经不多了，她要陪父亲走完最后一程。不料，祸不单行，病魔在折磨侵蚀着父亲的同时，似乎也不打算放过已经经历太多坎坷的韩小红。在父亲临终前三个月，韩小红在一次韩国之行中，被诊断出早期胃癌。当时韩国的三星医院邀请韩小红去体验他们的体检流程。当时韩小红把全部的精力都放在观察对方的服务流程和管理环节上，一直在思考回来后怎么改善自己的服务流程。可就在回国后的第四天，韩小红接到从韩国打来的电话，告知她被诊断出了胃癌。霎时间，她如坠冰窖，茫然无措。韩小红不相信这个结果："怎么可能呢？我经常做体检，能吃能喝，每周爬香山、做瑜伽、游泳，是不是搞错了？"韩小红立马到肿瘤医院确诊，的确是胃癌早期。一位胃肠道肿瘤专家告诉韩小红，她患的是细胞癌，是恶性程度最高、存活期最短的一种恶性肿瘤。这种肿瘤病人的存活期最长只有两年。与父亲不同的是，韩小红是癌症早期，刚露出苗头就被发现了。她患上癌症，固然是一种不幸；但能够及早发现，相对于很多直到晚期才发现的癌症患者，又不能不说是一种幸运。

站在生与死的边缘，韩小红没有被病魔吓倒。2005 年 6 月，经冷静思考，韩小红瞒着病重的父亲，在有条不紊地安排好工作后，在北京肿瘤医院接受了切除手术。作为一名肿瘤医生,她在术前已经做好了最坏的打算,将家里的日常安排好,并将银行账号等事情都罗列好交给了家人。而对自己手术后的生活,她也有了冷静的判断:"不管手术成不成功,我都能活下去,因为就是手术不成功,活一年两年都不是问题;手术成功了,可以活三年四年,那么我会有一个中长期的打算。"

手术后的韩小红和父亲一起在 301 医院的一个病房里接受治疗。她瞒着父亲,不让他知道自己的病情,自己在接受化疗的同时,也照顾着父亲,直到父亲离世。"这可能是老天给我的一个机会,在这之前我一直在求学、工作,没有时间去照顾父亲,而这三个月我可以时时刻刻陪着他,不管我自己是一个什么样的状态。我是健康体检的最大受益者,而父亲却没在健康体检中受益,这事想起来我挺难过,但却可以警示世人。现在父亲虽然走了,但是临终的那段时间我能这样陪着他度过,也很欣慰了。"

由于发现得早,再加上科学治疗,韩小红的病情一天天好转。健康体检虽然没能挽救父亲的生命,但终究救了韩小红一命,悲喜两重,不得不让人感叹造化弄人。这段特殊的经历让她更坚定了把健康体检事业做下去、做好的决心,"我现在觉得自己做的事特别有意义"。她决定逐步扩大自己的事业版图,陆续在上海等城市建立慈济分院,推广体检的概念,让更多的人接受民营体检机构,让更多人接受"早诊断、早发现、早治疗"这样的理念,让更多的人享受到体检带来的益处。

五、模式输出

在韩小红准备快速扩张公司规模的时候,她考虑的不仅仅是经济利益,更多的是如何做大这个产业,让更多的人享受到体检的益处。韩小红有个习惯,每天早上 8 点醒来后会在床上迷迷糊糊"磨蹭"两个小时,这两个小时是她留给自己的思考时间,"管理模式输出"正是产生于某个早晨。所谓管理模式输出,就是慈济帮助别人建店。从选址、开业到运营,慈济凭借一支专业队伍,帮对方构建经营体系、培训人才、指导经营。也就是说把北京慈济模式复制到全国各地,再结合当地情况加以完善,覆盖面涉及省、地级城市,最后撤出。慈济会收取一定费用,大概相当于自己开店的一年的利润;而对方可以树立自己的品牌,不必再使用"慈济"。

"从开第一家体检机构起,我就在想这个问题,北京人口近 2000 万,我们开 20 家体检机构仅仅能够为北京 20 万~30 万市民服务,即使我们不断进行量的扩张,我们服务的也只是少数人群。我们摸索了一套体检的流程、方法和计算机管理方法,这是慈济积累下来的宝贵财富,我们要把这些共享,让更多的人参与这个行业的发展。"

"管理模式输出"这一想法提出后,立即遭到了另一个大股东鼎晖投资的极力反对。鼎晖认为韩小红是在树立竞争对手,给自己找麻烦。韩小红沉默了,但是她没有立即否定自己的想法。仔细考虑之后,她仍然决定要这么做。韩小红认为健康体检这个行业门槛很高,不像外界说的发展得那么快。有一些中小城市,如果光靠她自己,两三年以后她才能去考虑。"做直投",大城市还没有扎根,怎么能顾及中小城市?把这套东西捂在家里,能为多少人服务?输出后,既能获得社会效益,又能获得经济效益,又为什么不做呢?"中国这个市场太大了,我希望有真正的'竞争者'出现,只有这样才能让更多的人受益。此外,大家还可以相互探讨,相互帮扶,不断探索这个行业的发展规律。"

韩小红当然不会给自己树立一个对手,她对自己的实力有足够的把握。现在之所以去扶持别人,是想让慈济的运作模式在更广泛的地区落地生根,这个行业还处于萌芽期,需要更多的人来培育。她喜欢自己打造的这套模式为更多的人服务,进而提高慈济的影响力,而不是赚多少钱。同时,韩小红认为"在帮助别人建店的过程中,也磨合了自己的队伍,这是一个筛选和淘汰人才的过程,队伍壮大得太快,需要一个有效的方式把人才分开档次"。

韩小红据理力争,最后说服了董事会。2006年,慈济"管理模式输出"第一家店在太原出炉。这家由山西"煤老板"投资的体检机构开业一年后就已经盈利,现在正准备开分店。之后,韩小红扩张的思路很清晰,决定直接投资经营的门店定在几大中心城市,其他的二三线城市以"管理模式输出"为主,同时采取合资、慈济控股的方式进入部分城市。

2006年5月,鼎晖投资又对慈济体检的全资子公司上海慈济医院追加了投资,以便慈济体检能加快在上海及华东地区的布点,一时间慈济体检在投资圈十分抢手。无可否认,风险投资在慈济体检最需要资金的时候助力它快速长大。

韩小红认为"我国健康体检产业将在2006年之后的未来5年内得到迅猛发展,并迅速达到数百亿元人民币的市场规模"。在这个行业兴起的过程中,任何发展速度都不会显得夸张。"2006年,仅北京市开展体检工作的医疗机构就有500多家,体检人数超过500万人次,占北京市总人口(1382万)的36.2%。许多资质不健全、设备简陋的小医疗机构分散了这一庞大的市场。"韩小红认为,慈济要获得更多的市场份额,必须拥有更多的连锁店面。这其实也是"慈济"更名为"慈铭"的原因。公司原有品牌"慈济"在台湾慈济基金会等各行各业广泛使用,上海地区甚至出现了恶意抢注。这使"慈济"品牌不利于被识别,也使"慈济"品牌在全球和全国注册商标保护受阻。对有意扩张的韩小红来说,更名在所难免。"'慈济'更名'慈铭',但企业宗旨、企业性质不变,营业地点和医护队伍不变,运营管理流程、体检质量和体检服务控制模式也不会改变。"对这一点韩小红十分坚定。

2007年3月,在北京小有名气的"慈济体检"统一更名为"北京慈铭健康体检管理有限公司",这一举措让习惯来慈济体检的老主顾们颇为不解。"当初没想到慈济能走出北京,扩张到上海及其他城市。""慈济体检"的创始人韩小红解释道,"各行各业、各地叫慈济的太多了,在台湾还有慈济基金会,容易混淆,影响我们公司形象。"

截至改名之前,慈济在全国已拥有22家门诊部,分布于北京、上海、浙江、辽宁等地,2006年营业额达2.1亿元。这家成立仅五年的专业体检连锁机构,依靠敏锐的市场嗅觉和资本的助力,一跃成为行业的领导者。

六、战略合作

2008 年 4 月,慈铭体检和中国平安保险股份有限公司签署了战略合作协议,中国平安用 1 亿元资金入股慈铭体检。说到平安的投资,韩小红总是分外得意,"是我选的平安"。其实,对慈铭体检有意向的战略投资者众多,甚至鼎晖基金也表示乐意增资慈铭体检。但韩小红坚持认为"新的战略投资者应该来自保险行业"。她认为体检机构和保险行业的客户是共同的,有合作的基础,保险机构有大量健康险、寿险等都需要先期体检的内容。慈铭和中国平安的合作是医疗和保险的对接,代表的是两个行业的战略合作,不仅是经济效益双赢的成功模式,更是一个社会效益多赢的良好开端,这种合作模式也代表未来产业发展的方向。"我在选择合作伙伴时就有所考虑,既然要找投资者,那我就要找一家未来有合作机会的财务投资者,说不定未来还能给我带来更多商机。现在的医院和保险是不对话的。另外,我们和平安的战略合作也同时在启动。"韩小红补充,"第二次融资,合作的前提是战略合作,而不是单纯意义上的投资合作。"

纵观慈铭成长的历程,"健康管理"的理念和良好的市场前景所带来的每一轮私募资金的准时到位,都提升了慈铭的融资效率,为其迅速地低成本扩张打下了坚实的基础。中国平安 1 亿元投资入股慈铭,鼎晖基金也在 2004 年和 2006 年先后两次投资慈铭。韩小红对此显得十分自信:"资本愿意与我们牵手说明了什么,说明了我的企业是能赚钱的,是能为他们带来利润的!"

七、快速并购

2008 年的冬天也许比任何时候都冷,不光北风呼啸大雪纷飞,一股经济寒流更是让人们瑟瑟发抖。在这样的经济严冬,捂紧手里的钱袋子也许是人们最为稳妥的选择。金融危机爆发后,市场的预势就像一把利刃,悬在每家企业的头上。韩小红也有过担忧,她特意提早做了市场调研。结果让她大松一口气。慈铭体检对 2009 年续约的大型集团客户的调查显示:10% 的大客户反馈会增加员工体检的福利投入,90% 的客户表示在金融危机下,不会削减体检费用,但会通过选择降低员工出差酒店的等级、降低打车费等方式缩减开支以降低人力成本。市场的稳定,让韩小红放心下来。

韩小红准备在这个时候逆潮流而动,进行大规模的扩张。2008 年下半年,韩小红频繁地往来于京广两地——两桩并购案让她忙得不可开交。12 月 8 日,深圳我佳体检的12 家体检中心被正式纳入慈铭集团;而就在此前一周,北京佰众[①]的 3 家体检中心也"投靠"了慈铭。

---

① 佰众健康体检中心成立于 2003 年,总部坐落于知识经济密集的海淀核心区,是国内首家按照世界卫生组织(WHO)健康标准建立的国际化健康体检连锁机构。

"我不是一个进攻型的人。"韩小红这样评价自己。刚刚完成的这两笔并购案，最初也都是对方自己找上门来的。对于佰众，韩小红并不陌生，因为他们的创始人最初曾是慈铭体检的高层，后来自立门户开了佰众体检。因此，佰众在管理模式等方面与慈铭非常相似，这也为两者日后的整合降低了难度。由于双方对彼此很熟悉，定位也比较接近，因此曾在一段时间内展开过激烈的竞争。但佰众起家较晚，直到被慈铭并购前才开了三家分店，不过其在业内的口碑还是不错的。体检连锁机构这种模式是需要大量现金流支撑的，金融危机的爆发，无疑让处于起步阶段的佰众压力倍增。最后，佰众找到了慈铭，表达了愿意被并购的意向。

慈铭看中的是和佰众体检在地理位置上的互补性。之前，慈铭体检在海淀拥有2家分店，并购后达到4家；在朝阳区有5家分店，并购后达到6家。海淀区与朝阳区也是全北京企业人群密集度最高的区域。在这两个区增加3家分店，有助于慈铭为该区域的客户提供更便捷的服务。

之前，韩小红也曾多次到珠三角地区做过市场调研，但公司管理层的精力有限，而且开店的前期成本也比较高，通常异地开一家店需要一年多的时间，所以慈铭在南方市场的开拓一直比较缓慢。与佰众主攻北京不同，我佳体检完全是一个南方的区域性品牌。这个从武汉市起家的体检连锁机构，在武汉开出3家门店后，2007年开始挥师南下，相继在深圳、广州、东莞、中山、佛山零星布点，一共开出了12家门店及1家"流动体验店"。

由于我佳体检的创始人最初是做房地产起家的，而我佳体检从一开始就将目标客户对准了高端人群，因此他们十分注重品牌运作以及对相关硬件设施的投入。我佳体检中心拥有国际尖端的医疗设施，像PET-CT（正电子发射计算机断层显像）就是国内仅有的几台之一，其体检项目也有上千项之多，可以做国内最全面的"深度体检"。无论是品牌运作还是对硬件的投入，都正是慈铭的一个弱项，"我是做医生出身的，对专业很在行，所以我更多抓的是业务和流程管理。"韩小红说，经过分析，她发现了双方的互补性，因此做出了并购的决定。

仅仅两周的时间，慈铭体检就通过这两笔收购案使慈铭体检的店面数量增加了50%，达到了45家之多。其中，华南这块总分院达到24家，成为中国健康体检市场上当之无愧的王者。庞大的我佳体检并购体，每年将为慈铭带来近亿元的营业额，佰众的3家分院每年也能带来5000万元的营业额。

在将我佳体检与佰众体检这两个区域性品牌收入囊中后，改名换姓似乎也顺理成章。对于这个问题，韩小红一直处于考虑之中，"我想这要取决于客户的感受，特别是南方的客户，如果我们一下将'我佳'更换为'慈铭'，让那边的客户会有不舒服的感觉，这是我不想看到的。"因此，韩小红还是决定不要仓促行事，先做市场调研，多听取老客户的意见，改名之事也就暂时搁浅了。

在金融危机的大背景下，慈铭此番大规模逆市收购的确显得太过"疯狂"。一时间，外界对此议论纷纷，给出了不同的猜测。有人认为慈铭是在趁着金融危机状况下企业估价普遍较低而借机"抄底"，也有人觉得慈铭是在为上市做准备。对此，韩小红不置可否，她只是说"企业一直都在寻求扩张,年初我们就想扩张啊,不扩张干吗啊? 融资啊?"不是谁都能有如此霸气。韩小红手里从不缺资金,年体检量达 100 万人次的慈铭有着良好的现金流,负债率也仅有 10% 左右,关键是选择合适的时间做合适的事和怎么做事。成效和结果让韩小红拥有十足的底气。

但是这次的大举动扩张还是让韩小红感到了压力。人才是最让韩小红头疼的问题,慈铭的管理层都是慈铭一步一步自己培养出来的,通常要花一年以上的时间才能培养出管理层人才。曾经也有一些三甲医院的院长来慈铭应聘,干了一段时间就感叹:"本以为你们这里做得很简单,实践后才发现原来都是一套自我创新的东西,和普通医院的管理还真是完全不一样的。"对此,韩小红有些无助也很无奈,"懂医又懂管理的人非常少,只能自己培养。"

两周内的两桩收购让韩小红和她的高层管理人员都在各地跑,几乎忙不过来了。"2009 年,我的主要精力会放在管理上。"新的一年,韩小红给自己布置了这样的任务。其实慈铭集团每年都有一定的扩张计划,但 2008 年年底的两桩收购任务一下都完成了,不管是在管理上还是在资金上都已经达到了一个极限,所以韩小红选择下一步会"静止"一段时间,好好整合前一段时间获得的新资源。

八、应运而生

日本是最早为国民做体检的国家。2010 年,仅东京一个城市就有体检机构 1000 多家。韩小红每年都要带着各个管理层到日本的医院去参观学习。2010 年的某一次日本体检经历给韩小红留下了非常深刻的印象,等候的人们都坐在一个小房间里,放着悠扬的音乐,大家都非常的安静。韩小红认为"设备先进、服务好,这些优势都是表面的,高水平的、人性化的流程管理才是其核心竞争力"。日本的医院都区分污染区和非污染区,包括个人使用的卫生间都是两个,客户在注射药物前使用的是非污染区的卫生间,注射药物后使用的是污染区的卫生间。这趟日本之行,让韩小红深切地感受到国外的体检做得有多成熟,国内目前的体检水平与他们的距离有多大,韩小红也看到了她下一步要走的道路——开拓高端市场。

回国后,韩小红于 2011 年成立了中国第一家健康管理医院——慈铭·奥亚国际医疗会所。这家专注于全新健康管理模式的高端会所里,汇集了国内外最高级别的专家及技术资源。在其独创的"999 足金健康管理"体系中,会员可安享以私人医生服务领衔的九大会员权益,如深度体检、无限次门诊、24 小时咨询等,并为每位会员提供独具针对性的九大健康管理方案。奥亚还与国际著名医疗机构以及国内的众多知名三甲医院、涉外医院、金融保险等医疗相关组织达成合作,联手启动中美、中日、中韩等远程医疗,为会员开通了世界顶级医疗资源的绿色通道。这些合作机构专家的层级之高,一般的民营机构望尘莫及。

韩小红花了很多心血来打造的奥亚,最初也是因为她对客户的愧疚之情。"给人家把问题查出来了，却没精力解决问题。"对比一家企业连续三年的体检报告，不好的数值是往上走的，韩小红心里很是不痛快。韩小红一直有一个梦想，那就是帮助人们抵抗衰老、延续寿命。回想当年在德国读博士的岁月，令她无比震撼的正是体检的普及和升级使得德国的人均寿命相比原来增加了 20 年！而奥亚的使命正是从预防的角度，帮助人们摆脱亚健康状态，有效预防疾病从而提升生命的质量。"我为什么做奥亚，做深度体检和健康调理？用我老公的话说，就是'在这儿查完，想死不容易了'。现在死亡最高发的就是心脑血管疾病和癌症。体检关键是一次查透，就怕糊弄自己。"有很多癌症术后病人因为需要反复检查，索性就住在医院了，接受着精心的医疗照顾。

奥亚健康管理医院于 2012 年年底拿到医疗执照，2013 年即已实现盈利。奥亚的高投入和高质量决定了这个本该是人人享受的基本医疗服务，却只能以"高端"的面貌出现，一家店充其量只能解决上千人的问题。而慈铭体检有上百万客户，她想解决大多数人的问题，这样干效率太低了。

九、"互联网＋"

随着奥亚健康管理医院的正常运营，韩小红几乎走完了大健康领域最前沿科学的所有跟踪和学习，并把最先进的成果带到慈铭体检的服务中心。此时，韩小红只要保持公司良性运转，甚至说只需要简单复制原有模式就可以赚钱。但她并不开心，"我的内心并不愉悦，因为高端的体检中心和医疗会所只解决了少数人的问题，更多的老百姓需要提前预防和发现疾病。"韩小红本不是个互联网潮人，微信都是很晚才用的，但这玩意冲击过来了，也就不得不应对。这时韩小红发现互联网是连接用户和自身服务的极好手段，于是开始思考慈铭体检新的技术路线和商业逻辑，思考如何利用互联网技术解决一直困扰她的问题："怎么能让普罗大众都享受到专业体检服务？"

韩小红用了三个月的时间，大量看书学习和思考，去探索互联网转型的方向。看不出方向的时候她也会焦虑。但韩小红明白，焦虑是企业家的常态。有朋友提醒她："你这是在刀尖上走路，何必自找苦吃？"韩小红不管，那段时间她经常累到回家就瘫坐不动。"咬着牙往前走，因为目标就在那里。那个时候我哪知道自己是走在刀尖上，我只知道我必须把这件事啃下来。"

2014 年 10 月 21 日，慈铭体检首发慈铭 O2O（线上到线下）全健康管理产品系列，决定以"互联网＋物联网＋医疗服务"技术为基础，以 O2O 为主要商业模式，构建一套云端健康管理系统平台，开启互联网医疗新时代。慈铭 O2O 运动健康管理产品包括智能运动腕表、慈铭 O2O 健康管理手机 App（应用）"记健康"以及三位一体的健康管理云平台。与当时健康医疗市场上众多智能产品不同，慈铭 O2O 运动健康管理智能腕表能 24 小时记录用户的运动轨迹，包括行走公里数及脂肪燃烧数据等，并将数据分享到手机 App 和健康管理云平台，用户与私人医生可通过 App 实现 7×24 小时互动。而健康管理云平台还能实现更多功能。这一平台使个人、团队和私人医生实现线上线下的健康管理互动。在线上，私人医生和用户之间可实现远程医疗咨询，一些简单的健康问题，足不出户就可以解决；私人医生会根据用户在云平台存储的体检报告和动态健康数据等信息，主动对用户进行健康行为干预、疾病风险预警和管理；对于一些严重的疾病，私人医生还可指导就医分诊，指导用户如何选择医院，该选择哪个科室甚至是哪位专家进行诊断。

用韩小红的话说，全健康管理产品系列就是"除体检外365天健康管理服务"。韩小红一直强调动态体检的重要性，因为疾病往往发生在两次体检之间，这就需要经常检测。但一直跑医院不实际，还好移动终端发展迅猛。除了这个全健康管理产品系列，慈铭还开发了指尖血检测工具。"我们把这个发给企业，让企业给员工用，采完寄回来我们就可以检测了。"

在韩小红看来，移动医疗在中国还刚刚起步，前景不可限量。一方面，中国有庞大的人口基数和健康医疗需求；另一方面，现实中健康医疗服务存在着诸多痛点，普遍存在就医难、就医贵等问题，"互联网＋"恰恰能在其中起到很好的作用。走完创业时期的从0到1，韩小红继续下半场的从1到10。转型后的韩小红从容了许多，不变的是她的初心以及不卑不亢的态度。

十、上市之路

上市一直是韩小红的心头之痛。韩小红从来没料想到，慈铭体检上市竟耗费了5年之久。连她的女儿都打趣她："妈妈，你可真行，我大学都毕业了，你公司还没上市。"

连续五年冲击上市未果的结局，让慈铭体检在资本市场上有些被动。2014年1月，慈铭发出了招股意向书。此时，公司股东拟公开发售股份不超过3700万股，主要就是鼎晖、平安等早期PE（私募股权投资）准备退出而发售的存量股份。原本鼎晖、平安寄希望于上市退出，奈何国内A股市场的5年停摆，让一直以为能率先成为国内体检第一股的慈铭体检，颇为尴尬，只好转变策略，寻求新投资人。

"每一年年初，我们都会认为当年会上市。谁知道连续赶上了国家两次新股发行叫停。"韩小红无奈地说道。2010年，慈铭体检准备在创业板上市，结果国家出了政策"体检行业的企业不能在创业板上市"。2011年3月，慈铭体检转向中小板，2012年7月过发审会，正以为马上就能上市敲钟了，不幸地又赶上了A股历史上第八次、也是持续时间最长的一次IPO（首次公开募股）暂停。这次暂停长达一年半。终于等到2014年1月股市开闸，慈铭体检再次申请、路演，没想到路演结束后又被叫停。"走了整整五年，我们光开合规证明，半年开一次，一次盖300个章，一年600个，五年盖了3000个章"，韩小红说。等待的五年中，没有靠上市融到资的慈铭，还能继续增加连锁门店，也说明了慈铭体检的盈利能力和厚实的家底。

此前公布的招股书显示，2010年至2012年，慈铭体检净利润分别为3705.92万元、8712.49万元、9792.5万元，年均复合增长率在20％～30％。从账面看，慈铭体检并不差钱，其上市发售4000万股拟募集资金1.75亿元，拟用于新建奥亚体检中心等项目。

直到 2012 年，奥亚体检中心已经开业运营 2 年多时间，上市仍未完成。

"如果知道这折腾 5 年的话，我们会立即转身找新的途径。爱康国宾①和美年大健康②两家都烧了将近 10 个亿在发展，我们这 5 年一分钱没来，你想想，差距自然就出来了。"韩小红说，慈铭体检上市遇挫的 5 年时间，恰恰是体检业发展最快的 5 年。

当意识到时间成本昂贵后，韩小红不再死守上市一条路。从 2014 年开始，对于上门的保险公司、基金公司、上市医疗机构、制药公司等新投资者，她不会拒之门外。筛选了大半年，最后还是选择了同行美年大健康。"从业务协同，到城市战略布局的互补上，我们两家联盟的协同效应是最大的，超过与其他投资机构的合作。"韩小红说道。

2014 年年底，关于美年大健康入股慈铭体检的消息不胫而走。2015 年 1 月 6 日，慈铭体检在其官网上公布，将战略性引入目前行业规模最大的专业体检机构美年大健康产业（集团）有限公司，共同打造健康体检同业联盟。一路波折的慈铭 IPO 自此停摆，并入美年大健康的轨道。对于深陷漩涡的慈铭体检来说，此次美年大健康的出手可谓救其于水火之中。

直至 2017 年 7 月 12 日，证监会官网发布的《并购重组委 2017 年第 40 次工作会议审核结果公告》显示：根据会议审核结果，美年大健康产业控股股份有限公司收购慈铭体检的交易获无条件通过。美年大健康完成对慈铭体检 100% 的股权收购。

尾　声

曾有人评价韩小红："她是百炼钢跟绕指柔的复合体，既有天空的想象力，也是低头的耕耘者。"经历过创业的艰难，也体会了重生的痛苦，医学世家出身的韩小红从未后悔当年弃医从商的选择。韩小红文弱的双肩上想要担负起的不仅仅是几十家医疗机构的管理，更是沉甸甸的社会责任。她开创了中国体检行业的先河，改变了人们的就医理念。虽然竭尽全力也没能一路继续领跑下去，但不得不承认，她是中国体检的拓荒者，是医疗机构连锁服务的首创者，为中国的医疗事业做出了巨大的贡献。无论是医生、总经理还是健康教育专家的韩小红，活得都是一样的精彩！

接下来的一年又是充满着想象的一年，国家加大对内需的投资，保险和医疗市场会迎来怎样的变化？被美年大健康收购之后，慈铭体检的未来又在何方？

---

①　爱康国宾是中国领先的提供体检和就医服务的健康管理机构，是由爱康网和国宾健检组建成立的联合服务机构。爱康国宾为个人及团体提供医疗、家庭医生、慢病管理、健康保险等全方位个性化服务，帮助其全面摆脱亚健康、预防慢性病、解决就医难，为根本提高现代中国人的整体健康水平和生命质量做贡献。2014 年 3 月 4 日爱康国宾向美国证监会提交 IPO 申请，2014 年 4 月 9 日晚间，爱康国宾正式在美国纳斯达克上市，股票代码 KANG。

②　美年大健康有限公司创始于 2006 年，总部设在上海，在全国拥有逾 100 家体检中心，遍布北京、沈阳、广州、成都、重庆、大连、天津、哈尔滨等近 50 个主要城市，是集健康体检、健康管理、健康咨询于一体的经营连锁机构。

参考文献

[1] 陈建芬. 韩小红:并购女将[J]. 中国企业家,2010(5):86-87.

[2] 邓纯雅,刘奔. 韩小红 JUST DO IT[J]. 中外管理,2014(1):114-119.

[3] 冯嘉雪. 慈铭"抄底"扩张[J]. 中国新时代,2009(1):63-65.

[4] 冯嘉雪. 韩小红"慈济"女掌门[J]. 中国新时代,2006(10):66-69.

[5] 韩小红. 韩小红:把健康体检理念带给民众[J]. 商务周刊,2005(23):84-85.

[6] 季长亮. 坚毅拓荒的铿锵玫瑰——慈铭健康体检管理集团总裁韩小红[J]. 首都医药,2009,16(17):26-30.

[7] 李春晖,邓攀. 韩小红 前癌症患者的思考[J]. 中国企业家,2015(7):83-84.

[8] 刘墨非. 韩小红把健康理念带给百姓[J]. 北京观察,2010(3):56-58.

[9] 刘雅婷,刘娜. 慈铭:寒冬狩猎者[J]. 中国商界,2009(2):50-51.

[10] 刘燕. 记慈铭集团总裁韩小红健康体检业的一朵清莲[J]. 中国孵化器,2007(12):54-56.

[11] 马文良. 韩小红:让美丽绽放[J]. 中关村,2013(3):30-31.

[12] 南微. 将健康理念注入百姓生活——访慈济健康体检中心女掌门韩小红[J]. 职业,2004(3):36-37.

[13] 齐飞. 慈铭健康 体检不是副业[J]. 中国企业家,2007(11):64-65.

[14] 宋辞. 专业体检 女博士开辟朝阳产业[J]. 现代营销,2006(12):38-39.

[15] 孙玲. 铿锵玫瑰韩小红[J]. 中国卫生产业,2005(9):28-31.

[16] 王凯. 韩小红:慈济的对手是自己[J]. 新财经,2006(11):32-34.

[17] 小莫. 让更多的人享有健康——记北京慈济健康体检中心总经理韩小红博士[J]. 职业,2004(1):14-15.

[18] 薛镭,刘丽娟. 慈铭体检:先行者如何持续创新[J]. 清华管理评论,2014(5):104-108.

[19] 佚名. 慈铭体检:健康需要管理[J]. 当代经理人,2010(12):43-44.

[20] 佚名. 韩小红:狠角色不断刷新第一[J]. 经营者,2008(5):49-50.

[21] 岳彩周. 慈铭体检 十年磨一剑[J]. 中国连锁,2013(1):86-88.

[22] 张超. 韩小红:夫妻拍档的齿轮人生[J]. 中国卫生产业,2009,6:116-119.

[23] 张晓. 韩小红:让健康管理在中国崛起[J]. 国际人才交流,2010(10):32-34.

[24] 赵方忠. 从率先到领先[J]. 投资北京,2009(3):91-93.

[25] 赵宏伟. 慈铭体检:"小儿科"大产业[J]. 中国高新技术企业,2010(23):86-88.

[26] 周夫荣. 韩小红:奔跑是我的生活方式[J]. 中国企业家,2017(7):62-64.

附录

附录 1　慈铭大事记

2002 年

• 3 月 28 日,慈济健康体检在北京市朝阳区潘家园开业。

• 年底,慈济健康体检亚运村店开业。

2003 年

• 年初,慈济体检与北京娱乐信报启动了万名的哥免费体检活动。

• 7 月,慈济健康体检积水潭分店开业。

• 年底,鼎晖向慈济注资 3500 万元,获得了慈济 40％的股权。

2004 年

• 10 月 10 日,慈济健康体检世纪城分店开业

2005 年

• 韩小红与团队共同编撰了《基本建设标准》《行政管理标准》《人力资源标准》《体检业务标准》《营销管理标准》《客户服务标准》《信息管理标准》等七个健康体检运营手册。

• 韩小红作为卫生部专家委员,参与《健康体检管理办法》的起草工作。

2006 年

• 慈济"管理模式输出"第一家店在太原成立。

• 5 月,鼎晖投资对慈济追加投资。

2007 年

• "慈济体检"统一更名为"北京慈铭健康体检管理有限公司"。

2008 年

• 4 月,慈铭体检和中国平安保险股份有限公司签署了战略合作协议,中国平安入股慈铭体检。

• 慈铭体检被北京市消费者协会评为"诚信服务示范单位"。

• 慈铭体检先后并购了北京佰众和深圳我佳体检中心。

• 12 月 25 日,慈铭集团通过了 ISO9001 国际标准质量体系认证。

2009 年

• 春节后,慈铭对我佳体检工作人员进行 10 天培训。

• 慈铭体检与人民网等主流媒体开展了"中国城市健康大调查活动",对城市人群的健康状况进行了全面调查。

2010 年

• 慈铭体检准备在创业板上市,结果国家出了政策"体检业不能在创业板上市",上市失败。

• 慈铭体检被人民日报社授予"健康中国特别贡献大奖"。

2011 年

- 3 月,慈铭体检转向中小板上市,赶上了 A 股 IPO 暂停,上市失败。
- 成立了中国第一家健康管理医院——慈铭·奥亚国际医疗会所。
- 慈铭体检获得中国健康体检行业唯一的名牌企业。

2012 年

- 慈铭体检在全国 20 多个城市建立了 50 余家自营店与加盟店。
- 年底,奥亚健康管理医院拿到医疗执照,收支平衡,开始盈利。

2014 年

- 1 月股市开闸,慈铭体检申请、路演,路演结束后被叫停。
- 10 月 21 日,慈铭体检首发慈铭 O2O 全健康管理产品系列。
- 12 月 19 日,美年大健康入股慈铭体检,完成对慈铭体检 27.78％股份的收购。

2015 年

- 1 月 6 日,慈铭体检在其官网上公布,将战略性引入行业规模最大的专业体检机构美年大健康产业(集团)有限公司,共同打造健康体检同业联盟。

2017 年

- 7 月 12 日,美年大健康完成对慈铭体检 100％的股权收购。

附录 2 美年大健康发展历程

美年健康的创始人是 70 后的俞熔,他的另一重身份是天亿投资集团公司的董事长。1998 年,大学刚刚毕业五年的俞熔开始涉猎投资。天亿投资集团就是他于 1998 年创建的投资公司。该公司旗下的四只基金(规模总计 30 亿元)已经投资了包括雷柏科技等 8 家上市公司,投资范围涉及房地产、高科技、农业、证券、环保等多个领域。2004 年,俞熔在公司内部力排众议,将钱从众多回报颇丰的行业中退出,转而集中投向医疗健康行业。天亿投资在同年成立了子公司天亿医疗,作为健康产业的投资平台,当年就投了上海国际护理学院,以失败告终;2005 年,与上海第九人民医院合作收购杭州市整形医院,斥资 4000 万元,后因竞争对手中信资本加入,报价提高一倍,又以失败告终。俞熔在医疗健康产业第一笔成功的投资是在 2006 年,当年天亿医疗从上海市卫生局手中接过了国宾体检 20％的股权。彼时,国宾在上海市西康路开设了第一家体检中心,年营业额达到 4000 多万元,利润 1000 多万元。从那个时候开始,俞熔开始观察体检行业,2006 年,俞熔创建了美年健康,此后一路依托并购形成了现在的规模。

美年健康产业(集团)有限公司在 2011 年时与大健康体检合并,成为中国领先的体检及健康服务集团,总部设在上海。目前在全国拥有 200 多家体检中心,遍布北京、沈阳、广州、成都、重庆、大连、天津、哈尔滨等近 50 个主要城市,是集健康体检、健康管理、健康咨询于一体的经营连锁机构。集团年服务客户逾 500 万人次,开创了 PDCA 健康管理理念,植入中医治未病、女性保健、特色诊疗、康复理疗和就医保障等增值服务,是中国最大的体检及健康服务集团,本着早发现、早诊断、早治疗的原则持续引领健康服务产业的发展。

截止到 2013 年年底,美年大健康已成功吸引包括中国平安、凯雷投资、凯辉中法基金等中外知名资本加入。

2014 年 10 月,美年大健康与挂号网正式达成战略合作,再加上 2014 年 7 月份网购保健品领导品牌禾健与挂号网达成战略合作,禾健、挂号网、美年大健康三方战略布局移动互联网医疗健康。合作分别立足于营养健康、医院就诊、体检等领域,共同打造"中国健康预防生态圈",通过观念—预防—体检—管理全方位地管理中国国民健康,形成了完整的垂直移动互联网健康服务生态圈。

2014 年 11 月,美年大健康以 36 亿元的价格直接收购了排名在其前一位的慈铭体检,一下子使中国体检市场的第一名爱康国宾、第二名慈铭体检和第三名美年大健康"三足鼎立"的局面变成了美年大健康和爱康国宾两强争霸,并且美年大健康一跃成为国内体检行业的龙头老大。2015 年,美年大健康借壳江苏三友①上市 A 股,成为医疗和大健康板块中市值和影响力领先的上市公司。

2016 年 7 月,美年收购了境外公司新新健康 100％股权,间接控股了京沪两地的美兆体检。此时,美年大健康市值 358.62 亿元人民币,体检行业的第二名爱康国宾市值 10.54 亿美元,两者之间的差距有目共睹。

2017 年 7 月 12 日,证监会官网发布的《并购重组委 2017 年第 40 次工作会议审核结果公告》显示:根据会议审核结果,美年大健康产业控股股份有限公司收购慈铭体检的交易获无条件通过。美年大健康完成对慈铭体检 100％的股权收购。

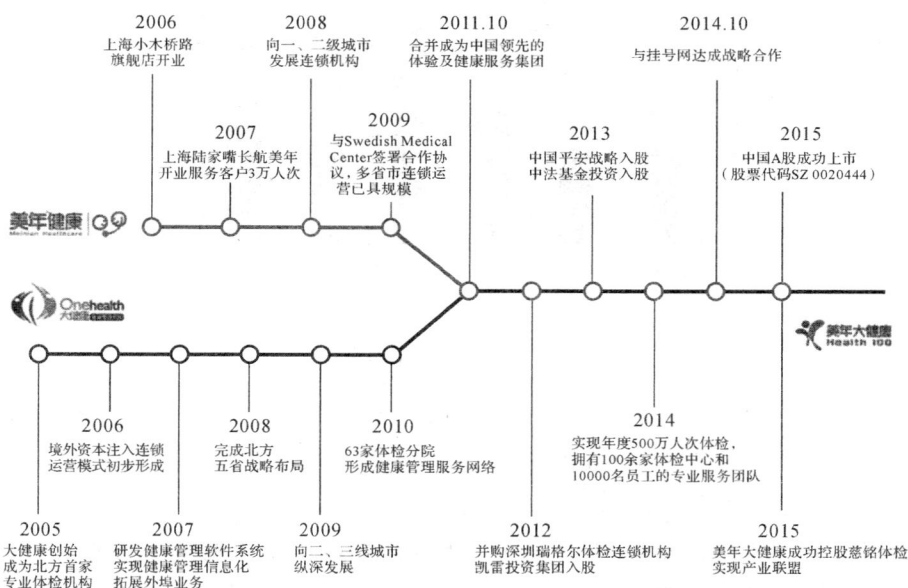

图 1 美年大健康的发展历程

（资料来源：美年大健康官网）

① 江苏三友集团股份有限公司成立于 1990 年 6 月,由南通友谊实业有限公司与日本三轮株式会社共同投资设立,注册资本 16250 万元。2005 年 5 月 18 日,公司股票在中国深圳股票交易所挂牌上市（股票简称:江苏三友,股票代码:002044）,成为江苏省第一家上市的中外合资企业。

附录 3　中国体检行业井喷式的发展

近年来,健康体检行业迅速发展,机遇与挑战并存。中国健康体检行业正处飞速发展时期,2014 年行业规模约为 750 亿元,近年增长均在 25％以上,至 2018 年预计将达到 1880 亿元,2020 年预计将达到 3000 亿元。诊疗人次增长稳定,预计近年可检项目也在逐步增加。

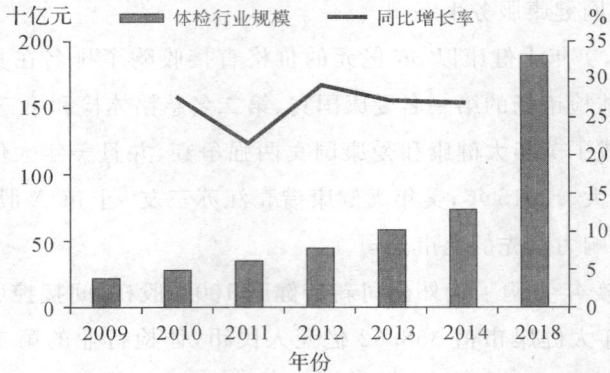

图 2　中国体检行业规模与增速

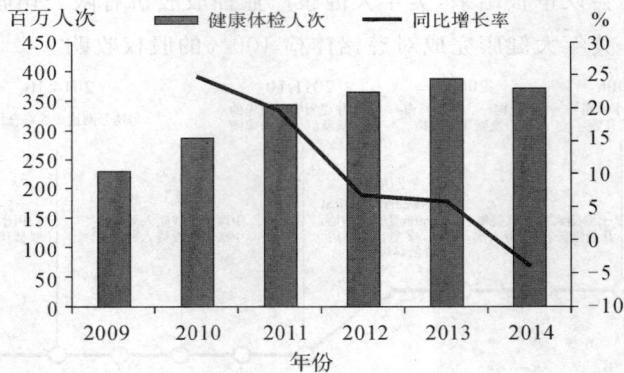

图 3　中国体检行业诊疗人次及增速

体检产业的迅速发展也吸引民资大量涌入。在民营体检企业中,处于第一梯队的美年大健康、爱康国宾和慈铭等都在加速扩张。在上海,除了各大医院的体检中心,商业体检截至 2017 年已占体检市场 20％～30％的份额。

《2011 中国卫生统计年鉴》显示,2010 年全国专业体检机构健康检查人数已达到 542.39 万人次,而这一数字在十年前几乎是零。体检业的快速发展由此可见一斑。另一方面,公立医院主导的体检仍然占据主流,2011 年卫生部公布的《中国卫生统计年鉴》显示,2010 年医院、卫生院、社区卫生服务中心等组织的健康检查占全国体检市场的约 90％,专业体检机构仅占 1.89％。来自世界银行的统计数据,2012 年中国医疗产业约占 GDP 的 5.1％,而美国达 17.9％,其他主要欧美国家都在 10％左右。目前中国的医疗市场规模只相当于美国医疗市场的 6％，如果达到美国市场的水平，将有 17 倍的提升空间。中国已经进入了一个老龄化社会，健康产业无疑将成为中国的朝阳产业。同时，环境与食品污染等问题也带来了严重的公众健康危机，而不健康的生活方式也带来了糖尿病、高血压等慢性疾病人群的快速增长，人们对健康需求更为迫切。

以慈铭体检二线城市的加盟连锁店为例，加盟费约为 60 万元，初始投入资金约为 600 万到 900 万元，投资回报周期约为 5.95 年，即从开始门店装修到收回投资仅需 4 年。慈铭体检在北京和上海的成熟门店年接待量在 5 万人以上，省会城市如成都、济南，年接待量也接近 5 万人，金华等非省会城市每年约接待 2 万人，按平均每人最低 300 元体检费用计算，二线以上城市门店做到 1000 万元的年收入绝非难事。

慈铭体检 2002 年成立时，注册资本为 100 万元。到 2012 年，慈铭已拥有 33 家体检中心，总资产高达 6.66 亿元。2002 年，慈铭体检营业收入为 33.08 万元，而 2003 年就高达 1611.25 万元。2004 年到 2007 年，慈铭北京公司收入增幅分别为 87.05％、102.65％、63.85％、44.53％，直到 2008 年之后，这一增长趋势才有所放缓。2009 年到 2012 年这三年间，慈铭体检的营业总收入以每年近 1 亿元的速度增长。2009 年，营业总收入为 3.38 亿元，到 2011 年收入已经达到 5.75 亿元。但营业成本的增幅却并没那么大，这使得三年间公司净利润增速更大。2011 年慈铭体检的毛利率达到 46.01％，一些体检分部毛利率还高于这个数值。以其北京公司为例，其主营业务毛利率在 2009 年高达 50.42％，2011 年毛利率也达到了 50.14％。2009 年公司净利润为 1363 万元，到 2011 年已经达到 8713 万元。

Case2　石嫣:投身田野创业的海归博士①

引　言

2016 年 3 月 16 日,瑞士,日内瓦,世界经济论坛公布了 2016 年"全球青年领袖"(Young Global Leaders)入选名单,石嫣凭借着在社区支持农业(Community Support Agriculture,CSA)领域的突出贡献当选。同时,她作为"国际社区支持农业联盟"副主席,积极推动农业可持续发展与健康饮食。2012 年,石嫣创办分享收获(北京)农业发展有限公司,这是我国首家实现农户与消费者直接对接的农场。目前"分享收获"已向超过 500 个家庭提供服务,配送有机蔬菜超过 25 万斤,保护 250 亩耕地不受污染,直接减少化肥使用超过 8 万斤,处理牲畜粪便超过 1000 立方米,减少农药纯液使用 150 升。"分享收获"先后被中央电视台、人民日报、*China Daily*、环球人物等 100 多家新闻媒体报道。直至 2017 年,CSA 模式的项目在全国已经有三五百家,覆盖面广,地区影响力强,有机产品逐渐走进公众的视野,并摆上百姓餐桌。

谈及将来的计划或打算,石嫣说:"CSA 肯定是我未来最主要的选择,大的方向是不变的。我看清了前方的路,也看到这条路值得我一辈子走下去……"那么为什么石嫣选择 CSA 而不是别的,CSA 到底意味着什么? 作为一名拥有海外留学背景的博士,石嫣为什么选择当一名"农夫",投身于田野? 在变化的市场竞争环境中,"分享收获"如何保持基业长青呢?

一、城里长大的乡间花

石嫣,出生于 1982 年 9 月,是家里的独生女,从小生活在河北保定,父亲在保定供电局工作,母亲在化工厂工作。2002 年高考,石嫣报考的第一志愿就是河北农业大学。当

① 本案例由彭伟、鲍志琛、唐康丹根据公开资料整理,版权归原作者所有,并对原作者的贡献表示感谢。案例仅供讨论,并无意暗示或说明某种管理行为是否有效。

时，"三农"问题是全国的热点问题，曾有过上山下乡①经历的父母对女儿的选择很支持，他们当年就是在农村劳动时相互认识并相知而结为连理的。在石嫣的童年时代，对土地怀有深厚感情的父母经常与她谈起一些下乡时的往事，比如"加工分、放电影"，这些让石嫣从小就对农村和土地滋生了感情。

作为文静瘦弱的女孩，石嫣选择去河北农业大学学习农业类专业还与她的爷爷有关。石嫣的爷爷喜欢给她讲家族故事，石家祖上好几代都是粮商，规模还不小。"祖辈怎么去农村收购粮食，怎么和农民打交道，粮食又是怎么种出来的……"这些让石嫣的内心充满了好奇。

不过，虽然在河北农业大学学了四年的农林经济专业，但是石嫣并没有多少机会去农村。直至大学毕业时，"粮食、农产品到底是怎么生产出来的？"她也没搞清楚。

二、启蒙恩师的教诲

本科期间，石嫣读了不少国内"三农"领域的知名专家温铁军的书，深为敬佩。2006年本科毕业时，因为成绩优秀，石嫣被河北农业大学保送推荐至中国人民大学继续深造。因为本科期间的阅读经历，石嫣在研究生推荐免试时毫不迟疑地选择了温铁军教授为自己的未来导师，并最终如愿。在中国人民大学学习期间，石嫣先后调研了几十个乡村，在学习中逐渐形成了对乡村发展的基本观点。"我真正对农业产生兴趣是在读硕士的时候，因为要经常去各地调研，才开始了解农村和农业。"石嫣坦言导师对其影响最大的就是强调实践的务实精神。现实中的石嫣并不喜欢过多与他人争辩一些问题，强调"先去调查实践才有发言权"。这句话也是导师温铁军经常说的，他常告诉自己的学生："当你还没有能力去争论时，就是不争论，而默默去做认为正确的事情。"石嫣曾多次跟随导师外出调研，深刻感受到导师对于事情的判断与实际的吻合程度之高。

2007年12月，温铁军从美国考察CSA回国后，接到美国农业政策与贸易研究所的电话，对方想邀请一名中国学生去美国农场蹲点半年，学习美国的CSA经验。石嫣成了温铁军十来个学生中的最佳人选。温铁军认为石嫣"有主见、懂坚持，这样的女学生不多"。石嫣自己也跃跃欲试："学了这么多年农业，我都没踏进过农田，甚至不知道农作物是怎么种出来的，这样下去，读完博士又有什么用呢？"

三、公费留美"务农"

2008年4月，石嫣远赴美国明尼苏达州的一家农场"务农"6个月，学习美国"社区支持农业"（CSA）的经验，这也让她成为国内第一位公费"留美务农"的学生。说是公费留

---

① "上山下乡"一词最早见于1956年10月25日中共中央政治局关于《1956年到1967年全国农业发展纲要（修正草案）》的文件中，这也成了知青上山下乡开始的标志。

学,但石嫣并没有踏进美国大学的校门,而是进了明尼苏达州的地升农场①,专门研究社区支持农业的经营模式,由此开始为期 6 个月的"洋插队"农耕生活。抛弃了过去有些矫情甚至有些小资的生活方式,让自己的双手沾满泥土的石嫣,第一次见识到农作物居然不用农药、除草剂等化学品,出产的农产品直接供应给周边小镇的居民,而小镇居民要在每年种植季节初期,就预付给农场一年的费用,双方共同承担种植过程中的风险。这种欧美流行的 CSA 模式让石嫣充满了兴趣。

经营农场的尼克夫妇,一个本科毕业,一个硕士毕业,他们对工作的认真负责打动了石嫣。有一次,尼克发现由于预设温度过低,冷藏室里等待配送的蔬菜被冻得变了色,他立即挨家挨户地打电话道歉,并把蔬菜换成新鲜的重新装箱。石嫣有些不解,"这又不是什么大事,何必大动干戈?""在 CSA 农场中,诚信是最高原则,农场只有取得消费者的信任,才可能持续。"尼克的解释让石嫣有些愧疚。"触动我的还有尼克夫妇的生活方式,透露着自信和快乐。他们几乎所有的东西都是自己做的,晚上回家后,两个人自娱自乐,一个弹吉他,一个唱。他们的收入不低却很节俭,每次有信用卡消费单寄来时,他们会把信封撕开当写字的纸用。"

三四个月之后的一个周末,尼克夫妇开车带着石嫣去周围的城镇散心。石嫣发现自己不再习惯城里人和人面对面走过也不打招呼的状态,尽管这也是自己过去生活方式的一部分。"在农场,不管来了什么人都是觉得特别亲热的。"在城市里的迷失感,让石嫣认为自己的性格"或许还是适合待在土地上"。

半年的另类"洋插队"经历彻底改变了石嫣的人生。在美国的第五个月,她决定要做一个新农夫,并有个雄心勃勃的计划——建立中国第一个社区支持农业农场,把健康菜从地头直接送到社区居民家中。

而在中国,规模是一个情结。"这确实是价值观和思路的不同,他们并不追求规模。我们模仿的是美国大农场的模式,你有 50 亩土地,未来应该有 5 万亩,一个人来操控,这种模式其实不适合东亚国家。"石嫣说。在给石嫣的著作《我在美国当农民》所写的序中,导师温铁军认为,"越是规模化的大型现代种植业、畜牧业,造成的污染越严重。"近年来,蔬菜瓜果出现问题,与规模化有着必然的联系。

考察了很多国家,看了诸多食品流通生产模式,石嫣认为:"我们的弱不在于生产不出好的东西,而在于农民没有组织。"她觉得,农民只是"被大资本决定的食品系统链条中的一个环节,而这个链条的最终产品与生产者的距离将越来越远"。她举例说,在日本、韩国等国家,个体生产者的土地面积都很小,组织力量却非常大。"比如,一个合作社可以管理 100 多个拥有 40 多亩土地的农户。"

资本和劳动力之间的排斥也是石嫣的关注点。"比如我有 5 万亩地,用拖拉机替代几十个农民,未来生活在这里的农民只能进城,或者在城乡接合部找工作,最终结果甚至

---

① "地升农场"(Earthrise Farm)是由两个修女姐妹 Annette 和 Kay 建立的,由一对夫妻经营、三个实习生帮工的小农场。

还不如现在农民的生活。"在石嫣看来，未来中国农业的方向，不是让农民出去，而是把他们有效地组织起来。

四、初试 CSA

2008 年 10 月 13 日，石嫣结束了在纽约的短暂停留后直接回国。妈妈专程来北京迎接女儿。这位 40 年前曾经在中国农村插队的母亲，尽管当年也被风吹日晒过，但当女儿走出机场站在她面前时，还是吃了一惊。她没想到半年前自己那个白皙红润的宝贝女儿，"洋插队"半年后，看上去竟像一个黑黑瘦瘦的农家丫头。

作为在美国农场干活时留下的"纪念品"，她的手心长满粗糙的老茧。但是石嫣无怨无悔："如果我不去干的话，我就没法更深刻地理解他们的生活，虽然你说健康的食物非常重要，你不去培育，你就不知道到底这对于生活有多重要。"

回国后，石嫣写的《我在美国当农民》由三联出版社出版发行，堪称一本城市新农夫成长日记，也是中国农业新实践的范本。她还翻译了《四千年农夫：中国、朝鲜、日本的永续农业》等三部生态农业领域专著，为国内可持续发展农业和 CSA 提供了理论系统和指导。

回国后的另一件事更加坚定了石嫣投身有机农业的决心。2008 年 11 月的一个周末，正逢妈妈生日，石嫣便从北京赶回河北保定给妈妈祝寿。朋友送来 3 箱牛奶，时值三聚氰胺风波，感谢之余，母亲多了一分忧愁。最终，母亲也没有喝，而是把牛奶浇了花。"是时候引入 CSA 了！那时候我下了决心，一定要让像我母亲这样的老百姓吃上健康、安全的食品。"石嫣说。

2009 年 4 月，石嫣开始起步实践自己的梦想——把 CSA 模式搬到北京。恰好，导师温铁军所发起的公益机构"国仁城乡互助合作社"①在北京西郊凤凰岭下有一块刚承包下来的 200 亩的土地，于是给她辟出 20 亩土地。她带领四个核心团队成员和三名当地农民，由此开始了最初的尝试，并取名"小毛驴市民农园"②。

这个亲昵的名称自然是有典故的。石嫣的博士生导师、著名的"三农"专家温铁军教授于 2003 年 7 月在河北定州开办晏阳初乡村建设学院，免费教育农民时，就饲养过小毛驴。后来，温铁军带头倡议成立的北京国仁城乡合作中心将实践基地迁往北京，还想着

---

① 国仁城乡互助合作社于 2006 年 11 月 29 日由中国人民大学乡村建设中心倡导成立，其前身是因"教授卖大米"而形成的南马庄无公害大米的购米包地小组；现由一批社会人士与学者入股组成。城乡互助合作社目前的管理与运营由国仁中心承担。

② 小毛驴市民农园位于北京西郊著名自然风景区凤凰岭山脚下、京密引水渠旁，是北京市海淀区政府、中国人民大学共建的产学研基地，由国仁城乡（北京）科技发展中心团队负责运营。小毛驴市民农园在种植方式上采用自然农业技术，尊重自然界的多样性，遵循种养殖结合的原理，重视传统农耕文化和乡土知识的传承；在经营模式上采取 CSA 的经营理念，倡导健康、自然的生活方式，并希望重建乡村和城市社区和谐发展、相互信任的关系。小毛驴市民农园同时还推动适用技术研发、儿童自然教育、可持续生活倡导等多方面的公益项目，并且将一直秉承社会企业的经营理念，以社会综合收益最大化为发展目标。

把那些毛驴也带到北京来。更重要的是,小毛驴是传统农业耕种模式的一个标志。

"小毛驴"一直把生态健康作为根本的宗旨,农场的日常管理是科学和专业的。这里所种的蔬菜全部使用农家肥,百分之百有机。而猪舍里的猪采用自然养猪法,在特殊设计的猪舍内以锯末和农作物秸秆等为垫料,通过微生物的作用分解发酵粪便污物,使猪舍内既无恶臭、无污染,又节约饲料、节省劳力。尽管有在美国半年扎实的劳动经验,石嫣心里也打鼓:"虽然 CSA 是公认的能够让土壤避免再受化肥农药伤害,让土壤恢复活力的很好的模式,但在国内,这一套行得通吗?"在美国,更多人认同"buy local, buy fresh"(越当地,越新鲜)的理念。许多参与 CSA 的社区居民更多考虑的是,一年掏出 460 美元,这笔钱既支持了本地的农民,来年自己又能分享到自然健康的蔬菜。

谈及 CSA 的责任,石嫣流露出农夫的率真,"卖家是生产者,直接面对消费者,这样更可以为自己的产品负责。"CSA 是一种全新的耕作模式,要求社区居民和农民之间互相信任;社区居民为来年的收成提前买单;农民则努力劳作,提供给居民最好最健康的蔬菜。这在喜欢"眼见为实"、以"锱铢必较"为主要消费习惯的中国是否可行?

出乎石嫣意料的是,第一位客户竟然是在她还没拿到地的时候,就通过导师温铁军主动找上门来的。接着,通过老师、同学和客户们自己的口口相传,不到一个月,居然有 50 多户家庭选择了和"小毛驴"合作。

客户有两种方式参加 CSA——"劳动份额"和"普通份额"。"劳动份额"客户提前交纳 1000 多元,并需要定时到"小毛驴"参加耕种。"普通份额"客户提前交纳 2000～2500 元的菜钱。"小毛驴"要为这 50 多户城里人提供 20 个星期的新鲜蔬菜。

这听上去似乎很简单,但刚开始操作起来,却麻烦重重。首先,石嫣和她的团队必须先算出预算,然后根据相应的数据,计算出成员数量以及每户需预付金额,这样一来,虽然只是尝试 CSA 模式,但至少可以保证成本回收和产品销售。其次,由于中国人对 CSA 的知晓程度尚低,因而石嫣在推广这种模式时,也不可能很快聚拢到足够的成员来维持农场。最后,便是中国人的消费观念及消费水平也还没达到相应的接受要求。"刚开始到北京一些小区里做宣讲会,还被误认为是推销有机食品的。"石嫣曾向记者回忆,为了让更多的人参加进来,她和团队成员成天往外跑。即便这样,第一批也只签了 47 户成员。有了第一批成员,接下来的考验就是配送蔬菜了。"凌晨 4 点就起床采摘,这样才能保证当天的蔬菜足够新鲜。"为了让分散在全北京城的成员们能满意地接收这些有机蔬菜,石嫣的整个团队耗尽了全部心力。

但这也并不预示着成员们就此满意。最直接的,是成员们对于有机作物的需求参差不齐。石嫣说,在"小毛驴"开始正式配送的前期,由于对 CSA 理念缺乏相关认识,一些成员并不认可石嫣他们送去的有机蔬菜,"他们觉得我们配送的只是一些便宜蔬菜"。

不过,随着模式的逐渐成熟,越来越多的成员也开始慢慢接受石嫣的理念,以及在这种模式下被配送到家门口的蔬菜。与之同步的,还有经"口口相传"而吸引到的更多的成员。

五、祸福相依

2009年7月的一天早晨，工作人员于"小毛驴"内发现了一个废弃农药包装袋，并汇报给了石嫣。这让石嫣非常震惊，拿着包装袋，她把一起干活的同伴们叫到一起，一遍遍地追问，非常认真地总结反思，是什么环节的疏漏，出现了这样的"重大事故"？

接着，她在每周都会和同事一起将蔬菜配送到客户家中，很郑重地对客户表示道歉。每到周六，她又询问并提醒来参加劳动的"劳动份额"的客户，千万不要让农药化肥出现在"小毛驴"。石嫣不能容忍对土地的破坏就在自己的眼皮底下发生。正是由于她如此严谨的态度与执着的理念，客户越来越相信她。同时，石嫣加强了对农园的管理，后来再也没有发生过一例类似事件，农园的声望与日俱增。

当时，食品安全问题频发，消费者对值得信任的健康果蔬需求旺盛，再加上媒体宣传和好口碑，2010年小毛驴市民农园的会员就迅速升至300多户，2011年增至700多户，2012年达1000多户。

六、重启 CSA

2011年10月，石嫣和福建小伙子程存旺①在"小毛驴"举办了一场自行车婚礼。石嫣和程存旺曾共同就读于"三农"专家温铁军的门下，他们在农场成婚，婚宴食材都是自家地里的蔬菜，而新娘石嫣则"拿着一颗西兰花就把自己嫁了"。

"你要实现什么理念，自己先要活出来。"石嫣说。会员的支持加上导师的帮助，"小毛驴"似乎成为CSA在中国实践的标准范本。一时间，来"取经"的人越来越多，石嫣一天最多要接待五六拨参观者。

然而，在"小毛驴"步入正轨后，石嫣却做出了一个惊人的决定：离开。去离北京市中心更远的通州探索另一种模式。她想建立一种中介组织，试图重建两种信任：农民和土地的信任、农民和市民的互信互惠。众人不解，石嫣解释道："'小毛驴'最初打造出的旗号是社区支持农业和农民，但是到现在农场劳动的农民是雇来的，替人打工，工资不高，谈不上受益，模式缺乏决策权，并非自己理想中的农园。""'小毛驴'的参与方很多，有很多理念和我们不完全契合。另外，'小毛驴'的成功很大原因是因为食品安全问题突出，市民参与积极性高，大都带有食品安全生产自救的心理，因为他们能从参与中监督到食品的生产流程。但农民参与的积极性不高，也不能从中得到更大的收益。"石嫣的丈夫程

---

① 程存旺毕业于中国人民大学，是农业与农村发展学院博士生，师从知名"三农"专家温铁军教授，同时为中国人民大学武进试验区可持续发展负责人，译著包括《四千年农夫》《分享收获：社区支持农业指导手册》等。从2008年开始，程存旺陆续参与创建了包括北京小毛驴市民农园、江苏常州大水牛市民农园和中建一分享收获天津农场在内的多所农园；于2015年创办诚食（北京）农业科技有限公司，由此进入了生态农业互联网领域，搭建信息化的共享平台——"好农场"。

存旺博士说。

如果农民不能从土地耕作中得到相应的收益,不能和土地建立起相应的信任和感情,这种模式是不可持续的。"特供""家庭农场""农超对接"都难以解决食品安全问题。

2012 年 8 月 2 日,石嫣夫妇及同事一起创办了"分享收获"农场。他们借鉴日本"守护大地协会"[①]的经验,让农户的生产以家庭的形式进行,在自己的土地上进行生态有机耕作,以保证食品健康、安全。

与"小毛驴"农场中雇用农民的方式不同,石嫣这次要把农民当作合作伙伴,和他们一起协商制订生产计划和生产规范,推动农民在自己的土地上采用有机种植。石嫣给自己的新农场起名叫"分享收获"。"分享收获"和"小毛驴"的一个明显区别是,"分享收获"团队从具体的劳动耕作中脱离了出来,让农户也成为这个模式的一个主体,具体的生产由寻求的合作农户负责组织实施和与村庄对接,石嫣团队负责安排生产计划和在地化监督及标准制定。这样,"分享收获"团队能避免过去那样直接和农民打交道。处理农民之间的内部矛盾问题要耗费大量精力,现在则把更多精力放在安排生产计划、监督生产流程、招募消费者会员和把关配送质量上。这种模式也不同于以往国家曾经推广的"公司＋农户"模式[②]。

七、万事开头难

北京市通州区马坊村,一个较为偏远的村庄,离地铁八通线终点还有约半小时车程。多年前,城市化的脚步就扩张到了这里,村庄维持着双向流动,农民洗脚上田进城进厂,先富起来的中产在这里租房寻找世外桃源,虽然前者的数量远多于后者。

起初,石嫣和伙伴们从有种菜传统的村庄入手,直接到田间地头去观察,找农民打听,瞄准了那些有自己土地又会种菜的农户。然而北京本地农民大多嫌种菜累,又有风险,没什么人愿意干。

在纷纷进城寻找更好工作机会的村民眼里,这群积蓄不多的年轻人跑来村里种菜多少有些异类。马坊村过去是个专业蔬菜种植村,蔬菜种植面积一度超过 200 亩,后来只剩下郎广山一家。就这一家,也是石嫣和她的团队"抢救"回来的。农民尝到种菜甜头的时间短暂,天灾、菜价"过山车"让菜农苦不堪言,更多的选择让他们疏远了土地。

郎广山初中毕业后,大部分日子都在家种菜,自信种菜技术高人一头。前些年,就在人们纷纷弃地进城时,郎广山不断把土地流转过来扩大种菜规模,菜地有了 50 多亩。但是,近几年他愈来愈感到力不从心,巨大的市场风险横亘于前,他的感受只有几个字:

---

① 日本守护大地协会由藤田和芳于 1975 年创立,旨在通过建立生产者与消费者之间透明、互动的关系,促进双方收益分享和土地与环境保护。经过四十多年的努力,已发展成为拥有 2500 个生产会员、9.1 万个消费会员、年营业额达 150 多亿日元(超过 10 亿元人民币)的庞大组织。

② "公司＋农户",顾名思义是将"大公司"与"小农户"联结起来。这种经营模式肇始于 20 世纪 80 年代,在推动农民学习生产技术、规避市场风险和规模经营增收等方面发挥了积极作用。

"累，挣钱难。"2011年，学计算机的儿子大学毕业，郎广山松了一口气，终于要卸下这副担子了。但是儿子没找到工作，打算回乡创业，这让郎广山进退两难。彼时，石嫣等人正在为寻找合作对象而犯愁。随着地价的攀升，在京郊找到种植大片土地的农民很难，找到有种菜经验和意愿的农民难上加难。听到郎广山的事后，她们立即对他展开说服工作。

"种菜本身就种怕了，种有机蔬菜风险更大，有病虫害怎么办？你说是有机谁相信你？"石嫣团队每天跟着郎广山下地，软磨硬泡，郎广山就是不松口。这时，突破点出现在郎广山儿子郎东京身上，郎东京看到媒体对石嫣的报道后，欣赏这个计划。"好吧，那我们就一起干吧。"随着郎东京的加入，爱子心切的郎广山同意了这项合作计划——由郎广山负责种植，石嫣负责技术监督、生产计划和销路。

合作没几天，"茄子事件"就爆发了。一天，郎广山在大棚里发现刚挂果的茄子招了茶黄螨虫害，如果不及时打药这一棚子好端端的茄子将变成"开花馒头"，果实苦涩不能食，这样下去肯定要绝收。心急火燎的郎广山趁着地头没人，偷偷背来了喷雾器给茄子打上了药。没承想还是被石嫣的伙伴们给发现了，满棚的茄子全被连根拔了！郎广山气得直跺脚，好在被郎婶给劝住了。郎婶说，"既然合作了，就得照人家的法子种。""分享收获"团队给郎广山20万元无息无抵押贷款，帮助他改善生产条件，有农学背景的专业团队随时提供技术支持。蔬菜产量低了，但价格却高了。一斤菜卖15元，郎叔能收入5元，稳定且比市场价高。一年下来，郎家收入将近万元，比以前高了两倍多。减少了流通环节，消费者会员付出的价格也比商场超市的有机菜便宜得多。

更难的事情还在后面，那就是招募会员。很多消费者直接和石嫣说，相信她种的菜，但是不相信农民。为了招募会员，石嫣带着她的团队和健康果蔬走小区，穿社区，免费品尝。蔬菜果然受到了欢迎，但是居民十分抵触共担风险。"你们要是收了钱跑了，怎么办？"面对种种疑问，他们把会员年费改成了半年付，甚至还推出了月付套餐，让居民体验。那些日子石嫣每天都跑很多小区，说得口干舌燥，效果甚微，曾经还遭到过保安驱赶。

一桩桩难事儿并没有阻碍石嫣这个"分享收获"团队，她一趟趟地给"准会员"上课，带他们实地参观。2012年9月，石嫣迎来了第一批会员。紧接着"分享收获"农场开始盖大棚、挖菜窖、垒猪圈鸡舍。在这里所有的蔬菜都是用农家肥，养的猪都吃纯粮食，整个农场沿用生态种植的理论和技术，不用化肥、农药以及除草剂、催熟剂等化学药物，让农作物和养殖动物按照自然生长周期生长，做到了菜不催熟、蛋不催产、猪不催长。

2012年10月底，北京出现降温，"分享收获"的小院里缺乏供暖设施，队员们也缺少过冬的棉被。身为掌柜的石嫣在微博上发了一条信息，大意是，"分享收获"希望用蔬菜来交换二手棉被。"结果，很多人响应这件事。而且所有响应都没有说想拿这个换菜的。甚至有人跟我们说'我家里有60个暖宝，我都免费地提供给你'。还有一个外国老太太，给我们很多衣服、鞋子、背心什么的。""分享收获"的销售主管陈力说："我发现，同样是做销售，但这里的销售和我以前做的销售不同。在这里，有很多很温情的事情出现在你的工作里,你会收获意想不到的感动。"

这些感动给"分享收获"带来了很大的动力,而其过于显著的推动效果,同样在销售主管陈力的预料之外:"在我们开始送菜时,有一个外国会员,他在送回来的箱子里放了一张小卡片,上面写着,'感谢你们的辛苦工作,让我有机会吃到健康的蔬菜'。就是这样一张卡片,团队里的人就好像打了鸡血一样,特别振奋。那种感觉,就好像小时候妈妈表扬你说,'儿子,你做得不错,你是个好孩子'。心里觉得特别爽、特别美。可能在以往的工作中,你拿到了一个订单或者完成了一个什么东西,你也会有成就感,但那种成就感更像是来自于人和物之间的。而在这里的成就感,则来自于人和人。"

到 2013 年,郎广山更忙碌了。"我们也知道种植有机菜好,是以后的方向,但过去不敢弄,成本、销路都是问题。"他一边种植着小白菜苗,一边讲起过去种菜的种种艰辛。菜农都吃过生态种菜的亏,有虫眼的菜市民不要,那些化肥催出的菜又大又嫩,备受欢迎。在配菜坊,刚收获的鲜菜精准过秤后被放置在箱里,准备送往各家各户。墙上贴满了会员反馈回来的信息:"又找到了小时候的菜香,真好。"不过,也有"菜偏硬"的抱怨。"城里人吃惯了化肥菜,有人还不适应原生态的菜。"一位装菜的妇女说。

郎广山的菜园已经发生了明显变化。过去往往种植单一菜种,管理简单,人工成本低,现在地里全年要种植 60 种蔬菜,管理要精细入微。他掰着手指算了一笔账,与化学农业相比,生态农业耗费最大的是人工成本,以施肥为例,撒化肥一人一天能完成 10 亩左右,而施有机肥,每人每天仅能完成一两亩。物理灭虫等方式都要耗费大量的人工成本。全年下来,生态农业的劳动力投入要增加 3 倍左右。

许多新加入的会员刚开始并不能适应有机农产品的口感,对此颇有微词。郎广山种植用大棚外面堆积起来的有机肥,这些有机肥一部分来自于养殖基地的猪粪和鸡粪,一部分则来自于附近养牛场的牛粪。而在防治病虫害方面,郎广山则完全放弃了农药的使用,转而采用粘黄板、防虫网、辣椒水、沼叶等土办法加以替代。这样种出来的蔬菜口感显老,但却原汁原味,矿物质含量也高。而在占地 110 亩的林地养殖基地里,猪场的 16 头黑猪不是被关在猪圈中,而是被简单圈在 3 亩多地的果园中,可以自由活动,而鸡场的 700 多只鸡则完全放养。饲养方面,养殖基地不往饲料里添加任何激素,而是完全用农园自己生产的玉米、麸子、豆腐渣以及菜叶来饲养猪和鸡。当然,采用这样的饲养方法,猪和鸡的生长周期也在无形中拉长。养殖基地的饲养员蒋科介绍说:"我们这里猪要七八个月才出栏,比市场上一般的猪要长两三个月,而我们的柴鸡要至少 5 个月才出栏,比45 天长成的白羽鸡长多了。但这样养成的猪的脂肪能厚达三指,猪肉的口感也好,而鸡肉也比一般的鸡肉耐嚼得多。"

至 2014 年,加入"分享收获"的消费者会员已经有 500 多个,约 1/5 为在华居住的外国人,其余的都是城里人,以老人居多。生产基地也从一个扩展到两个——通州区西集镇马坊村 150 亩基地、顺义区龙湾屯镇柳庄户村 50 亩基地。

八、"最怕无人种菜"

成本问题还不是郎广山最大的担忧，因为菜价可以和"分享收获"协商。他已经 53 岁了，最担心的是种菜后继无人。"在村里请人，每人每个工 70 元，只能请到年纪大的妇女，这批人失去劳动能力后，怕是找不到人了。"土地正在失去对青壮劳力的吸引力。白天的马坊村寂静无声，能见到的大多是老人。有地的农民们，有的盘算着办个采摘园，有的盘算着弄家小五金厂，有的盼着大厂开到家门口……年轻人对种地种菜的"脏活儿"不屑一顾。新生代在衣食无缺的环境中长大，对食品缺乏感恩之心，而年轻人回乡务农更是一件十分"逆袭"的举动。石嫣坦言，"我们遇到的困难是整个农业的困难。团队的流动性较大，在农场工作，未来成家后孩子教育怎么办，这都是比较实际的问题。"

"有机农业的生产周期比较漫长，做了 3 年的分享收获，从 2015 年才开始有 10% 的盈利。说来惭愧，运作了半年，农民的收入并没有达到预期，选择留在农村的年轻人很少，因为现在招募的会员不够多，存在着生产供给大于需求的状况。我们团队刚能维持正常运转开支，下一步要加大会员招募的力度，改善农民的收入预期。"程存旺若有所思。石嫣谈到："他们的种植技术不是最高端的，但希望是可以被推广的，而不是高成本，高难度，普通农民很难参与的。最初创建分享收获时就没觉得只是生意，希望让年轻人都能够以这个为事业，为生活来源，生活在这个土地上。不再因为农业不赚钱而远离土地去做其他行业，或者在乡村赚了钱又回归到城市。"

到 2015 年，合作的农户慢慢增加，已经达到了 400 余户，"分享收获"的团队付出了很多。有参观者曾说，"在这里不仅仅是分享收获，更是分享幸福。"这里有幸福，也有忧虑：农村里真正会种菜的年轻人越来越少了，基本都是 50 后老人。忧虑的同时，这个前景并不明朗的试验却吸引了众多关切的目光，在"分享收获"团队所在的农家小院，前来参观的城里人络绎不绝，还有众多志愿者要求加入团队，石嫣不停在微博上发布公告，称人员已满。队员们大部分都是 80 后，很多为当"新农夫"而辞去了工作，每月工资两千余元，包吃包住。他们每天晚上 7 点半停止给消费者配菜，第二天一大早 5 点出车配送。"日出而作、日落而息"，小院儿的夜晚虽然没有电视，没有觥筹交错，但是有歌声，有讨论，有笑声。从灯火辉煌的城市来到寂寞的农村，住集体村舍，月薪 2000 元，这些极具理想主义的年轻人汇聚在一起，皆因看好这一模式。

应璐蔚是浙江人，南京大学新闻系本科毕业后赴澳留学，这是她 2012 年回国后的第一份工作。"我从未在农村待过，过去在农村待一夜我都会受不了。说来奇怪，现在成村民了。"这位快人快语的女孩笑着说。

有人则开始了脱胎换骨的角色转换。甄睿在农业大学读完本科和硕士研究生，毕业加盟了某著名农资企业，这个过去的农药、化肥推销员，现在转行做了生态农业生产技术员。"高校教育与农业生产是脱节的，像我们这样，去不了科研院所，所学内容在农村完全派不上用场，在这里也是学习。更重要的是，过去的工作经历让我更明白，现行的化学农业方式对土地和人的健康造成的伤害。"他蹬着一辆自行车,来回在田间穿梭。

石嫣说:"他们都如此热爱农业。'分享收获'希望能给想做农业的年轻人一个强大的社区,引领大家既不要随波逐流也不要妄自菲薄。"在这个"大家庭"里,石嫣被大家称为"掌柜的",大家都很敬佩她,喜欢她。对于石嫣来说,幸福就是"吃到天下最新鲜的食物"。

现在,石嫣的梦想更大了,她和团队里的年轻人们除了希望带动当地农户参与生态农业种植、增加收入外,还希望随着参与农户的增多,能够带动当地的农民成立自己的种植专业合作社,提高农民的组织化程度,加强农民在生产端的话语权。他们更希望"分享收获"能给村庄带来新的生机与活力,通过一些文化、学习、交流活动,丰富村民的精神文化生活,改善村庄的环境条件,促进村庄的可持续发展。

九、推广只为可持续

石嫣透露,"分享收获"有三个内容:直销、友好、本地。消费者预先付费,不用贷款,"对于前期没有多少资金的中小型农场,这一模式非常适用。"

"做 CSA 农场首先得先从心底里接受有机和 CSA 理念,钱和地都好说,专业又诚信的团队目前高度稀缺。"程存旺说,"CSA 这个事情是值得我们做的,未来的收益可能也不会差。虽然现在大多数人都在奔着城市跑、奔着工业化跑,但一定会出现一个反向的发展。"分享收获一直在做公共的推广,意在推动大家认识这种新的农业模式和生活方式。几乎每天都能接到志愿者的请求,先以志愿者身份来到农场,之后可以留在分享收获工作,也可以自己独立去做农场。

农园采用"公司＋家庭农场"①的经营模式,由公司向会员收取订金,然后将其中的一部分支付给负责种菜的郎广山进行有机蔬菜的种植,然后由公司向郎广山收购蔬菜,再向会员配送。据"分享收获"的工作人员介绍,会员的订金缴纳有两种选择:一是 5880元/年,共配送蔬菜 49 箱,每周一箱,每箱 8 斤蔬菜;另一种是 9408 元/年,共配送蔬菜 98箱,每周两箱,每箱 6 斤蔬菜。另外,如果需要配送猪肉和柴鸡的话,还需要每年分别支付 3750 元和 1800 元的订金。通过提前支付订金的方式,农民得到了收益上的保障,而消费者则可以吃到安全健康的有机蔬菜和肉类。随着"公司＋家庭农场"经营模式的推广,一批以"耕农田、耕心田"为信念的 CSA 农场相继诞生。至 2015 年,中国大约有 500家,北京就有 50 多家。

按照分享收获农场的种植经验,"每 5 户消费者加入,就可以让 1 亩土地脱毒;每 10户消费者加入,就可以让一个农民健康耕作;每 100 户消费者加入,就可以让 5 个年轻人留在乡村工作;每 1000 户消费者加入,就可以有一个更可持续的乡村。"

---

① "公司＋家庭农场"模式,即通过提高农户的机械化水平和生产技术,使传统的养殖过程发生质的转变,使小规模农户向环境友好型的家庭农场转变。

尾　声

在资本唱主角的今天，总有人问石嫣：现在做农业能挣到钱吗？她也一度不知道该怎么回答这个问题。直到前一阵她刚想明白，下次如果有人再这么问，她也会反问："做公务员能挣到钱吗？做老师能挣到钱吗？"石嫣认为，农业不只是投资，是创业，更是生活，是职业，不过，后两者的属性已经被人忽略掉了。

"食品安全问题不仅仅是对于我们吃的安全的挑战，甚至对于社会的可持续发展都是一个严峻的挑战。"在2014年举行的第六届全国社区支持农业（CSA）大会上，直抒胸臆的石嫣如此总结。

相对于中国土地上密密麻麻分布着的380万个自然村，500多家CSA是一个非常小的数字。石嫣并不在意自己的农场有多大，让她感慨的是，现阶段，大多数人并不接受"小是美好的"理念。

作为业界公认的CSA国内第一人，石嫣自2008年10月公费留美务农归来后，不断尝试CSA在中国的本土化，从一手打造的"小毛驴"毅然退出再到如今"分享收获"的重新起航，是什么使她的信念如此坚定？时至今日，在化学农业占据绝对优势的社会中，她所带领的有机农业发展趋势会是如何？将来是否又会赶超化学农业甚至胜出？

参考文献

[1] 阿申. 女博士的CSA农场梦[J]. 职业，2009(7)：60-61.

[2] 陈娜. 女博士与她的CSA社区支持农业[J]. 农村经营管理，2016(10)：19-20.

[3] 顾小双. 中国式农场的成长之路[J]. 中国社会组织，2015(24)：38-40.

[4] 何苗，亢淼. 多面石嫣：耕农田 耕心田[J]. 农经，2016(8)：71-73.

[5] 刘芳，董金鹏. 村里来了一群年轻人："分享收获"和它的队员们[J]. 新产经，2012(11)：65-69.

[6] 毛伟豪，李亚红. 女博士的绿色梦[J]. 农村.农业.农民，2014(5)：39-40.

[7] 马力. 石嫣：让农民受益才是真正的有机农场模式[J]. 农经，2012(9)：35-37.

[8] 任慧媛. 分享收获CSA：专心做有机[J]. 中国连锁，2015(9)：47-49.

[9] 汪勇. 食育，从孩子开始[J]. 青海科技，2013(4)：70-77.

[10] 吴芸. CSA：蕴涵东方哲学的新型农业生产[J]. 中国图书评论，2012(6)：118-120.

[11] 哑河. 石嫣：原来可以这样做农民[J]. 南风窗，2009(25)：68-71.

[12] 张春燕. 嫣然一笑做"分享"[J]. 环境教育，2013(9)：42-46.

[13] 张志国. 石嫣：分享收获 守护大地[J]. 绿色中国，2015(8)：24-27.

附录1 有机农业

"有机农业"一词是由英文词组"organic agriculture"直译过来的。联合国食品法典委员会将有机农业界定为促进和加强包括生物多样性、生物循环和土壤生物活动的农业生态系统健康的整体生产管理系统。国际上权威组织国际有机农业运动联合会指出有机农业是包括所有能够促进环境、社会和经济良性发展的农业生产系统。不同于传统农业,有机农业在生产中不采用基因工程获得的生物及其产物,不使用任何化学合成的农药、化肥、生长调节剂、饲料添加剂等物质,而是遵循自然规律和生态学原理,协调种植业和养殖业的平衡,采用一系列可持续发展的农业技术,维持稳定的农业生产过程。

从发展的规模和数量上看,国民环保意识较强的欧洲、日本、美国等有机食品生产和需求发展较快。欧洲和北美两个市场占全球有机消费总额的97%,其余的3%也基本集中在日本和澳大利亚。欧洲的有机产品销售额在2003年已经达到105亿~110亿欧元,增长率约5%。德国为欧洲最大的有机产品消费市场,其市场销售额仅次于美国而位居世界第二。英国是世界第三大有机产品消费国,并保持着不断增长的势头,增长率超过了10%。

美国有机农业以家庭经营的农场为基本生产单位,同时还存在着大量农业合作组织,其主要职责为维护农民的共同利益和宣传推销农副产品。美国政府一直将农业科研和推广视为其重要职责,其有机农业的相关科研活动也直接面向生产。政府通过各州的大学在当地设立农技推广办公室,使农业科研直接服务于生产,生产中面临的问题也直接反馈给科研机构,使研究成果迅速转化为生产力,真正做到生产、教学、科研的"三位一体"。澳大利亚有机农业的快速发展,是因为其有众多致力于研究有机食品的机构、充足的资金支持以及完善的认证管理和法规体系。目前德国有机食品的销售渠道主要为三类:第一是农户直销,主要存在三种方式:在农场内设立直销店;到专业市场承租柜台进行直销;根据订单直销送货上门,在一些发达地区还实行了网上订购和邮购。第二是有机食品专卖店。第三是店铺专柜、专区销售。德国农业现代化水平高,政府采取资金补贴、强化管理、法律保障、协会推动和严格检验等措施使得有机农业发展较快。德国"联邦有机农业计划"每年投入两千万欧元,而对于有机市场的研发更是不遗余力。英国的有机农业从业人员相对较少,但有机产品的销售额很高,这主要得益于其有机产业链的不断完善以及有机农业理念的不断普及。英国有机产品市场中所占份额上升的营销方式分别是:箱子计划、送货上门、邮购和餐饮服务。

相较于国外有机农业,我国有机农业发展起步较晚。20世纪80年代中后期有机农业开始在我国逐步推广。1989年,我国国家环境保护局南京环境科学研究所农村生态研究室加入了国际有机农业运动联合会(IFOAM),成为中国第一个IFOAM成员;1990年,浙江省临安县的裴后茶园和临安茶厂获得了荷兰SKAL的有机颁证。此后,中国相继成立了自己的认证机构,根据 IFOAM 的基本标准制订了部门的推荐性行业标准,以开展相应的认证工作;并以 2002 年 11 月 1 日颁布实施的《中华人民共和国认证认可条例》为起点,中国不断完善有机产品的相关法律规范,使我国有机产品事业走向规范化。2015 年 8 月 25 日,国家质检总局发布的《有机产品认证管理办法》(修正版)取消了有机转换认证及其标志,进一步规范了有机产品生产。

目前,我国有机农业发展迅速,从出口国家数量和出口额看,大豆、蔬菜、茶叶、杂粮等,主要出口美国、欧盟、日本、韩国等国家,并且其出口额呈逐年增加的趋势;从培育土地和生产总值方面看,我国有机农业土地面积广大,2014 年我国有机生产面积已达272.2 万公顷,有机产品总产值达 800 多亿元,目前在世界排名前五,居亚洲首位;从有机农业认证机构数量方面看,截至 2012 年 3 月,我国大陆处于有效状态的有机产品认证机构有 23 家,7728 家从事有机农业的企业共获得了 11090 张有机产品认证证书,我国有机认证机构数量已超过 1000 余家,这对有机农业的健康良性发展产生了积极的促进作用。此外,在 2015 年,全国已建成有机农业示范基地 19 个,形成了水稻、茶叶、畜产品、水果等示范模式,我国已成为全球第 4 大有机产品生产消费国。

在我国有机农业发展迅速的背后,这个新兴行业依然面临众多问题。首先,从农业运作模式上看,我国有机农业的运作模式比较单一,主要以直供模式、体验式农庄模式、观光生态农业模式为主,其他的鲜有涉及。这就意味着产品体验具有同质性,很难与国外产品进行直接竞争。其次,从有机农业研究水平和推广上看,我国有机生产技术研究水平低下且推广滞后。目前,我国有机农业生产研发投入不足,国内现有技术研究主要集中于生态农业、循环农业、绿色食品等方面,缺乏专门从事有机农业研究的科研机构和多层次的有机农业研究合作平台。同时,有机农业的推广服务体系不健全。目前大多专业咨询组织主要侧重于质量检测,而未开展有机农业的生产技术指导与咨询,造成了生产者在品种选育、化学药剂的替代技术、病虫草鼠害的自然控制、作物轮作、有机产品加工包装贮运等方面技术缺乏,无法实现技术的配套和集成,这在一定程度上影响了有机农业的高效发展。此外,从有机认证和监管体系来看,我国有机认证和监管体系不健全。由于我国有机市场保持着年均 20%～30% 的增长速度,通过的认证企业数及产品数量显著增加,有机产品认证监管方面问题突出。一方面,由于有机产品假冒成本低,消费者识别困难,认证监管存在漏洞,有机产品生产商缺乏社会责任感,唯利是图,导致不法企业给产品贴上假造防伪标志或防伪标志的超范围、超期使用。另一方面,认证公信力较低。一些认证机构为了自身的业务发展,未严格执行国际或国内标准,部分存在认证行为不规范、不透明等问题,造成了有机认证质量不统一等问题,这显然不利于我国有机农业的长期发展。

资料来源:

[1] 丁长琴. 我国有机农业发展模式及理论探讨[J]. 农业技术经济,2012(2):122-128.

[2] 李春红. 有机农业发展模式研究[J]. 上海农村经济,2011(3):14-15.

[3] 李言鹏,王玉华,郭鹤群. 国内外有机农业发展演化与区域比较研究[J]. 世界地理研究,2013(3):110-117.

[4] 刘晓梅,余宏军,李强,蒋卫杰. 有机农业发展概述[J]. 应用生态学报,2016(4):1303-1313.

[5] 谯薇,云霞. 我国有机农业发展:理论基础、现状及对策[J]. 农村经济,2016(2):20-24.

附录2 社区支持农业

社区支持农业(CSA)的概念于20世纪70年代起源于瑞士,并在日本得到最初的发展。当时的消费者为了寻找安全的食物,与那些希望建立稳定客源的农民携手合作,建立经济合作关系。现在,CSA已经在世界范围内得到传播,不同国家和地区的草根组织在实践CSA的同时,都发展出各自不同的经验。由此CSA的概念也从最初的共同购买、合作经济延伸出更多的内涵。

从字义上看,CSA指社区的每个人对农场运作做出承诺,让农场可以在法律上和精神上成为该社区的农场,让农民与消费者互相支持以及承担粮食生产的风险和分享利益。这是一种城乡社区相互支持,发展本地生产、本地消费式的小区域经济合作方式。在这种合作的基础上,CSA一方面看重在保育生态及资源下共同承担、相互分享的社区关系,看重社区中情感及文化的传递,另一方面则往往会推行健康农作法、永续生活及包括身心灵在内的整合的健康观念。所以它也不单纯是有机生活或环保,亦不单是消费者运动(consumers movement),背后更多的是我们怎样看待这个世界,而这种看法也反映在社区发展工作中。

社区支持农业,这种理念走的是可持续农业的发展之路,这种理念在很大程度上与人们的价值观和生活方式相关。真正的CSA在社员身上要求的是在对自然的认识和保护上追求人和环境的协调。

Case 3 周贤:中国首家 "在线慈善商店"的创办者①

引 言

2011年,留英归国的周贤和她的团队建立了中国第一家O2O慈善商店——善淘网。这个从外到内都简单美好的商店被看成是一个"残健融合、人人参与"的美好乐园。周贤和她的创业团队成员将"电子商务"和"慈善商店"进行结合,打造了一个创新的公益模式。作为中国首家助残慈善商店,善淘克服了其创业之初的困难,在不断摸索中将人与慈善相联结,促进残健融合,推进和谐美好社会的构建。

那么,周贤等海归精英为何想从零做起创立慈善助残事业? 她们又是如何建立起"电子商务"与"慈善商店"相结合的运营模式的? 作为慈善事业的先行者,她们是如何扩大善淘网的社会影响力,使其为大众所认可的?

一、梦的萌芽

周贤是一个70后独生女,出生于江苏省南通市的一个书香门第,童年就在南通度过。父母在单位上班,并没有太多的时间陪伴周贤。她的空闲时间大多用来读书,书籍给她的人生带来了一次又一次的改变。

和许多成绩优异的学生一样,周贤大学毕业后选择了到外资银行做文员,当时的周贤就像是一个大机器中的一颗螺丝钉。然而,看似勤恳、文静的她,骨子里其实是不安定的。最终她选择了离开银行,去寻找自己的"存在感"。周贤逼迫自己去不同的公司,做更多有挑战性的工作,接触更多的人,用业绩和奖金来证明自己的"存在感"。但是这个过程持续了不到一年,2001年,积极进取、偏爱挑战的她重新拾起了书本,去德国波鸿大学读工商管理硕士(MBA)。在三年的留学时光里,她不仅学到了商业领域的理论知识,

① 本案例由彭伟、孙步明、唐康丹根据公开资料整理,版权归原作者所有,并对原作者的贡献表示感谢。案例仅供讨论,并无意暗示或说明某种管理行为是否有效。

更学会了德国人的严谨和务实。

2004年,周贤回国创办了一家管理咨询公司。然而,当一切走上正轨的时候,她却又开始质疑和迷茫。她在自己的日志里面写道:"无论是在公司,还是在朋友聚会,大家衡量一切的指标只剩下了一个:'多少钱?'或者,更多类似的数字单位。更可怕的是,当用钱来衡量一切的时候,我发现自己的剩余人生其实一览无遗:无论是不断升职加薪还是购买更多的房子、车子、股票,所形成的结果都是货币数值的不断叠加。这时,我失去了个人前进的动力了。"

2005年夏天,周贤到大别山片区①参加志愿者助学活动。在那里,周贤看见了许多交通不便、教育严重落后、孩子们营养不良的山区贫困现状;许多大别山人的家里病、灾、残障居多等状况。大别山区的贫困刺痛了她,透过山区贫困家庭开缝的泥墙屋顶,她第一次萌生出做公益的想法。她想改变大别山的贫困! 大别山之旅让周贤深切地感受到做公益的必要,从大别山回来后,她开始广泛阅读资料,并热衷于和从事公益事业的朋友们交流。

2006年,一位从网上认识的好友推荐给她一本书——《如何改变世界》②,在这本书里她接触到了"社会企业"的概念,这本书改变了周贤的人生观。周贤想:"这会比我原先做商业更有趣一点,我所学到的商业知识原来不仅仅可以用来赚钱。"这个全新的理念让她心动不已。

2007年,为了学习社会企业的相关理论知识,周贤卖掉公司,特意选择到英国伦敦大学国王学院攻读公共服务政策的硕士学位。在当时,英国是社会企业最发达的地区,慈善商店到处都是,一个社区旁边可能同时开了10家。从那时起,她特意做了很多考察和研究。

在英国,周贤被大街小巷的各式慈善商店所吸引。英国的慈善商店往往是一个社区人气最旺的地方,明星、艺术家、主妇、游客、流浪汉……各种各样的人都喜欢到这里来淘宝,这里没有施舍,没有慈善一贯的"奉献"味道。但慈善商店却是英国慈善事业的主要手段,2007年时全英国约有7000家慈善商店,年交易总额在3.5亿~4.5亿英镑,年收入1亿英镑左右,这个数字占英国年零售业总额的2‰。为了领略社会企业的真谛,一有空闲,周贤就走进商店与店主聊上几句。经过多次调查走访,她对于西方的慈善商业化模式熟稔于心。这种不依赖于社会捐款、"自给自足",同时又能解决大量社会问题的慈善商店不正是周贤一直在寻找的"社会企业"的范本吗? 她当即就有了把慈善商店开到中国的想法。

---

① 大别山片区范围主要包括鄂、豫、皖三省的36个县,土地面积约6.7万平方千米。该区域经济比较落后,农民收入水平不高,生活比较困难。
② 《如何改变世界》由美国戴维·伯恩斯坦编写,全书陈述了一些卓越的社会企业家的故事。

二、试水践行

2009 年年底，周贤心里揣着公益这个热乎乎的小火苗回到了祖国，满怀信心开始了她的慈善计划。她先进行了长达一年的前期市场调研，在尝试了多个方向以后，最终决定创立慈善商店。然而让她始料未及的是，在中国开慈善商店完全不像在英国那样简单。慈善商店模式在英国已经成熟，并渗透到社会的肌理当中，能做到一个志愿者管理一家店铺，并且大部分店铺都是免租金的。而在中国，慈善商店几乎是一种全新的公益方式，无论是公众意识、政府支持，都远远没有达到这种水平。

此时国内虽然也出现了一些慈善商店，但由于实体店租金贵，营运成本高，风险大，真正能撑下来并经营良好的非常少。周贤觉得自己的公益之梦受到了很大的阻碍，于是她边求学边探寻适合在中国创办社会企业的路径。2009 年 9 月，周贤终于找到了节省成本、降低风险的好主意——她看到国内淘宝网做得风生水起，网络购物所占的销售份额越来越大，周贤灵机一动，产生了将"电子商务"与"慈善商店"相结合的想法，她要借着电子商务正火热的机会，拟打造出一个全新的公益平台。然而，周贤的一些亲朋好友却提出了异议，有的担忧"在社会普遍信任危机的状态下，创办网络慈善商店缺少捐赠来源"，有的则担忧"纵使收到捐赠物，会不会有人来买？"他们普遍认为，周贤的想法过于前卫，不符合国情。面对亲朋好友的好心劝阻，生性倔强的周贤掷地有声地说："任何事情如果在做之前就'打坝'拦截，只能故步自封，我就要做敢于第一个吃螃蟹的人！"

说干就干，周贤开始四处筹集资金，准备打造她的慈善商店。她拿出了自己的 50 多万块钱，然而这点资金远远不够她打造网上慈善商店，但是她的亲朋好友不理解她，他们不愿给予周贤更多的支持。幸运的是，她的想法获得了其他团队伙伴的支持。

对于寻找团队伙伴，周贤从来不认为是件难事。既然不懂技术，就去找懂技术的人入伙；不擅长营销，就去找懂行的合作伙伴。在相同价值观的引导下，理念相同的人开始加入善淘网，成为善淘的创始团队，大家都坚信这份工作会带来快乐。善淘网的创始团队是一个跨度很大的团队：联合创始人香港大学法学硕士徐璇、残障人士孙夏燕、负责搭建整个善淘网技术平台的计算机硕士钱荣、曾任联通高级客服经理的小辰、在知名企业担任过买手的 Lily 等人，大家都为了共同的公益梦想走到一起。其中包括她在内的数名善淘网成员都曾有留学英国的经历，这也为她们后来的创业开启了一道灵感大门。团队最开始只有周贤、小辰、钱荣 3 个人，孙夏燕、徐璇、Lily 后来陆续主动加入。

孙夏燕出生于 1982 年，在她 12 岁那年一场车祸让她失去了右腿。2005 年，孙夏燕本科计算机专业顺利毕业，为了就业，她还考取了会计从业资格证书。不过她发现，即使自己在残障人群中条件较好，想获得一份"正常"的工作依旧困难重重。2010 年 7 月，一次偶然的机会，她听说了正在筹建的善淘网，就主动投递了一份简历。很快，她成了善淘的第一位员工。

在伦敦求学时，徐璇曾在一家慈善商店做了四个月的义工。这段经历让她对慈善事业充满了向往,2010 年回国后,她开始关注国内慈善事业。同年 10 月份,她知道周贤在筹备善淘,这与她的想法不谋而合,于是她主动加入了善淘团队……

周贤感觉这一次的创业完全与以前不同,因为她找到了志同道合的伙伴,开始了一个全新的社会企业"善淘网"的征程。周贤并不喜欢将一个人定义为创始人,"我觉得我们团队的每一个人都是创始人,都很重要"。从 2010 年的春季到秋季,周贤和创业伙伴们每周都定期出现在一家咖啡馆,为善淘网的雏形而争论不休,时而沮丧,时而兴奋。

6 位团队成员经历了多番困难,最终筹集了 100 多万元的资金,并于 2010 年 10 月在上海成功注册"上海聚善助残公益发展中心"。为此,善淘所有人流下了激动的泪水,同时她们的内心也很彷徨。此时周贤担任善淘首席执行官(CEO),同月,善淘网获得了英国创意商业大赛中国赛区的第五名。同年 11 月,善淘网在香港社会企业高峰会上拿到内地赛区的社会创新冠军奖项,并入围了《南方周末》评选的"幸福中国"公益项目榜年度公益 20 强。经过多方筹备,善淘网终于在 2011 年 1 月上线测试,3 月正式开始对外营业,成为中国第一家"在线慈善商店"。

周贤和创业团队对善淘网域名"buy42"寄予美好愿望,它意为"buy for two",用助人的心态来买东西。与国外的慈善商店不同,周贤将善淘网的模式制定为通过在线销售企业及个人捐赠的闲置物品、各类公益商品等,协助慈善组织和公益机构进行在线筹资。换言之,出售一件商品,就完成了一次公益筹资。同时,善淘会按照个人愿望,将募集资金捐赠到捐赠者和购买者指定的公益项目中。

善淘网在商业和公益模式上的创新,引起了不小的关注。著名经济学家杰里夫·里夫金在《零边际成本社会》①中就将善淘网作为共享经济的案例之一。哈佛大学教授Nathalie Laidler-Kylander 也曾将善淘网写进哈佛案例集。

三、定位转型

2011 年,由于善淘网想法太新,知名度不高,一般人不太理解,其面临着"无经验、无知名度、无客户"的考验,这些困难周贤预估到了,但注册非政府组织(NGO)、寻找主管单位的困难重重却在周贤意料之外。

善淘网刚开始就只有几个顾客来"捧场",而捐赠物品的大多都是周贤的朋友们以及善淘内其他员工的朋友或亲人,遇到的问题很多,知名度不够,全新的理念也没有推广出去;而此时的善淘就需要将理念推广出去,改变世人固有的想法。但她们没有更多的资金去做硬广告,大部分是靠口碑相传,所以这是一个比较漫长的过程。

为了提升善淘知名度,周贤和孙夏燕等人商讨并决定在网上发起一项名为"江湖征集令"的活动,通过论坛、微博等社会化媒体平台来宣传。此外,为了传播积极而时尚的

---

① 《零边际成本社会》开创性地探讨了极致生产力、协同共享、产消者、生物圈生活方式等全新的概念,详细地描述了数以百万计的人生产和生活模式的转变。

公益理念，周贤和她的团队找来一些具有代表性的网站会员，拍了一系列宣传视频，其中不乏复古时髦红人，在视频中分享他们的生活态度与公益态度。同时，周贤还在高校举办的创业咖啡讲座上与大学生们分享善淘网的创业历程，从而让更多人了解善淘网，了解慈善商店。由于其创新的模式效应，以及周贤强烈的市场敏感度加上她的多番争取，善淘网很快与拜耳公司的企业社会责任（CSR）部门达成合作。周贤再接再厉，凭借自己的市场能力以及之前所积累的人脉，又很快与英特尔等跨国公司的 CSR 部门进行了尝试性合作。由此，善淘获得了来自这些企业员工的捐赠，也大大提高了知名度。

像善淘这类慈善商店，在当时的中国原本就难以生存，那么如何"四平八稳"地掌握和运营善淘？"这个问题困扰了我很久……"周贤说。

周贤根据善淘和跨国企业的初步合作经验，决定瞄准企业，先从企业合作入手。周贤凭借自己多年的商业管理、市场经验，开始尝试与更多的机构客户洽谈，以赢得企业支持。她将善淘定位为一个为公益项目筹资的工具，宣传的重点在于为善淘上那些公益组织和公益项目筹集资金，以此来和企业取得合作。

发展初期这种简单明了的定位策略帮助善淘网取得了初步的成功：善淘网在短时间内收到了数千件捐赠品，也受到了个人与企业的初步认可，甚至在捐赠品上架以后，在没有做任何宣传的情况下就有来自天南海北的购买者创建了订单。

基于这个模式的执行，善淘网团队迅速地建立起来。一个线下中心也迅速建立，负责所有物品的整理、熨烫、拍照、上传、仓储、客服、物流等工作；专门负责品牌推广和专门负责技术开发的团队也建立起来。

伴随着团队建设逐渐完善，善淘网业务模式也逐渐趋于稳定。这让周贤大大地松了口气。在这一阶段无论是对外宣称还是内部定位，善淘网仍旧明确地将自己定位为一种新型的筹资工具，口号是"爱心捐赠＝公益行动、善意购物＝公益筹资"，周贤认为这样定位并没有错。但是随着时间的推移，在获得人们初步认可的同时，周贤却发现这一品牌定位产生了越来越多的问题。

接近年末的一天，周贤一个人坐在空荡荡的办公室里，同事们都已经下班走了，她静静地回想下午发生的事，客服部的小辰跟她诉了一个下午的苦，"最近老有客户打来电话咨询和投诉捐赠品上架慢、滞销等问题"。

网络信息反馈问题以及善淘员工的抱怨，让周贤意识到捐赠者只关注筹资结果所带来的问题：随着善淘网影响力的扩大，捐赠者数量开始大幅增加。从表面上看，人们更容易被打动，也更容易开始第一步的捐赠。然而慈善商店的业务模式链条很长，捐赠物品的收集、商品的上架与销售、公益筹资的生成、资金转入慈善机构、受助机构及时在线反馈这个过程，无论怎么优化都需要一定的时间才能完成。但是对于捐赠者来说，要捐赠结束很久才能看到后续的义卖情况。如果所捐赠物品滞销就意味着起初的公益筹资目标没有顺利实现；义卖的钱少于自己的预期，这些都非常容易打击捐赠者的捐赠热情。

当时线下客服最常常接到的电话就是"你们怎么还没卖出去啊？"或者"卖的钱怎么那么少啊？"人们只关注最后的"变现"结果，根本不关注过程，更不关心善淘发展得怎么样。面对这些质疑,周贤和其他善淘的员工都很苦恼,甚至善淘员工们纷纷来找周贤诉苦。

面对这些情况,周贤开始反思,是否善淘网的定位需要做出改变。在发了第一期透明报告以后,人们的质疑和问题纷至沓来,大部分都集中在给其他公益机构集资多少上面,却很少有人问及善淘网本身的艰难运作和严苛的成本控制。

周贤明白,善淘网虽然实现着低碳消费、公益筹款、助残、公益普及等多重社会效益,但是却有着异常复杂的工作流程:从收取闲置,到线下集中处理;每一件单品都要经过整理分拣、定价拍照、上传销售、仓储发货的人工过程;寻找、选择诸多公益伙伴,以将他们的项目进行整合,然后部分公益资金再输出到项目;整合公益项目的反馈清单,将相关数字和报告迅速而透明地传递到捐赠者和消费者手中……复杂的链条给处于起步与创业期的善淘网的运作带来负担,尤其对于一群需要培训的残障员工来说,这样的操作、管理都有很大的难题,拖慢了工作效率,并且由于项目周期的不同以及操作上的困难,不仅难以实现及时的反馈数据,还损坏了项目的公益效果。最为重要的是,这种模式也难以帮助善淘网实现作为社会企业自负盈亏、持续盈利的目标。

为此,2011年年底,周贤去了一趟韩国,学习韩国"美丽小铺"的发展模式与理念。韩国"美丽小铺"慈善商店创始人朴元淳也是从伦敦大街随处可见的慈善商店中得到启示,回韩国创办了韩国首家慈善商店。"美丽小铺"从2002年创办到2011年,已经在韩国有了114家分店。原来,"美丽小铺"从一开始的理念就是"分享与关爱"而不是"施舍",并且在这种理念的带动下,"美丽小铺"逐渐成为社区融合的基本工具,这种微公益使消费者变成"道德消费者",开始主动关心和参与公益事业,这给了周贤很大的启发。

回国后,周贤咨询了善淘的志愿者、捐赠者、合作伙伴、消费者等,他们给了周贤很多建议。在新的头脑风暴中,团队很快达成了共识:把善淘网定位为一个"在线公益参与平台",一个"让人们爱上的慈善商店"。大家还提出:在善淘网上捐赠或者购买的东西可以更加多样,鼓励人们参与捐赠从二手衣物到其他商品、从有形的商品到无形的"时间、技能"和"免费办公空间、人际网络"等资源;除了通过直接购物以外,用户还可以主动发起诸如"快闪""Party捐赠"等线下活动。同时,利用网络也可以对慈善商店本身的发展提供更多样的支持,像视频展示、自拍上传、微博转发等。

善淘的这次定位转型一直持续到了2012年4月份才完成。周贤意识到这次的品牌定位转型并非一蹴而就,需要各方面的配合,需要更为缜密的行动。面对多元化捐赠者和消费者,究竟要吸引谁成为自己事业的核心支持群体?如何激发大家的热情?运作流程如何改进?这些问题让周贤陷入了深深的思考。

此外,善淘当时还面临物品收储不易的问题,很多人还不熟悉这种捐赠。善淘网是慈善商店,物品要用来义卖,周贤坚持只能接受那些全新或者九成新的物品。周贤在善淘要求全体员工面对人们的捐赠品,首先就要进行严苛的挑选,其次由同事们手工负责每件东西的整理、拍照、熨烫、清理,这样才能上线销售。这样的流程极大增加了捐赠物的解决难度,更增加了运营成本。况且,不同于一般网店,善淘网的货源来自社会捐赠、基金义卖以及企业库存，收到的捐赠同时大多是孤品，每件义卖商品都需制作专门的售卖页面，这无疑增加了员工们的工作强度。周贤也发现这样的模式使善淘难以达到高效的运作，善淘的总体情况难以改善。

为了解决这些问题，周贤与其他几位创始人在办公室里进行紧张的讨论。在经过几天的研究后，周贤决定利用"数据决策"系统，对仓储压力、处理成本等数据分析，判断捐赠品的流转周期，以此对捐赠品进行门槛要求和销售渠道优化选择。这样的运营方式大大减少了善淘的运营成本。

当时周贤一人"身兼数职"，由于善淘团队此时还很弱小，所以除了做善淘的CEO，周贤其实在善淘运营的各个过程都有参与。不只周贤，善淘创始团队里的所有人都是如此。这时，美国本特利大学（Bentley University）商学院市场数据分析专业的硕士、在美国求学和工作期间就接触到了慈善商店的余诗瑶通过微博上的有关信息了解到善淘后，对善淘的运营模式十分感兴趣。2012年，余诗瑶告别美国投资公司的分析师工作，回到了上海，加入了善淘，成为善淘联合创始人。余诗瑶加入善淘后，担任善淘公关部总监等职，在2012年4月开始创建善淘坦克团，仅两个月，坦克团就有了300多位团员，余诗瑶任坦克团团长，坦克团的不断壮大为善淘的发展开启了一扇新的大门。在善淘艰难的时刻，善淘所有人相互鼓励、相互扶持，所有的困难都被一一克服。

四、初获成就

为了让客户享受到更便捷的、体贴全面的服务，周贤致力于设立便捷化、标准化的流程。所以善淘团队研究出了一套便捷的捐赠流程：要捐赠衣物，以江浙沪地区为例，捐赠者只需要在线预约，善淘网的合作物流公司就会去上门收取。收取以后，多少件已经在整理中，多少件已经上架了，多少件已经售出了，都可以在线及时查询。

在善淘网的线下，所有物品的清洁整理、商品拍摄、图像制作、在线吸收、分发物流，大部分都是由残障伙伴完成的。这一项目帮助残障伙伴得到了更加持续和有尊严的工作岗位，让每一位残障伙伴都更好地实现价值。

周贤表示："善淘网体现了多重公益性，捐助只是大家直观看到的公益。善淘网的团队吸纳了很多社会上的残障人士，所以消费者的购买行为会间接地为这些残障个体支付酬劳。此外，回收闲置物品本身就是一种环保、低碳的行为。"

"公益组织要做得长久，前提条件必须是放到阳光下运行。"周贤琢磨出善淘的运营操作方式——对每一位捐献者以及大众做到公开透明。为了做到对捐赠者的公开透明，从接到捐赠意向时起，每一个程序、每一笔资金的流向都通过网络或手机短信向捐赠者通报。

2012年3月份，善淘在网上公布了2011年的透明报告。从中可以看出，成立一年的时间，通过直接捐赠、购买慈善商品等方式成为善淘用户的人群已达5300位；善淘为20个公益项目筹资256556.23元，产生了相当的社会影响力，当然这在很大程度上要归功于周贤对善淘网的精准定位和创始团队的努力。这一年,联劝①的"一个鸡蛋"项目从善淘网筹得了 46436 元,这些钱可以让 232 个山村孩子一学年每天吃上一个鸡蛋;"绿孩子季刊"项目筹到了 34417 元,有 3441 名河北、河南、安徽等贫困地区的小学生得到了一本美好的刊物……初创这一年,善淘已经为 40 多位残障人士提供过工作培训或者工作岗位,公益资金的出口也有一部分是支持残障伙伴的就业、培训、康复等。从那以后,善淘网每个年度都会推出年度报表,资金流向通报到每一个具体细节,数据精确到每一分钱。周贤表示,接下来善淘网会着力解决残障人士的培训就业问题和推动社会融入这两个公益领域。

五、步入正轨

善淘网通过一年多的时间慢慢步入正轨,发展已经平稳,其库存物品已经有几千件,捐赠和销售趋势也在不断增长,年销售增长量在 30% 左右。虽然在金额上,善淘网甚至不能和淘宝上一家皇冠小店相比,不过它的公益效果已经显现。

周贤开始把善淘的工作中心放在助残方面,她坚持让善淘整体以助残为方向,在解决残障人士就业上不遗余力。除了全职员工、志愿者外,善淘网的线下运营中心还拥有很多残障工作伙伴。周贤致力于为更多的残障伙伴提供有尊严感、安稳持久的工作岗位。基于当时线下操作的可行性,善淘将当中的很多岗位优化,让更多的残障伙伴能够发挥所长,负责诸如拍照、整理、制图等工作。中国有 8000 多万残疾人,这是一个庞大的群体,也是周贤公益梦想聚集的群体。她提倡"每一个都有价值"的公益理念,善淘网的在线义卖所得均用于残障人士的培训、就业和融入社会。"残健融合"是善淘网团队的一大特色,也是善淘团队一种新颖的尝试,通过优化所有的电子商务平台,为残障人士提供可持续性的、有尊严的工作岗位。周贤觉得"这比直接捐钱助残更有意义"。

2012 年 6 月,善淘网已经有 20 多名团队成员,其中残障人员占到了一半。包括精神障碍、肢体障碍、听力障碍等各种性质的残障伙伴,以全职或兼职的方式参与了整个线下链条的运转。最开始的时候,习惯了说话的健全同事,觉得"纸笔"沟通速度很慢,而且许多事情很难用文字描述。但是,在一次次的磨合和彼此探讨中,虽然经过了很多的"磕磕碰碰",但健康员工和残障员工都变得越来越有耐心,学会了"慢工作",细细体验工作中的愉悦感。公益市场部的视觉设计师文静就是一位听障伙伴,"在与听障设计师陈文静交流中,我们都只能通过纸笔和电脑打字。在一次次的磨合和彼此探讨中,我们学会了两个了不起的技能:在不断的沟通过程中逐步完善最开始的想法,而不是一味地求快。同时,越来越多的同事感到自己描述一件事物的能力和精准性也增强了——这些能力恰

---

① 上海联劝公益基金会成立于 2009 年,是一家资助型公募基金会,致力于用联合劝募的方式,向企业和公众进行公益宣导,拉近公益与公众的距离,引导公众和企业支持公益,且履行监督问责职能,持续地推动民间公益健康可持续发展。

恰也可以应用到其他的工作中去。"善淘员工周彤表示,作为健全人的收获很多。

善淘买手部的工作主要是分拣、定价和描述商品。他们尝试与视障伙伴合作:买手拿起物品,对着话筒口述所有的价格和描述并录音;这些录音整理以后,发送给远程的盲人速录师,他们很快就把所有的录音转录成文字,整理成需要的形式发送回来。这样的过程既减少了买手的工作量,也增加了趣味感;同时,又为盲人速录师提供了稳定的工作任务,而且盲人速录师完全可以在家里通过互联网完成工作。

2013年4月13日,在上海愚园路上,出现了一群"怪异人"——几十名男男女女戴着黑色眼罩,拉路人拍照。一些市民把他们当成了"发神经",有人还说风凉话:"戴着眼罩,啥也看不到,这不是瞎拍吗?"

这个备受争议的活动,正是善淘网组织的黑色凝视——非视觉摄影体验活动。人们在这个活动中学会的不是技巧,而是如何尊重和包容生活中的"不同"。让视力正常的人体验着盲人的生活,周贤想要用这样角色互换式的活动来帮助善淘内部员工更好地"残健融合"。

周贤发现,通过非视觉摄影活动,一方面让健全人拓宽了"心视野",了解盲人的世界和才能;另一方面也帮助健全人打开了平时很少去使用的其他感官,获得不一样的认知体验。

网友"秋风起舞"参与了该项活动后,感受很深:残障人士并不是无能的人,而是有不一样能力的人;其实,我们每个人如果通过不一样的视角,打开不一样的日常很少用的感官,我们就会得到不一样的感受……

除此以外,周贤还尝试让善淘团队与金星舞蹈团合作,组织健全人与残障伙伴开展"舞动我心,现代舞体验"公益活动,让健全人为残疾人伴舞,通过现代舞的美,帮助残障伙伴获得自信和融入社会的机会。

周贤说:"'被爱、被尊重、有价值、被需要'是构成幸福感的四大元素,但对于残疾人来说,很难获取这四大元素,虽然他们会获得照顾和怜悯,但很难获得幸福。善淘网就是要为他们找到打开幸福大门的钥匙。"

在公益助残行动中,周贤身体力行地展现了"授人以鱼不如授人以渔"的精神。周贤坚持善淘网义卖所得重点用在为残疾人提供培训和就业服务上,让残障伙伴体验"被爱、被尊重、有价值、被需要"的幸福感。到2013年年初,善淘培训或提供就业来帮助的残障伙伴超过100多位。

六、扬帆竞发

随着善淘公益事业的逐渐发展,2014年起,周贤就思考如何完善捐赠流程、改善投入产出比。最终,周贤决定做出改变——收窄个人捐赠,扩大企业闲置捐赠,聚焦于做好两件事:助残就业和输出服务。

周贤开始改变捐赠渠道,暂停了除上海以外的个人捐赠,使得捐赠物减少了两万多件,但企业捐赠的侧重却使物品上架率从 27.5％提高至 45.5％,其中关键就在于降低劳动力无产出的概率,实现人力、物力的合理调配。其次,在对外输出服务方面,善淘网在做好捐赠的基础上,开始追求"外向"发展,由此扩大服务市场,也为残障伙伴提供更广阔的空间。

2014 年到 2016 年这三年,周贤不断尝试与各种客户洽谈,善淘网的捐赠主体也从早期的个人捐赠,转为现在占多数的企业库存和员工捐赠。2015 年年底,在周贤以及团队的争取下,ZARA(飒拉)为善淘网捐出 5000 件样衣,以及其旗下品牌 ZARA HOME 等的相应物资。另外,阿里巴巴、阿迪达斯、劲霸男装、英特尔等大牌企业也都定期与善淘网一起组织员工捐献。

除了改变捐赠渠道以外,善淘网更是着力于升级物资系统。在周贤看来,为了获得强大的物资处理能力,善淘应在线上、线下信息交互中实现数据精准而快速的对应。其实,在创立之初,"让善淘网以更优化的电子商务流程为残障人士提供可持续、有尊严的工作岗位;同时,商店义卖的利润将反流,用于帮助中国 8000 万残障人士获得就业、培训和融入社会的机会"就是周贤给自己、给善淘设定的一个目标。公益情怀的背后,必须要有过硬的技术。作为一个与网络、IT 紧密相连的电商公益项目,善淘网的公益创新理念也激发了软件公司 ThoughtWorks① 的热情。

2016 年,善淘网也选择了 ThoughtWorks 中国 P3 团队(P3 即 Pillar3,是公司设定的企业发展三大支柱之一——推动社会和经济的公正)的支持,与善淘合作也是 ThoughtWorks 支持的中国本土第一个社会公益领域的交付项目。

在周贤的劝说以及善淘精神的影响下,P3 项目组在善淘艰苦的条件中和仓库的全体员工一起连续工作了三天,看他们如何分配有限的人员,协作分拣、记录、消毒、熨烫、拍照、添加线上信息、打包、入库、发货……最终帮助善淘改善了工作生活环境和落后的后台系统。

随后,周贤着眼于打造实体慈善商店,几次国外慈善商店的参观经历和对国内实体慈善超市运营惨淡的思考后,周贤把目光投向了打造 O2O 实体慈善商店的可能性。经过多番筹备,2017 年,善淘网在上海开设了第一家实体店,这是一家在空间布局上追求可移动化和场景化,走"极简风"的装修风格,目标在于"服务社区"的实体慈善商店。

周贤决定未来将通过结合"在线平台＋助残基地＋公益活动"的多重发展模式,鼓励更多企业加入,将善淘网这种公益参与模式推广到更多地方。创建六年来,善淘网摸索了一套线上、线下相结合的"可持续"助残就业的模式。余诗瑶说:"2017 年,善淘网将着力于在网络上招募'虚拟店员',希望通过手机平台,帮助更多的残障伙伴。"

---

① ThoughtWorks 是一家全球软件设计与定制领袖企业,已在澳大利亚、巴西、中国、智利、德国、印度、意大利、新加坡、西班牙、南非、土耳其、英国和美国等几十个国家成立分公司,其业务模式主要通过咨询来帮助改善企业的 IT 组织,以软件带动企业业务发展。

尾 声

尽管善淘网如今运营已经比较成熟，但直到 2015 年善淘网才刚实现盈亏平衡。作为一家社会企业，与普通的 NGO 不同，善淘网的运营完全依靠自给自足。

目前善淘网正面临着商业模式有局限、缺乏社会影响力评价体系、政策与法律的缺位和滞后、人才难留、资金可持续性差、理念难以普及等挑战。周贤正在思考：有哪些公益项目产生的收效不够高，甚至过于占用组织的资源，应该选择放弃？究竟哪些产品符合社会企业的使命，更重要的是能为社会企业带来进一步的利润？发展扩张阶段需要注意规避的风险还有哪些呢？产品线扩张太快对社会企业是否有利？下一步组织应该走向何方？以及在社会企业发展有很大困境的大环境下，善淘如何通过标准化的健康管理服务获得生存优势和品牌化发展？

善淘网向我们展示了一个做公益的组织，如何利用商业的方法，既自我维持，又能帮助各方获益。善淘网改变了我们的思维方式：公益从来不是需要牺牲的悲情壮举，而是可以通过创意变成非常简单而又有趣的时尚，快乐地帮助更多的人。但是，在中国如今社会企业不发达、发展不完善的情境下，善淘在理念、政策、人才、资金、管理等各个方面都面临巨大的挑战，这不仅仅是善淘网一家社会企业面临的局面，国内许多社会企业同样正在遭遇这些问题。我们该如何从国家、社会的角度帮助善淘网这样的社会企业，使其更好地茁壮成长？同时，我们又该如何扩大社会企业的 NGO 影响力并提升社会企业组织运营的效率呢？

参考文献

[1] 李洁茹. 社会企业创新样本—— 善淘网与义卖无关[J]. 中国中小企业，2016(7)：48－49.

[2] 李琳鋆. 善淘网现状分析与对策研究[D]. 上海：上海交通大学，2012.

[3] 李榕樟. 海归将成熟的公益项目引进回国[J]. 检察风云，2016(2)：72－73.

[4] 罗曙辉. 逐梦的善淘网：购买一件商品创造两种价值[J]. WTO 经济导刊，2013(4)：79－81.

[5] 马玉霞. 线上慈善商店引领公益新模式[J]. 光彩，2015(11)：36－37.

[6] 齐鹏. 价格做减法，公益做加法，把"慈善商店"开进中国[J]. 数字商业时代，2011(10)：72－74.

[7] 田享华，欧阳小雪，靳贻婷. 善淘网：快乐自己，帮助他人[N]. 第一财经日报，2012－09－21.

[8] 徐西莹. 善淘的定位之路—— 一家社会企业的商业机制构建[J]. 企业管理，2013(7)：75－77.

[9] 杨倩茹. 非营利组织向社会企业转型的对策研究——以"善淘网"为例[D]. 兰州：西北师范大学,2013.

[10] 张立巍. 电子商务与现代慈善契合及价值创新路径[J]. 财会通讯,2004,15(5)：123-125.

[11] 朱汐. 公益需要动起来[J]. 中国企业家,2012(7)：110.

附录

附录 1 善淘大事记

2009 年
- 9 月 9 日,周贤产生公益创业灵感。
- 11 月 9 日,3 人技术团队成立,确定互联网公益筹资方向。

2010 年
- 4 月 9 日,善淘网开始筹备。
- 7 月,孙夏燕和小辰加入,设立线下运营中心。
- 10 月,善淘有了正式的办公室;徐璇加入,6 人团队成立;在上海成功注册"上海聚善助残公益发展中心"。
- 10 月 18 日,善淘网获得了英国创意商业大赛中国赛区的第五名。
- 11 月 20 日,善淘网在香港社企高峰会上拿到了内地赛区的社会创新冠军奖项。
- 11 月 30 日,善淘网入围《南方周末》评选的"幸福中国"公益项目榜年度公益20 强。

2011 年
- 1 月 6 日,善淘网正式上线测试。
- 3 月,善淘网开始对外运营。

2012 年
- 3 月,善淘晒出透明报告,年度总结：2011 年共计筹集公益资金 306040 元,综合产生 718860 元社会影响力。
- 6 月,善淘坦克团正式成立,余诗瑶任坦克团团长。
- 善淘培训或提供就业来帮助的残障伙伴超过 100 多位,帮助残障伙伴获得收入超过 200000 元。

2013 年
- 4 月,善淘网域名启用 shantaowang.com,中文域名不变;公益股票正式投入使用。
- 善淘在线失恋博物馆收录了 15 个失恋故事;一共举办了 6 场残健融合工作坊,包括非视觉摄影、与金星歌舞团合作的"舞动我心"、折纸工作坊,等等。

2014 年

• 11 月 30 日,善淘网携手好野工作室在上海 Mao Livehouse 成功举办了一次公益时装秀。

2016 年

• 善淘与思特沃克达成合作。

2017 年

• 6 月,善淘第一家实体店在上海开业。

附录 2 2011 年 6 月《新京报》对善淘网创始人周贤的访谈(节选)

记者:为什么选择在线慈善商店的模式,而不是模仿英国的慈善商店?

周贤:在中国,选择人流量密集地区建立一个实体商店所需营运成本高昂。电子商务一方面可以规避实体店的部分风险,另一方面也能为企业销售产品带来全新的发展方向。中国拥有庞大的网购用户,大部分年龄为 20~40 岁的城市人群已经非常习惯于使用网络购物了。所以我们选择提供一个物资消费、精神消费的网络服务平台,在大众正常消费中融入公益元素。

记者:有数据显示,中国非营利机构的人员流失率很高。作为公益创业型企业,如何吸引并留住人才?

周贤:除了保证团队成员对公益创业有共同的理念之外,社会企业也应该给人才提供相对平等的待遇。此外,善淘网还设定了联合创始人理念。在善淘,只要在机构每个创新阶段做出卓越贡献的人都是联合创始人,并享有共同收益。无论身份是全职、兼职还是志愿者;无论他们的贡献是关键战略创意还是卓越流程再建;同时,联合创始人的提名与决定由全员参与投票。

记者:在公益创业过程中遇到的困难主要有哪些?

周贤:目前,中国的公益创业的环境还不成熟。由于民办非企业的特殊性质,在寻找挂靠单位、资金、人员等方面均会面临困难,相关部门对公益创业的支持和政策扶持也比较少。

记者:今年两会期间也有代表建议大学生进入公益创业领域,你对此怎么看?

周贤:大学生有较高的热情投身社会公益。但公益创业领域需要基础经验的累积。坚持和实践需要更多的管理经验和整合能力,甚至跟个人的社会经验和职业能力有着绝对的联系。比如选择合作伙伴的能力,所有的行业都良莠不齐,要在其中找到价值观相同,做事方式类似,能够长期合作的伙伴很不容易;这种辨别、谈判、合作保持能力往往取决于个人的社会经验和管理能力。若是大学毕业生在完全没有准备的情形下,贸然进入公益创业领域,仅凭热情显然不能实现生存和发展。

附录3 善淘网的内部运营概况

图1 善淘网的商业模式

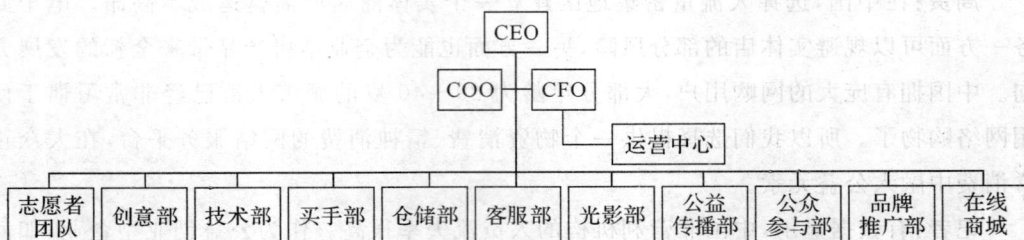

图2 善淘网的组织结构

资料来源:综合各方媒体报道及善淘网2012年度半年报

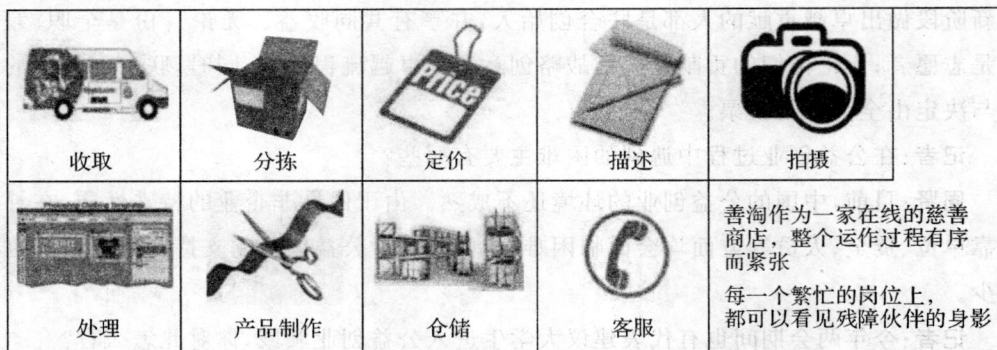

图3 善淘网的内部营运活动图

附录4 善淘网的社会影响力①

2011 年

捐赠个人人次:超过 632 人次

企业伙伴参与次数:超过 46 次

---

① 本附录的数据来源于善淘网发布的各年度透明报告。

捐赠人数总计:超过 2000 人次

志愿者参与人次:超过 500 人次

善意购物人数总计:超过 4000 人次

总捐赠件数:26264 件

可义卖件数:13722 件

实际已义卖件数:10237 件

贫困地区直接捐赠件数:7151 件

创意闲置改造件数:4970 件

在售中件数:3485 件

共计筹集公益资金:306040 元

援助公益项目:超过 20 个

公益援助基金:185383 元

慈善商店发展基金:120657 元

2012 年

捐赠数量:51689 件

上架总量:22101 件

善淘义卖收入:690948 元

个人/企业小额捐款:9353 元

公益伙伴合作代售:72638 元

其他收入:411068 元(注:创始团队持续投入)

其他资助:16000 元(注:基金会等资助)

总计:1200007 元

其他社会影响力:

直接捐赠:5389 件

通过促进循环利用,减少的碳排总量:2983 吨

各种公益形式(捐赠、购物、线下活动、在线传播等)的参与人次:30000 人次

共计创造社会影响力总额:2010275

2013 年

捐赠数量:79033 件

上架总量:33032 件

善淘义卖营收:740908 元

收取买家快递费用:34553 元

公益产品营收:74996 元

长期无息借款:380000 元

各项捐助:583377 元

总计:1813834 元

其他社会影响力：

闲置改造物品数量：30715 件

再次捐赠物品数量：5086 件（均为厚重衣服和棉被）

销售物品数量：32200 件

通过促进循环利用，每年减少的碳排总量：213 吨

各种公益形式（捐赠、购物、线下活动、在线传播等）的参与人次：20694 人次

2014 年

捐赠数量：75674 件

上架总量：20818 件

自营性收入：1292053.51 元

项目性收入：305177.26 元

总计：1597230.77 元

其他社会影响力：

闲置改造数量：30687 件

再次捐赠数量：7612 件（均为厚重衣服和棉被）

销售物品数量：24734 件

通过促进循环利用，每年减少的碳排总量：243 吨

社会影响力总额：1367760 元

2015 年

直接捐赠：4433 件

闲置改造：906 件

环保回收：29447 件

总捐赠数量：56941 件

上架数量：25897 件

总销售数量：32196 件

高管创业篇

Case 4 王树彤：挑战马云的女性创业达人[①]

引　言

　　有这样一个古老的商业寓言：某地出现了一个大金矿，许多淘金者闻风而至，可是要达到金矿所在地必须要经过一条湍急的河流。一位商人来到此地后并没有随大众涌向金矿，而是在河边摆起了渡船，多年过去后，绝大多数淘金者空手离去，而这位商人却成了因为金矿发财的一分子。敦煌网的创始人王树彤就是这样一位善于发现新的商业机会的智慧型企业家。

　　虽然如今提到电子商务，大众可能想到更多的还是阿里巴巴，但由王树彤创办的敦煌网在跨境电商行业所取得的成就也着实让人惊艳。如果说阿里巴巴的创始人马云是电子商务行业的英雄，那敦煌网的创始人王树彤也绝对可以称作是跨境电子商务行业的女豪杰。

　　2017 年，敦煌网已经实现了 140 多万家国内供应商在线，4000 多万种商品遍布全球230 个国家和地区，具有 1000 多万名买家的规模，每小时有 10 万名买家实时在线采购，每 3 秒产生一张订单。那么王树彤为什么要创办敦煌网呢？她又是如何将敦煌网发展成为当今跨境电子商务行业的领头羊的呢？

一、连环跳槽

　　王树彤，1968 年出生于北京的一个书香门第。小时候的王树彤是那种很讨人喜欢的小姑娘，聪明伶俐，学习成绩不错，兴趣爱好也十分广泛，在校期间参加了健美操、艺术体操、诗歌和羽毛球等各项活动，并且一直是中长跑集训队的队员。

　　1987 年，王树彤高考后进入北京邮电大学电子工程学院无线电通信专业学习。从进入大学到毕业，王树彤的生活并没有经历太大的波澜。1991 年本科毕业后，她顺利进

---

　　①　本案例由彭伟、唐康丹根据公开资料整理，版权归原作者所有，并对原作者的贡献表示感谢。案例仅供讨论，并无意暗示或说明某种管理行为是否有效。

入清华大学软件开发与研究中心工作,当时在大学当老师的她显得有些另类,在周一的时候,她就几乎把一周要做的事情都做完了,而其他人基本是前四天喝茶、看报,等到最后一天才慢慢地把事情做完。但这样清闲的大学教师生活并没有让她感到满意。

1992年邓小平南方谈话以后,中国进入改革开放的新发展时期,此时不少跨国公司进军中国。当时的王树彤对跨国公司感到很好奇,也很盼望有机会接触到国外公司的新鲜事物。她果断辞去清华大学教师的职位,来到了一家外企担任软件工程师。一次公休日,公司一位大客户的程序系统数据库出了问题,其他技术人员都感到很棘手,王树彤二话没说就赶到了公司,花了整整两天的时间,把自己关在办公室里,将3个月的数据逐一整理,最后终于找出了症结,及时地把数据抢救了出来,使得客户非常满意。在这次事件后,她的技术能力得到了大家的认可,公司CEO也在一个月后特地为她加了薪。

王树彤始终觉得自己还需要更大的发展空间。1993年,王树彤从报纸上看到了微软的招聘广告,便毫不犹豫地投简历去应聘总经理秘书的职位。面试时,王树彤即兴创作的一首诗给面试官留下了很深的印象。然而,面试结束后,王树彤在好长时间内都没有收到任何音讯,此时绝大多数应聘者已经开始寻觅下一份工作,但她不想就这样轻易放弃,于是主动打电话给前台找到了公司的总经理,希望能有确切的回应,但得到的回复却是她不适合这个职务。幸运的是,总经理的话语中隐约提到她更适合去做市场这一块的业务,她就顺着这个点充分展示了自己在市场方面的潜力,最终经过三轮面试后被成功录取,王树彤也成了微软在中国大陆地区最初的雇员之一。

当时的微软在中国大陆只有市场部和销售部,6名员工在一个50多平方米的办公室里工作,主要产品是MS-DOS系统。尽管当时微软在中国大陆的规模很小,但是外企的职业风格还是深深地触动了王树彤。面对国际一流的专业人才,本土职业经理人还是显得有些稚嫩。王树彤的上司是中国台湾人,上司告诫她能力不如别人就去学习,不要考虑面子问题,学成了就是自己的东西。这些话激发了王树彤加倍努力地工作,每周拼了命似的工作七天,常常加班到夜里十一二点。然而在IT界这个男性化的行业里,男性只要证明一次的事,女性也许需要证明十次才能获得认可。很长一段时间里,王树彤的绩效考核接近满分,但每每有空缺可以升职时,上级总是会派来一个港台地区或者新加坡人担任该职位。很多人因为这样的不公平选择了离开,也有人为王树彤打抱不平,劝她离开,但她觉得不能就这样放弃,坚持留了下来。

1995年6月,王树彤进入微软已经两年了。一天,她和同事正在忙于自己手头的工作,突然测试组的主管来找她的经理,急着解决程序中的一个漏洞,不巧的是她的经理正在出差。但这个漏洞如果不及时解决,对应的程序就无法按时交货。王树彤当时二话没说,放下了自己手头的事情就去解决这个根本不属于自己职权内的问题,最终使得这个程序如期交货。后来,王树彤才知道这个程序关系到一个重要客户的急单,很快她就被提拔为服务部的经理。因为表现突出,1997年王树彤又被调任事业发展部经理,并在两年后,也就是在她微软工作的第六个年头,她带领自己的团队为公司创造了1000万元的营业额,占当年微软中国营业收入的三分之一,此时微软中国已经是有400多人规模的大公司了，她也因此成了微软在大陆提拔得最快的员工。

然而在微软的无限风光并没有阻碍她思考自己真正的理想。随后，她毅然离开了微软，来到了当时全球最有名的网络设备供应商公司——思科（Cisco）①。思科是一家真正的网络公司，无论是培训、客户支持、订单还是业绩评估，全部通过网络实现，所有员工都是工作、生活在网上。作为当时思科亚洲区高管中的唯一女性，王树彤亲手组建了市场营销部，全权负责公司在中国市场营销业务的发展。思科非常重视公司在中国的业务，当时王树彤在思科参加会议时，因为她所代表的国家、地区的市场能力和销售业绩都是最好的，所以她的发言会受到格外重视。然而，在思科工作一年多以后，虽然思科已经是当时全球市值第一的公司，王树彤却又一次选择了离开。

2000 年年初的一个午后，卓越网的董事长雷军突然来到了思科，坐在了王树彤的面前，邀请她担任卓越网的 CEO。当时王树彤看着大名鼎鼎的雷军光明正大地来到别人的企业挖墙脚，感到很震惊，也对".com"有了新的认识。亲身经历了互联网近十年来的变化，她也确信互联网是未来的发展大趋势，同时也对自己充满信心，希望能将外企多年的经验学以致用，让中国也拥有属于自己的优秀企业。一周后，她同意加入卓越网担任CEO 的职务。

然而，让她始料未及的是，2000 年 3 月份，就在她加入卓越网 1 个多月后，第一轮互联网"寒冬"来袭。经过与同事们的激烈争论后，王树彤决定将卓越网从一家免费软件下载和游戏服务的网站转型为一家电子商务网站，凭借着对营销的深入理解，她采用了"大规模采购降低产品价格，然后让利给消费者"的方式，使得卓越网的业务取得了爆炸性的增长。在 2001 年这样一个互联网泡沫破灭年，卓越网的业务增长仍达到 100% 以上，她凭借着在外企多年的工作经验以及超群的智慧，和她的团队一起将卓越网打造成了中国网络界第一家音像店，一跃成为中国电子商务的新一代领跑者。

正当卓越网发展得如火如荼时，2002 年 8 月 15 日，已成为互联网标志性人物之一的王树彤突然离职，辞去了卓越网 CEO 的职务，此后便一度消失在人们的视野之中。

二、主动"跳海"

2004 年，消失一年多的王树彤终于重新出现在了大众的视线中。在卓越网工作的经营心得和服务经验让她对电子商务已经有了新的认识。当时全球互联网经历了十多年的发展，已经培养出一代人，这代人在互联网上生活和工作，俨然成了一个崭新的群体，是传统贸易中不曾有过的群体，而且影响力也越来越大。王树彤坚信电子商务作为未来发展的趋势是势不可挡的，全球一体化也是必将实现的。离职期间，女儿的诞生又给了她重新思考的时间，她一直在思考自己的下一个理想是什么。

① 思科公司是全球领先的网络解决方案供应商。Cisco 的名字取 San Francisco（旧金山），那里有座闻名于世界的金门大桥。依靠自身的技术和对网络经济模式的深刻理解，思科成为网络应用的成功实践者之一。

当时 B2B(企业对企业电子商务)领域的龙头老大阿里巴巴①占据着接近 90％的市场份额。一天,在给盆栽浇水时,看着水缓缓流入盆栽的泥土中,王树彤脑中闪过了一个念头,既然盆栽里的泥土看起来很充实,却仍然有这么大的空隙让水填充进去,那么 B2B 行业也一定有这样的空隙。经过调查后,王树彤发现当时以阿里巴巴为代表的外贸 B2B 网站是一种线上展示、线下交易的信息服务模式,网站从中赚取会员费和推广费,所瞄准的通常是交易规模较大、单笔货物往往在十万美元以上的服务对象,然而海量小额采购商的需求却被忽视。中国是全球最大的生产基地,充足的货源对国外买家具有不可抵挡的诱惑力,但因为中小采购商的交易额一般不高,无法像大型进口商那样经常飞来中国采购,只能依靠进口商操作,成本很高,他们迫切希望能绕过中间商,与中国的供应商实现直接对接。

王树彤决心为国内中小企业和海外中小买家搭建一个能直接交易的在线平台。毫无疑问,这比阿里巴巴运营的难度更大,不仅涉及信息推广,还包括物流货运、支付、线上线下服务等,困难可想而知。然而,王树彤并没有退缩。2004 年 9 月份,她和一些同事在北京中关村银网中心租下了一间办公室,准备创办一家 B2B 网站,目标客户为每次采购额为几千美元甚至几十美元的海外采购商。王树彤把这些中小采购商称为"电子商务领域的长尾"②,阿里巴巴的服务对象是大 B(大企业)对大 B,他们的服务对象则是小 B(小企业)对小 B。在小 B 的一端是中国 3000 多万家中小企业,他们的制造能力惊人,但利润有限,通过电子商务实现的只有 4％;而小 B 的另一端,沃尔玛、麦德龙、家乐福等海外零售巨头凭借全球网络优势在全球压价采购,对当地的中小零售商形成了猛烈的冲击,这些海外中小采购商迫切需要找到可以低价采购的渠道。

一天下午,王树彤在办公室楼下的咖啡店边喝咖啡边思考。她不希望网站只遵循传统贸易的流程,不想简单地把国际贸易电子化,而想做颠覆性、互联网化的国际贸易,决定在 21 世纪发起一场贸易的革命、一场中国出口的革命,通过互联网重振中国在"丝绸之路时代"作为全球贸易中心的辉煌。几经思索,王树彤从桌上拿了一张纸巾,坚定地写下了"网上丝绸之路"几个大字。深入思考后发现敦煌是古代丝绸之路的重要门户,是非常重要的驿站,让她觉得这和自己要做的网站寓意很契合,因此决定将公司取名为"敦煌网",希望能打开新时代东西方之间的一扇互联网之门,打开中国中小企业走向全球市场的大门。王树彤当时就明确了敦煌网的定位,即始终坚持为中小企业打造一个在线外贸

---

① 阿里巴巴(Alibaba Corporation;纽交所证券代码"BABA"),中国最大的网络公司和世界第二大网络公司,是由马云在 1999 年一手创立的企业对企业的网上贸易市场平台。阿里系的业务有电子商务服务、蚂蚁金融服务、菜鸟物流服务、大数据云计算服务、广告服务、跨境贸易服务、前六个电子商务服务以外的互联网服务。

② "长尾"这一概念最早由克里斯·安德森于 2004 年提出。"长尾"实际上是统计学中幂律和帕累托分布特征的一个口语化表达。过去人们只能关注重要的人或重要的事,如果用正态分布曲线来描绘这些人或事,人们只能关注曲线的"头部",而将处于曲线"尾部",需要更多的精力和成本才能关注到的大多数人或事忽略。例如,在销售产品时,厂商关注的是少数几个所谓"VIP"客户,"无暇"顾及在人数上居于大多数的普通消费者。而在网络时代,由于关注的成本大大降低,人们有可能以很低的成本关注正态分布曲线的"尾部",关注"尾部"产生的总体效益甚至会超过"头部"。例如,某著名网站是世界上最大的网络广告商,它没有一个大客户,收入完全来自被其他广告商忽略的中小企业。安德森认为,网络时代是关注"长尾"、发挥"长尾"效益的时代。

平台,为那些采购量不大的企业提供更丰富的产品并减少他们的库存、加快资金周转。敦煌网的使命就是促进全球通商,搭建一个全球领先的 B2B 在线交易的电子商务平台,让全球的商人在网上轻松地交易。

虽然王树彤对这个行业十分看好,但是要说服投资商进行投资却并不容易。2005年,国内电子商务领域还是以阿里巴巴、慧聪网①这种"为会员企业发布信息"的商业模式为主,即使在全球范围内也找不到和敦煌网类似的模式。因此,当王树彤为敦煌网寻找投资时,大部分风投并不看好。当时只要一提到 B2B,王树彤就会被问到敦煌网和阿里巴巴有什么区别,虽然她一直强调阿里巴巴是通过信息展示来收取会员费和广告费,而敦煌网不仅仅是中小企业产品的展示台,还为采购商和供应商提供交易平台,但大部分风投并不相信她能够成功。令她至今难忘的是,当时敦煌网已经准备上线了,一笔已经签了合同的投资却没有按时到账,她从电话里听出对方的口气不对,放下电话就立马飞往深圳洽谈,但是对方已经决定撤资。从对方办公室出来的时候,正遇上滂沱大雨,"把她彻彻底底浇了个透心凉",脑子一片空白,不知该如何向自己的同事交代。但放弃的念头只从脑海中一闪而过,回到北京后,她毅然拿出了自己的积蓄,将开销缩减为最小,带领团队搬到了朋友公司 IT 部厕所对面 20 平方米的小房间,在一片嘲笑和怀疑声中,于 2005 年 4 月 28 日让敦煌网上线了。

然而,在敦煌网上线的一个多月里,没有接到一笔订单,当时整个办公室的气氛十分压抑,但大家都依然坚持做好自己的工作。终于,在 2005 年 6 月份的一个下午,一笔来自大洋彼岸的订单打破了沉寂。当时王树彤对面的同事突然激动地宣布有海外客户在网上下单了,整个办公室都沸腾了起来,大家相互击掌拥抱,一个多月以来的压力终于得到了释放。王树彤清晰地记得敦煌网的第一位买家来自美国,名叫 Richard,当时是买了一个 6.14 美元的电脑包,接到订单的工作人员立马向卖家核实产品信息,然后向 Richard 发送了大量的产品信息邮件并打了若干次越洋电话后完成了这笔订单。

敦煌网在推广之初的困难是很多人无法想象的,B2B 最难的就是搭建平台,必须要让买家和卖家对这个平台有很高的信任度。但最初在敦煌网摆摊的国内卖家只有 30 多个,这还是王树彤带领团队在江浙和广州一带磨破嘴皮说服的第一批卖家企业。她还清楚地记得当时有个做陶瓷的,她亲自跑到了对方的厂房,对方一开始答应提供一些产品的图片和资料,但是事到临头却反悔了。于是,王树彤就决定采取一种折中的方法,自己先将产品买过来,再将产品展示到平台上来卖,随着订单量的不断增加,当初不信任敦煌网的供应商开始愿意主动将产品发布到敦煌网这个 B2B 平台。而针对海外买家,王树彤一方面通过朋友介绍的方式,另一方面通过中小企业协会等渠道来获得一些企业资

---

① 慧聪网(HK02280)成立于 1992 年,是国内 B2B 电子商务服务提供商。慧聪网注册企业用户已超过 1500万名,买家资源达到 1120 万名,覆盖行业超过 70 余个,员工 4500 名左右。财报显示,慧聪网 2012 年销售成本同比增加 2.3%,销售收入则增长了约 25%。销售与市场人员的数量分别为 2012 年 2125 人、2011 年 2307 人。

源。她认为敦煌网上25%～35%的买家应该来自亿贝（eBay）①，便在eBay等网站上进行推广。她也发现搜索是另一个积累用户的方式，为了让更多买家通过搜索引擎找到敦煌网，她精心设计了各种关键词，并通过谷歌竞价排名来进行推广，这些努力让敦煌网慢慢在海外打开了市场。

就这样，王树彤从每一个基础业务抓起，事必躬亲，好不容易撑过了半年。但到了2005年年底的时候，敦煌网陷入了资金链随时都可能断裂的处境，迫切需要找到投资来维持运营。在资金已经极度短缺的情况下，王树彤和凯鹏华盈（KPCB）②的汝林琪约在了元旦前夜的十一点见面，凯鹏华盈曾成功投资过多家互联网企业，王树彤也非常希望能获得他们的投资。当时是北京最冷的时节，地点是北京国贸中心，汝林琪开完会赴约已经是将近深夜2点，此时王树彤已经在寒气逼人的酒店大堂等了两个多小时。当时见到了手脚已经被冻得发麻的王树彤，汝林琪很感动，在听完她对敦煌网商业模式的描述后也表示认可，决定投资200万美元给敦煌网。凯鹏华盈的这笔投资对敦煌网的发展尤为重要，让敦煌网在最困难的时候维持了运营。

拿到投资的敦煌网加大了对美国搜索引擎的开发力度，与美国垂直网站、线下商会加强了合作，这一系列的努力使得敦煌网的订单越来越多，金额也越来越高。到了2006年6月份的时候，敦煌网平台单月流动额超过了100万美元，开始了爆炸式的加速发展。同时融资方面也传来了好消息，2006年年底，集富亚洲③向敦煌网注资1000万美元。在投资商的支持下，敦煌网慢慢走上了发展的上升期。

三、凤凰涅槃

2008年，一场突然爆发的金融危机使得大部分国内商家的海外订单锐减。库存积压、资金周转困难等一系列由于金融危机导致的问题让不少中国企业，尤其是中小企业的生意举步维艰。金融危机催生了新一代的买家，这一代买家的特征是数量众多，并散布在全球各个角落，他们一次性采购的数额都不大，但采购频次却很高，形成了一股巨大的新兴商业力量。同时跨境商业形式也产生了变化，大批中小企业的身影在国际舞台上越来越活跃，敦煌网上的交易也异常火热，它借助自身的平台帮助大量国内中小企业通过跨境电商走了出去，成功地实现了"中国造、全球销"。它也因此开始进入大众主流媒体的视线，大量媒体对敦煌网进行了报道，使得王树彤所构建的"网上丝绸之路"成功地走进了大众的视野之中。媒体的宣传以及大众的关注为敦煌网带来了更多的客户，同时

---

① eBay于1996年5月在加利福尼亚注册成立。该公司是一个全球商务平台和网上支付的领导者，主要提供网上商品和服务的销售，同时也提供网上商务、电子平台、网上支付和网上通信服务。

② KPCB China是世界最大风险投资KPCB于2007年4月在中国设立的风投基金，基金总额为3.6亿美元，旨在支持中国企业家和创业者，推动高速成长产业的创新。

③ 集富亚洲是亚太区风险资本行业中的领先品牌之一，投资的重点是具有高增长潜力并且拥有较好发展前景和技术的企业。其母公司集富有限公司（"JAFCO"）是日本卓越的风险资本管理公司，业务遍及全球。

也使得其交易额大大提高,2008 年,敦煌网的在线交易额就大约为 14 亿元。

虽然敦煌网的交易额已经得到了很大的提高,但是它的海外买家数量的增长仍然相对较为缓慢。直到 2008 年年末,它的海外买家也只达到了 100 万左右。王树彤意识到既然有超过 200 万的海外零售商会在 eBay 上出售商品,如果让这些零售商变为敦煌网的采购商,直接将敦煌网上的相关产品信息复制到 eBay 上出售,基本上就可以实现无库存销售。于是,她很快与 eBay 结成了战略合作伙伴,通过在 eBay 上做宣传,让 eBay 上的海外卖家去敦煌网上进货,构成了"网站整合推广"。

此外,王树彤还发现敦煌网的买家大部分都是新生代的网商,相对都比较年轻,大多热衷于像脸书(Facebook)[1]这样的 SNS(社交网络服务)社区,于是她专门建立了一支海外营销团队。一方面,建设敦煌网专有的微型网站以及在现有的网站架构下设置专有的沟通频道,并于 2009 年推出了"Introducing success"频道,通过视频介绍来让海外买家熟悉跨境购买,同时也为他们提供一定的经验分享和相关小技巧、小工具的介绍;另一方面充分利用 Facebook 与使用者之间良好的互动关系,将品牌、客服以及销售等都叠加到了 Facebook 上,以让更多的商户更及时有效地获取敦煌网上相关的产品信息。

在一系列的努力下,王树彤带领团队为敦煌网找到了更多的买家和卖家。为了让网站的产品更具可信度,敦煌网在 2008 年提出了一套诚信机制,供货商在平台上的所有行为都会被记录下来,商品描述是否真实、回复询盘是否及时以及交易过程中的服务能力、产品质量以及客户评价等,将这些数据汇聚在一起,对供应商进行真实的评价,反映到敦煌网平台上就是越诚信的供货商得到的推广机会和曝光率就越高,那些不诚信的供货商则生意机会越来越少,甚至被剔除出交易平台。为了让采购商更及时有效地收到货品,2009 年 8 月份,敦煌网的交易系统与国际物流巨头 UPS[2](美国联合包裹速递服务公司)实现了后台数据整合,敦煌网的卖家可以直接在网上提交运输要求,然后要求 UPS 进行取货,并可以全程追踪货物运输情况。买家及卖家数量的增多以及物流体系的完善为敦煌网带来了更高的销售额,2009 年,敦煌网的在线交易额达到了 25 亿元。

四、路遇猛虎

可以说,敦煌网是在阿里巴巴的眼皮底下悄悄长大,但在交易型的在线贸易方面,敦煌网比阿里巴巴先行了足足有 5 年。2010 年 3 月,阿里巴巴也决定将小额外贸生意"速卖通"业务年费取消,改成交易成功后再收取佣金,并悄然推出了 1688 批发市场。2010

---

[1] Facebook 是一个创办于美国的社交网络服务网站,于 2004 年 2 月 4 日上线。截至 2012 年 5 月,Facebook 拥有约 9 亿用户,是全球第一大社交网站。

[2] UPS(United Parcel Service)快递在 1997 年作为一家信使公司成立于美国华盛顿州西雅图,是一家全球性的公司,其商标是世界上最知名、最值得景仰的商标之一。作为世界上最大的快递承运商与包裹递送公司,同时也是运输、物流、资本与电子商务服务的领导性的提供者。

年4月26日,阿里巴巴公司宣布,斥资1亿美元打造的小额外贸在线交易市场——全球速卖通正式营业,剑指的正是小额外贸在线交易。敦煌网迎来了迄今为止最强劲的竞争对手,虽然这个对手比自己迟到了5年之久。速卖通与敦煌网的区别在于,速卖通是将产品直接卖给国外用户,而敦煌网是卖给国外企业后再由企业卖给用户。

其他类似的网站,如易唐网①、贝通网②、Link China(联畅网)③等也如雨后春笋般诞生。王树彤对此却表现得十分淡定,因为她早就预料到了会出现这种情况并表示欢迎竞争。正是大家认可敦煌网是未来跨境电商的一个发展方向,所以才会争先恐后地对其进行复制。而且也直到阿里巴巴进场,才说明小额在线外贸B2B的确是座金矿。

2010年,阿里巴巴围绕速卖通完成了3笔收购,并在11月收购了敦煌网的潜在并购目标——深圳一达通企业服务有限公司。经过深度思考,王树彤迅速做出了回击。2010年6月30日,敦煌网与深圳建设银行分行签署了战略合作协议,针对小微企业资金快速周转的需求,联手推出了面向小微企业的小额网络信贷产品"建行敦煌e保通"。仅基于企业在敦煌网上过往交易的信用作凭证向需要融资的中小企业贷款,不需要任何实物抵押和第三方担保,同时在敦煌网上做生意的时间越长,相应的利息就越低。2010年11月,敦煌网又在深圳正式成立了华南总部,这是敦煌网首次在北京以外的地区设立分公司。

五、重整旗鼓

2011年,王树彤在四川成都参加了APEC④中小企业峰会,她做了一场关于中国中小企业走向世界的演讲,并在会后被成功选举成为APEC中小企业服务联盟的首任轮值主席。同年,中国正好在选举下一个工商咨询理事会的代表,当时王树彤及时抓住了这样的机会,经过外交部与贸处会的一些面试后,成功地被选为了工商咨询理事会的代表。此后,王树彤多次在相关会议上为中小企业及跨境电商发声。

2012年,敦煌网已经覆盖到全球220多个国家,有2500多万种产品,实现了全球400多万的采购商与中国100多万的中小供应商直接在网上进行对接、直接做交易的盛

---

① 易唐网是一个综合性快捷高速的B2B电子商务企业。自2007年成立以来,集合了国内外电子商务成功商业模式,以出口为导向。采用先进的互联网技术整合销售渠道,为开展国际贸易的中小企业提供专业有效的信息流、安全可靠的资金流、快捷简便的物流等服务,满足国外的中小企业买家及消费者的需求。

② 贝通网(Beltal)是服务于国内中小企业生产商与国外中小规模采购商的综合性快捷高效国际贸易B2B平台。贝通网分为中文站和英文站,分别为国内卖家和国际买家服务。自成立以来,网站一直秉承"诚信、公正"的经营理念。与中国多数B2B不同的是,贝通网摒弃了以年费为主要盈利来源的模式,为卖家提供免费注册、免费认证、免费登录产品以及产品展示服务。

③ 联畅网(LinkChina)是专门为中国的消费品卖家精心打造的面向全球零售商和批发商的安全便捷的B2B电子商务交易平台。联畅网凭借对海外市场的敏锐嗅觉和对国内市场的深刻理解,通过专业的优质服务和先进的网络技术,为买卖双方搭建诚信的贸易平台,使中国优质产品真正走向全世界。

④ 亚洲太平洋经济合作组织(Asia-Pacific Economic Cooperation,缩写:APEC),简称亚太经合组织,成立于1989年,是亚太地区级别最高、影响最大的区域性经济组织。该组织为推动区域贸易投资自由化,加强成员间经济技术合作等方面发挥了不可替代的作用。

况。这样高速发展的交易增长让王树彤从 2012 年开始力推跨境电子商务，跨境电子商务也成为 APEC、ABAC（APEC 工商咨询理事会）这些工作小组里面大家公认的重点推广议题，跨境电子商务模式得到了大家一致的支持。

电子商务由于门槛低、效率高，因此成为许多中小企业开拓外贸市场的新渠道，成为打造品牌的新路径，越来越多的企业通过外贸电商走出去。2013 年，外贸电商开始有转向大外贸的趋势，从传统以小单为主开始向大单转变，更多的大外贸走到了电商平台上。

2013 年，王树彤带领敦煌网的核心团队踏上了重走丝绸之路的征程。巧合的是，2013 年 9 月 7 号以及 10 月 3 号，国家主席习近平分别在哈萨克斯坦和印尼首次提出了"一带一路"的概念，分别指丝绸之路经济带、海上丝绸之路。前者的意义是为了促进欧亚各国经济联系更加紧密，后者是为了促进中国与东盟国家的合作发展。这与敦煌网的发展理念高度契合，让王树彤感到由衷的兴奋。

兴奋之余，王树彤开始对中国南方市场进行了深入的考察，在东莞和深圳的工厂走了一趟后，她发现中国传统外贸代工厂在创造无与伦比的中国制造的同时，却一直被订单"绑架"，线下的大单越来越少，不少企业命悬一线。这些企业虽然明白跨境电商是必然之路，但是它们天生有两个不足：一是有货不会卖，二是不像贸易商能赚差价。而工厂流水生产线的成本一般较高，小的订单根本无法补足这些高成本。

为了改善国内传统外贸代工厂的处境，敦煌网开始和众多有货源的地方展开合作。2013 年 11 月 26 日，敦煌网和义乌市政府联合打造"义乌全球网货中心"的项目正式上线，后来又将此网货中心模式推进到了东莞、宁波等货源地，旨在集合当地商务及商品信息，打造一个线上虚拟仓库与线下实体仓库及物流集散中心相结合的外贸货源开放库，并通过一系列技术手段将此开放库与以敦煌网为代表的国内外各大电商平台相连接，依托各平台的巨大流量来实现开放库中商品和国内外市场的有效对接。

为了解决大物流问题，敦煌网在 2014 年建立了综合物流平台 DHlink。因为跨境电子商务面向的是 220 多个国家和地区，面对着十几万的城市和港口，其中又有航空、邮包、快递、船运、海运等多种运输方式。为了保证跨境贸易中的物流能够达到最佳状态，敦煌网整合了几十家的物流公司，针对客户的行业以及去向港口的需求等信息，为客户提供一个最好的解决方案。

2014 年 9 月，敦煌网宣布已经完成了数亿元的融资，由华创资本和华盈创投（TDF Capital）投资。这也是敦煌网完成的第四轮融资，标志着跨境电商正在从量变到质变。王树彤也更加坚定敦煌网的发展道路，她随即走访了华南和华东的传统外贸代工厂，发现当地商户已经厌倦了价格战，迫切想要突破升级，但却无从下手。在商场打拼多年的王树彤深知中国国内产品最大的问题就是同质化严重，商户大多热衷于价格战，而走出去就必须树立自身的品牌。

经过一年的思考后，王树彤决定整合商户力量，推动品牌升级，这也得到了商户们的一致支持。在 2015 年下半年的 APEC 中小企业跨境电商论坛上，她提出了敦煌网想要打造"全球梦想合伙人"的想法，因为仅仅凭借一家商户的力量很难实现品牌升级，而通过敦煌网来搭建一个足够大的平台就可以将商户的能量最大化,进而帮助中国企业品牌升级。

王树彤带领着敦煌网为商户提供了"外贸综合服务",即梳理整个链条中敦煌网可以服务的领域,进而基于大数据来汇聚订单。然后,敦煌网就可以建立独立的交易平台、物流平台、供应链平台,为不同的商户提供不同的解决方案,同时也建立统一的标准和流程,比如集约化的退税、通关等,将出口过程流程化,帮助国内商户树立统一的形象,促进中国商户的品牌建设。除了搭建线上平台,王树彤还努力推动国外线下实体店与中国企业的对接,类似于国内 O2O 企业的地推模式。她带领敦煌网在阿联酋、美国和西班牙都建立了地推中心,按照不同的行业与当地具有一定规模的实体店进行对接,向他们介绍中国产品。

六、一路高歌

为了更好地打造线上及线下平台,敦煌网率先响应了国家"一带一路"网上丝绸之路的号召,从 2015 年开始逐步摸索出一条通过民间力量推动两国政府达成双边跨境电商合作的全新模式,成为"一带一路"网上丝绸之路建设的开创者和产业设计者。2015 年 10 月 15 日,在中国国家主席习近平和土耳其总统埃尔多安的共同见证下,王树彤正式发起签署了中土跨境电商合作(简称中土项目)协议,敦煌网成为中土跨境电商平台唯一承建商,这也是中国第一个双边跨境电商合作。2016 年 3 月,由敦煌网搭建的中土跨境电商平台在重庆举行上线仪式,开启中土项目 1.0 阶段,致力于帮助中国中小企业通过跨境电商平台低成本、高效率地进入土耳其市场。

2016 年 9 月,二十国集团领导人第十一次峰会在杭州举行,这也是近年来中国主办的级别最高、规模最大、影响最深远的国际峰会。王树彤作为二十国集团工商界活动(B20)中小企业发展议题组联席主席参加了会议。她指出,在国际的舞台上,中国企业家的话语权正在不断提升,尤其是跨境电商领域,在中国有近千万的中小企业受益于数字化平台。

在 2016 年 11 月举行的 APEC 领导人峰会上,王树彤作为 APEC 工商咨询理事会中国代表、中小企业组副主席,一直为中国的中小企业及跨境电商发声,主张通过"二轨外交"的方式促进中国与更多国家实现贸易增长。在会议上,国家主席习近平也在继中土项目后又见证了敦煌网促成中国和秘鲁签署了中秘《信息互联互通谅解备忘录》。该项目依然由敦煌网承建,旨在帮助双边企业在对方国家做产品展示、品牌传播、线上线下交易、仓储物流、售后客服等服务。

2016 年,敦煌网也成功实现了从一个"交易平台"突破到"数字贸易生态圈"的布局。王树彤认为这是敦煌网下一个轮回的起点。在数字贸易时代,敦煌网将从跨境电商的开创者升级为全球领先的数字贸易生态圈的整合者和赋能者。王树彤也指出,未来一年敦煌网将完善两个平台,分别是 B2B 跨境电子商务交易平台以及涵盖支付、金融、仓储、物流、关检税汇等围绕跨境贸易各项服务的服务平台,希望通过整合产业链上中国及全球的服务商,共同引领全球数字贸易生态圈的发展。

此外,王树彤还特别关注于赋能女性创业者,并且身体力行地推动相关项目。2016年11月15日,王树彤出席了在秘鲁举办的亚太经合组织工商咨询理事会女性论坛午餐会,与秘鲁首位女性财政部长 Mrs. Mercedes Araoz 等成员,共同见证了由敦煌网发起的亚太经合组织女性项目"APEC Woman Connect"项目正式启动,旨在通过职业技能培训等方式帮助女性实现更好的就业。

尾 声

2016年12月16日,中国第一个跨境电商标准——《供应商综合评价标准》正式立项讨论,标志着跨境电商进入了标准化时代。在2017年3月份召开的两会上,跨境电商再次成为大家热议的话题。同期,由敦煌网主办的跨境电商领域年度最具影响力的盛会——2017APEC 中小企业跨境电商峰会在深圳拉开了帷幕。王树彤在会上发表了题为"共建网上丝路,共享数字贸易"的主题演讲。她表示中国有机会提前成为全球数字贸易新担当,认为中国跨境电商平台的创新和领先,加上中国加速崛起这两个因素互相作用会使得中国有机会成为全球跨境电商的样板。敦煌网希望能够发挥开创者、整合者和赋能者的作用,帮助更多企业融入全球数字经济、实现"买全球、卖全球"的梦想,最终打造全球领先的数字贸易生态圈。

敦煌网在峰会上发布了2017四大战略,分别是致力于连接国内外企业、加快外贸服务平台化、整合供应链各个环节、提供一站式外贸解决方案。王树彤提出一是采取"国内下沉"的政策,通过深耕产业带专业市场、建立城市特色馆等,帮助卖家对接国内优质的B类资源,同时将更多国内优质产业、优质产品带到海外。在此次峰会上,敦煌网与西安、合肥、银川、成都、烟台、金义、苏州、广州、沈阳九大城市签署了战略联盟协议,将联手打造城市产业带联盟,助力优质企业实现转型升级和模式创新,创立国内跨境 B2B 产业带优质模板,形成了一批可复制推广的经验。二是采取"海外下沉"的政策,大量的海外B类买家仍潜藏在冰山之下,还没被触碰到,全球 B 类买家线上跨境采购的比例不足千分之一。2017年敦煌网将继续以"一带一路"网上丝路为主线,促进国家之间跨境电商政策便利化;通过数字贸易中心、一网万店、social shops 等多触角直达买家,整合和搭建一个能够直达海外 B 类买家的营销平台。

王树彤坚信跨境电子商务将会对世界产生巨大的影响,为了让更多有好产品、好品牌和好想法的创业者能够站在世界的舞台上,敦煌网在此次峰会上正式启动2017年"寻找全球梦想合伙人"的项目,希望通过该项目聚集产业链上各个环节的佼佼者,吸纳有梦想的跨境电商人一同加入,打造中国质造优质品牌,实现品质出海,共享数字贸易的红利。

敦煌网在过去的 10 多年中引领着我国中小企业跨境电商业务的发展已经成为不争

的事实,王树彤也成了众多电子商务创业家的模范。近几年,中国与周边国家建立了良好的贸易关系,我国中小企业走出国门的愿望越来越容易实现。但是如何成功帮助我国中小企业建立自身的品牌?如何增加中小企业跨境电商的实践者?敦煌网又该如何在众多竞争者中持续打造自身的特色呢?

参考文献

[1] 陈晓平,小庞. 敦煌网创始人、CEO王树彤 数字贸易的商机[J]. 21世纪商业评论,2017(1):28-29.

[2] 伏昕,邓攀. 知止而后有定[J]. 中国企业家,2014(7):78-80.

[3] 和阳. 王树彤:走在红海之前[J]. 商务周刊,2011(6):36-38.

[4] 黄晖. 王树彤:微软—思科—卓越[J]. 知识经济,2000(12):39-41

[5] 黄洁. 王树彤:B2B行业将彻底在线化[J]. 中国孵化器,2008(12):74-76.

[6] 焦晶,刘奔. 王树彤 搬动"蚂蚁雄兵"[J]. 中外管理,2011(5):106-111.

[7] 阚世华. 王树彤 采购世界的"野心"[J]. 中国新时代,2009(1):78-81.

[8] 匡冬芳. 敦煌网:掘金外贸新蓝海[J]. IT经理世界,2009(22):80-82.

[9] 李航. 敦煌网的二十倍速增长[J]. 商界:评论,2009(2):130-133.

[10] 李静. 王树彤 挑战马云的女人[J]. 上海信息化,2009(5):8-12.

[11] 李磊. 王树彤:为中小企业建起交易平台[J]. 中外企业文化,2009(3):40-41.

[12] 李丽华,李晶侠. 中国网络界美女:王树彤[J]. 经营管理者,2004(6):34-36.

[13] 李少卿. 缝隙里的大道[J]. 21世纪商业评论,2011(4):68-72.

[14] 李亚婷. 王树彤 风口处那个女版马云[J]. 中国企业家,2016(7):54-56.

[15] 刘敏. 又见王树彤[J]. 国际市场,2009(6):30-33.

[16] 刘彦华. 女企业家为"全球"搭建丝绸之路[J]. 小康,2016(12):50-51.

[17] 卢旭成. 王树彤 为梦想而战[J]. 新前程,2009(1):82-84.

[18] 米昂. 王树彤:踩在金融危机的肩膀上[J]. 中国海关,2010(1):26-27.

[19] 苗向东. 一个缝隙60亿[J]. 思维与智慧,2011(21):38-39.

[20] 彭晓云. 王树彤:阿里巴巴不再代表一切[J]. 中国市场,2011(4):52-53.

[21] 沙磊. 敦煌网升级[J]. IT经理世界,2011(9):58-59.

[22] 粟灵. 王树彤:超越自己[J]. 中国企业家,2017(7):57-59.

[23] 王树彤. 跨境电商:中国制造新支点[J]. 互联网经济,2015(1):42-45.

[24] 王文静,黄殿文. 王树彤:做让自己眼睛发亮的事[J]. 中国中小企业,2011(12):88-89.

[25] 王亚亚. "新一代中国商人要打造集体诚信形象"专访敦煌网创始人兼首席执行官王树彤[J]. 中国外汇,2012(17):60-61.

[26] 徐传正. 我国B2B出口电商平台2.0版商业模式研究[D]. 北京:北京林业大

学,2016.

[27] 翟文婷. 王树彤 为跨境电商构建场景[J]. 中国企业家,2015(7):56-58.

[28] 张建春. 王树彤:大梦敦煌[J]. 港澳经济,2010(5):38-39

[29] 周虹非. 王树彤:从卓越 CEO 到敦煌网创始人[J]. 中小企业管理与科技,2009 (32):64-67.

[30] 周烨彬. 王树彤:做人生的"长跑手"[J]. 商务周刊,2010(6):56-57.

[31] 朱耘. 敦煌网:开启"一带一路"的网上丝绸之路[J]. 商学院,2017(6):106-107.

附录

附录 1 跨境电商

跨境电商的概念由来已久,传统的"外贸电商"是指在平台上提供交易信息,而交易的过程全部在线下进行;现在的跨境电商不仅在平台上提供信息服务,更提供线上的交易服务,是指不同关境的交易主体通过电商平台达成交易然后进行支付结算,并通过跨境物流送达商务的一种新兴国际贸易形式。

一般利用传统电子商务模式的分类标准将跨境电商进行分类。跨境电商可以分为 B2B(企业间的交易)、B2C(企业与个人的交易)、C2C(个人与个人之间的交易)3 种模式。以传统国际贸易的分类标准为参考,跨境电商可分为出口电商和进口电商两类;现在全球电子商务主要介于实物与虚拟之间,不过 B2B 仍然是主流的跨境电商模式。从 B2B 应承担的功能角度出发,B2B 企业应该承担积聚和匹配两类功能。B2B 电子商务是汇集了许多卖方和买方,并整合了商品信息的电子中介。B2B 电商是供应链整合的一种创新,企业在整个交易过程中都利用 B2B 的网络实现了企业间过程整合,对供应链效率的提高是一种创新。

依照企业在跨境商品流通环节中的地位和作用不同,以及商业模式的差异,中国跨境电商运营模式大致划分为四类:传统跨境大宗交易平台(大宗 B2B)模式、综合门户类跨境小额批发零售平台(小宗 B2B 或 B2C)模式、垂直类跨境小额批发零售平台(独立 B2C)模式和专业第三方服务平台模式。具体的分类方式、简介及典型的代表企业如表 1 所示。

表 1　我国跨境电子商业分类

模式	简介	典型代表企业
传统跨境大宗交易平台(大宗 B2B)	为境内外会员商户提供网络营销平台,传递供应商或者采购商等合作伙伴的商品或服务信息,并最终帮助双方完成交易	阿里巴巴国际市场、中国制造网等
综合门户类跨境小额批发零售平台模式	指中国卖家通过第三方电子商务平台,直接与海外小型买家进行在线交易	敦煌网、易唐网

续表

模式	简介	典型代表企业
垂直类跨境小额批发零售平台模式（独立 B2C）	自己联系国内外贸企业作为供货商，买断货源，同时自建 B2C 平台（含物流、支付、客服体系），将产品销往海外，销售收入构成主要收入来源	兰亭集势
专业第三方服务平台模式	不直接或间接参与任何电子商务的买卖过程，而是为行业不同、模式各异的从事小额跨境电子商务的公司提供通用的解决方案，为客户提供后台的支付、物流以及客户服务等模块	四海商周，递四方

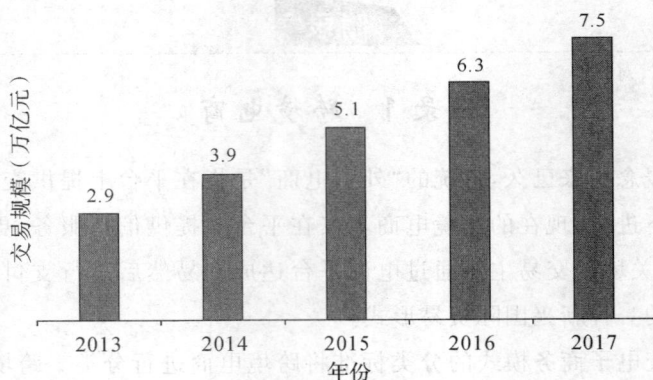

图 1 2013—2017 年中国跨境电商交易规模及预测

数据来源：商务部、海关总署、艾媒咨询

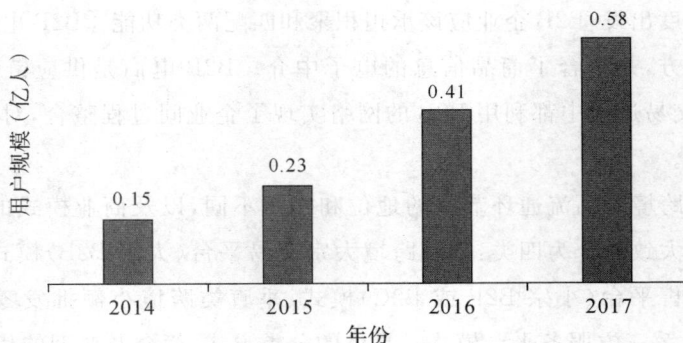

图 2 2014—2017 年中国海淘用户规模及预测

数据来源：艾媒北极星

附录 2 敦煌网大事记

2004 年

敦煌网成立。

2005 年

- 第一代 V1.0 平台正式上线。
- 完成商业模式认证，实现在线交易。

2006 年

- 凯鹏华盈（KPCB）投资 200 万美元。
- 大力推广外贸中小企业供应商，将目标放在 B2B 平台。

2007 年

- 集富亚洲（JafcoAsia）投资 1000 万美元。
- 推出进货港内贸业务。
- 公司业绩实现 8 倍增长。
- PayPal 亚太地区最大的客户，全球第六大客户。
- Google（谷歌）中国市场的重要战略伙伴，双方共同致力于推动中国中小微企业走向世界。

2008 年

- V2.0 正式上线。
- 8 月，敦煌网与 eBay 结成战略合作伙伴。
- 12 月，敦煌网入选德勤高科技高成长企业 50 强，排名第七。

2009 年

- 交易额超过 25 亿元人民币。
- 与 UPS 结成业务合作伙伴，UPS 服务嵌入敦煌网平台。
- 敦煌网获得 2009 年度商业模式未来之星第二名。
- 2009 年度中国高科技高成长企业 50 强排名第五。
- 2009 年"清科—中国最具投资价值企业 50 强"。
- ChinaVenture 中国投资年会·北京 最具潜力 100 企业。

2010 年

- 华平投资集团（Warburg Pincus）投资 2 亿元人民币。
- 开展客户体验项目，投入 1 亿元人民币在深圳正式成立华南总部，向华南中小微企业卖家提供贴身服务。
- 与中国建设银行合作，共同推出"建行敦煌 e 保通"在线小额贷款服务。
- 全年交易额超过 60 亿人民币，注册买家超过 300 万人，遍布 224 个国家和地区，注册卖家超过 90 万人，上线产品超过 2500 万种。
- 2010 中国信息产业年度影响力企业。
- 2010 年第五届中小微企业电子商务发展大会最佳小额外贸平台奖。
- 2010 年中国电子商务文化节综合类 B2B 电子商务企业二十强。
- 11 月，王树彤女士作为互联网行业中的优秀代表获得 2010 亚太企业精神奖颁发的"新兴企业家奖"。

• 12月,王树彤女士获得由中国信息产业经济年会颁发的"2010中国信息产业年度经济人物"奖。

• 获得第六届中小企业电子商务应用发展大会颁发的2010年度中国行业电子商网站TOP100。

2011年

• 截止到2011年第一季度,敦煌网拥有注册采购商400万,注册供应商97万。

• 发布"敦煌一站通"服务平台。

• 作为电商代表参加2011博鳌亚洲论坛。

• 敦煌网入选商务部重点推荐的4家第三方外贸电商平台,并被指定为唯一代表发言。

• 入选电子商务指数监测重点企业。

2012年

• 荣获"2011中关村新锐企业百强"。

• 王树彤女士入选"2012中国十大品牌女性"。

• 承担科技部国家科技支撑计划课题"电子商务交易风险与欺诈防范"标准研制及应用示范工作,解决目前电子商务行业欺诈交易等问题。

• 与IACC(国际反假冒联盟)签署备忘录,共同推进品牌保护工作。

• 与全球领先的网络内容合规情况监察和电子商务风险管理领导者G2公司签订新的合作协议,提供全平台的产品合规监控服务,全面保护平台卖家的产品侵权风险。

• 成为Visa诚信安全交易案例。

• 推出中国首款外贸交易移动管理平台。

• 成为MasterCard全球案例。

• 入选美国著名商业杂志《红鲱鱼》杂志"2012红鲱鱼亚洲创新百强"。

• 2012年12月,入选第二批北京西城区"电子商务服务企业"。

• 2012年12月,与全球一流的标准化组织中国物品编码中心(GS1China)签订战略合作协议,成为亚洲第一个拥有全球"身份证"的在线外贸B2B电子商务交易平台。

2013年

• 入选商务部2013—2014年度电子商务示范企业。

• 入选"2013中关村高成长企业TOP100"。

• 与招商银行结成战略合作伙伴,推出集结算、贷款为一体的联名借记卡,敦煌网商户贷款额可达150万元。

• 开通在线发货服务,推出国际e邮宝,上海、深圳合作仓库发货,使敦煌网平台商户的物流成本大幅度降低,发货速度大幅度提高;拟建义乌仓库、杭州仓。

• 正式成为Google在中国的广告代理商,开启了敦煌网为商户进行海外营销推广的新渠道,这是国内电商平台与Google广告渠道合作服务于中国商户的首创。

• 完成敦煌网首批专利申请。

- APEC 工商咨询理事会（ABAC）专刊传播中国电子商务最佳实践，前所未有地关注中国企业。
- 深入区域市场，与义乌、宁波、东莞、哈尔滨、山西等地方政府共建外贸电商生态圈，服务中国供应商。
- 与全球领先的支付公司万事达卡国际组织签订战略合作协议，展开全方位的合作，共同致力于帮助亚太地区中小企业实现顺畅的跨境网上支付。
- 敦煌网申请的贴息贷款批文获得批准，表明了金融界对于敦煌网经营能力、品牌美誉度及企业信誉的高度肯定，也体现了政府对敦煌网的大力扶持。
- 移动访问量占敦煌平台三分之一。
- 顺利承办中国（深圳）电子商务发展论坛暨 APEC 中小企业峰会外贸电子商务论坛。
- 举行敦煌网 9 周年庆典，发布全面服务中国供应商战略，仅一周时间，媒体传播近百篇次。
- 参加"智行基金夏令营活动""智行基金会公益骑行活动"，募得善款全部捐助基金会受助孩子学费。
- 敦煌网管理团队一行 20 人前往甘肃敦煌，进行团队训练。
- 海外客服部组织公司各级员工进行客户体验培训，真切了解客户的购物需求、感受及可能产生的问题，增加客户满意度。

2014 年
- 华创资本和华盈创投（TDF Capital）投资数亿美元。
- 直接延长备货期功能在卖家端官网上线。
- 平台引入万事达卡 MasterPass（万事通）电子支付服务。
- 敦煌网海外仓上线、与出口易（CKI）公司合作降低了跨境物流成本。

2015 年
- 面向法语、西班牙语、葡萄牙语、意大利语、德语五大语言区的站点正式上线。
- 敦煌网与华泰财险签署战略合作协议，为买家拒付风险提供保障。
- 与 QIWI、SPSR 联手推出俄罗斯跨境电商货到付款服务，满足当地交易风俗。
- 与中外运空运发展股份有限公司签署了战略合作协议。
- 与英国巴克莱银行合作的"多币收单项目"正式上线。
- 与土耳其签署了中土跨境电商合作协议。

2016 年
- 敦煌网搭建的中土跨境电商平台在重庆举行上线仪式。
- 敦煌网促成中国和秘鲁签署了中秘《信息互联互通谅解备忘录》。

2017 年
- 正式启动"寻找全球梦想合伙人"的项目。

附录3 敦煌网的发展历程

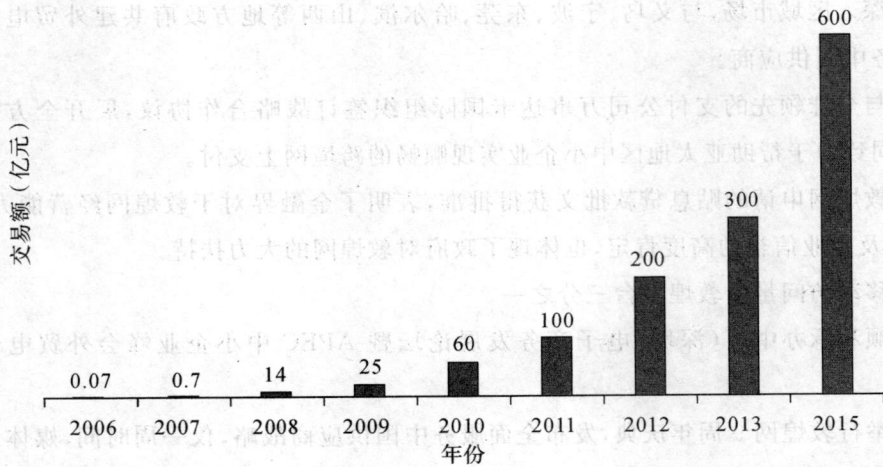

交易额（亿元）

600

300

200

100

60

25

14

0.07   0.7

2006 2007 2008 2009 2010 2011 2012 2013 2015

年份

图3 敦煌网近年交易额

数据来源：敦煌网在媒体上披露

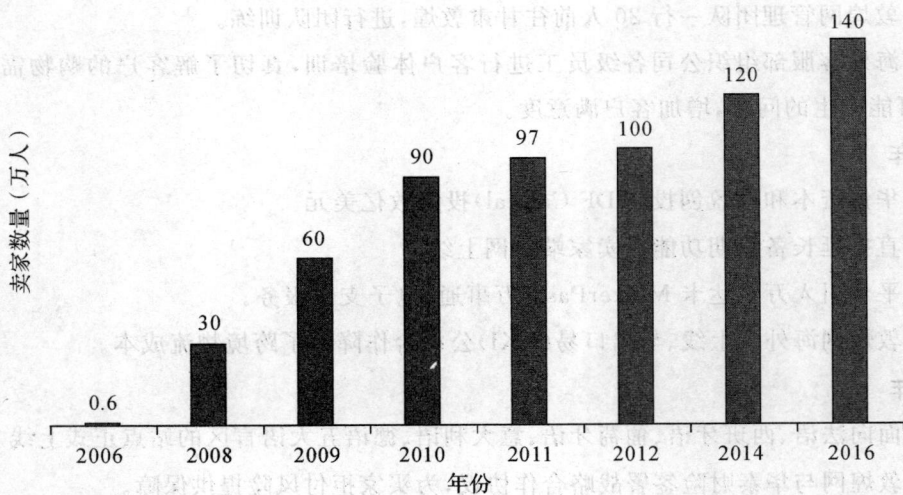

卖家数量（万人）

140

120

100

97

90

60

30

0.6

2006 2008 2009 2010 2011 2012 2014 2016

年份

图4 敦煌网平台卖家数量

数据来源：敦煌网网站披露

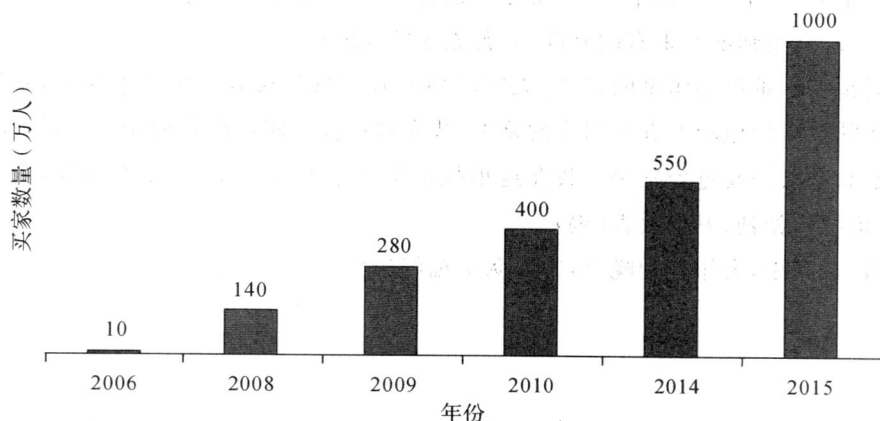

图 5　敦煌网平台买家数量

数据来源:敦煌网网站披露

附录4　2017,我们一起飞

——敦煌网 2016 年会王树彤演讲摘要

感谢各位敦煌网的小伙伴搭乘敦煌 DH2017 次航班,在过去的 365 天,我和大家已经共同飞越了 2016 年所有预订的航程。

刚才乐队这首开场歌曲叫"生活是一场无法回放的电影",这让我想起了一部电影,里面的台词意思非常相近,"生命是一个过程,可悲的是它不能重来,可喜的是,它也不需要重来"。站在 2016 年年末,我心里是满满的憧憬,因为我知道我和大家一起飞行的足迹,远远要比电影更加精彩。2016 年,我们看到非常壮丽的风景。

2016 年,我们在"佣金体系调整"站、移动航线、增值服务航线、"丝路项目"站、"梦想合伙人"航线,取得非常大的突破,我为你们骄傲!

2016 年是敦煌网下一个轮回的起点,2016 年注定也会在我们的历史中留下不可遗忘的一笔,这一年,我们真正从一个"交易平台"突破到"数字贸易生态圈"的布局。

2017 年,我们面对新年的曙光,我们再次起飞。我们会飞向东盟,飞向俄罗斯、哈萨克斯坦,飞向匈牙利,飞向秘鲁、智利……

尽管我们相信前面会有很多的挑战,但是,幸运的是,我们曾经摸爬滚打的艰难尝试,成为举国的战略、全球的大势,我们再一次赶上了产业互联网发展的风口。

我相信,在这样一个大势所趋下,我们有机会更多地实现个人发展,加速实现"视野、整合、突破",我们有很多国家的国家经理、中国大区经理、进口业务一把手,这些机会都开放出来,大家共同争取。对于我们很多技术的伙伴们来说,不见得一直做码农,我们可以接触多种多样的业务、产品,我们的技术大牛,不仅可以做支付、也可以做金融,甚至可以做某个业务的 leader。

只要你们敢想,我们就愿意给大家提供机会!

一个企业、一个人要沿着一个大势往前跑，今天，我非常有信心地告诉大家，2017年，我们一定会飞到前所未有的高度，未曾想象的高度！

今天是一个难得的团聚的日子，大家尽情吃好、喝好、玩好！接下来几天，我们的同事们就要陆陆续续地踏上春节回家的路上，我在这里提前跟小伙伴们说一声：平安到家，开开心心和家人一起过个好年。我在这里提前给大家拜个早年，希望在鸡年，大家闻鸡起舞、生机（鸡）勃勃、万事大吉（鸡）！

最后，老规矩，大年三十晚上，骆驼队里抢红包！

Case 5　王利芬:从央视记者到创业教母的华丽转身①

引　言

每个人内心都渴求自我实现,但每个人也害怕失败,对充满不确定性的未来心怀恐惧。很多人,更期待熊掌与鱼兼得,既无风险之虑,又能实现梦想。于是很多人只是成了梦想家。唯有学会了选择放弃,转身而行的人,才能成为众人仰慕的对象。王利芬就是这样的人。

王利芬,毕业于北大中文系的文学博士,她曾经凭借着在央视多档栏目的精彩表现成为名主持。2006 年,她创办的《赢在中国》让她成为不是明星的明星;2008 年,她创办的《我们》让她成为不是焦点的焦点;她参与创办的《经济信息联播》《第一时间》《全球资讯榜》都让她收获颇丰。作为央视第一位博士,最受台长器重的主持人之一,在自己主持、创办的节目收视率节节攀升时,王利芬却声称受到创业者激情的感召,毅然地辞去央视公职创办了优米网,力图用新媒体为中国的年轻人和社会精英搭建沟通平台。

一般人看来,在央视是大树底下好乘凉。可是王利芬在新闻行业做了 15 年的守望者之后,为何走上创业之路?随着角色的变换,她的思想又是怎样一步一步地在转变呢?从央视主持人华丽转身到优米创始人,年过半百的王利芬离开央视后的创业过程是一帆风顺还是磕磕绊绊?因王利芬的背景和拍卖巨人 CEO 史玉柱时间等活动声名鹊起的优米网如今又运营得怎么样?

一、命运改变

王利芬原名王丽芬,出生于湖北省武汉市黄坡城关,父亲在银行供职,家里有两个哥哥,她是家中唯一的女孩。出生于知识分子家庭的王利芬,童年记忆中印象最深的,是爸

---

① 本案例由彭伟、郑庆龄根据公开资料整理,版权归原作者所有,并对原作者的贡献表示感谢。案例仅供讨论,并无意暗示或说明某种管理行为是否有效。

爸经常读给她听的徐迟的报告文学。王利芬家庭条件不错,20 世纪 70 年代初,家里就有了一台小黑白电视机,王利芬从上面接触了很多新鲜的事物,例如喜多郎的音乐。正基于此,王利芬喜欢上了文学和音乐。十六七岁时,王利芬给自己立下了目标:去北大,读中文。

然而,1982 年夏天的高考过后,两个目标一个都没有实现,最终她去了华中师范大学政教系。也就是从这时起,王利芬开始通过努力来主宰自己的命运。

因为当时不能转系,从进入大学的第一天开始,王利芬就开始自学中文。另外,王利芬还担任了学院文工团副团长,给同年级 100 多名同学开了一门课,课程名字是"怎样识简谱"。

入学第二年,王利芬随大学生夏令营来到北京。当看到梦想中的北京大学的模样时,首先映入王利芬眼帘的不是未名湖,不是博雅塔,而是阳光下摇曳着的金光闪闪的银杏树。在王利芬看来,她想上北大的梦想就像眼前的银杏叶一样熠熠闪光。大学四年过后,王利芬与中文系的同学一起参加本校当代文学评论专业的研究生考试。结果,王利芬考了第一。这样的成绩让同学们吃惊,但是后来他们就不吃惊了。因为同学们在学校图书馆,发现很多文艺期刊与中文系必读杂志的借阅书签上都写着一个名字——王利芬。

"我永远在主宰我人生的命运的选择,即便我的命运被别人主宰过,我也要把它扳回来,重新主宰。"这贯穿了王利芬今后的全部人生。

王利芬将她的专业扳了过来。接下来,她扳的是学校。

研究生毕业之后,王利芬去了武汉大学中文系,任教两年。1991 年,王利芬终于考上了北京大学的博士研究生。这一次,置身燕园银杏树旁的王利芬不再只是一个访客,在北大三年的读书时光,银杏树成了她最熟悉的朋友,王利芬无数次流连在它们的身旁。

王利芬的名字是在考入北大不久之后改掉的,从以前的"王丽芬"改成了现在的"王利芬"。王利芬身材高挑,美丽优雅,但她却对美丽没有太多好感,她曾说女人如果靠长相"上位",真是女人的悲哀。一字之差足以明志:她不要美丽,要锋利;不要靓丽,要胜利。

二、进入央视

博士研究生毕业的王利芬面临着两个选择:要么留校或去研究所,要么去电视台。王利芬没有选择留校任教。"从讲师到副教授、教授,从写一本书到十本书。这样的人生,一眼都可以看到底,我讨厌活得如此没有悬念。"出于对梦想的追求,她把简历投给了中央电视台,在两千多份简历中,王利芬脱颖而出成为被选中的 26 人之一。她也成为中央电视台第一个女博士。就这样,在 1994 年,王利芬闯进了中国最具影响力的电视台,成为央视首位博士。

除了是女博士,王利芬一米七多的个子也让人瞩目,走起路来风风火火,利索干练,全然没有书斋中学者们的矫揉造作。因为学历高、个子也高,而被同事白岩松戏称为"双高女人"。这个著名"双高"博士，给电视台同事们的印象是"大高个儿"。哗啦呼啦地走进来，机房里就响起了那个高亢的女声。王利芬在央视工作期间并没有因为自己学历高就觉得高人一等，一进节目组，她就虚心地请教，跟着前辈出去采访，不久就得到了同事们的一致好评，成为人见人爱的央视女博士。

1995年，王利芬在央视去的第一个栏目是《东方时空》，然后是《焦点访谈》和《新闻调查》。在这三个央视著名的新闻栏目中，王利芬做了五年的调查记者。王利芬或许并不像明星那样漂亮，但她创造了一个电视记者特有的美丽：采访时爬上假灌溉地、拔出假管道时表现的泼辣；采访当事人的从容、平静和机智；在镜头前的朴素、大方和得体，都在丰富着她所做的每一个节目。齐耳的短发、睿智的眼神、渊博的知识、利落的谈吐、敏锐的洞察力——这就是王利芬的风格。

三、成功转型

王利芬职业生涯的第一次转型，是从《新闻调查》的记者到《对话》的制作人。从单纯的跑新闻到统领整个节目风格气质，这样的主动转型需要智慧也需要勇气。

"哪个地方最有活力，对电视要求最严，我就到那个地方去了。"她说。来到央视五年之后，王利芬有了自己想去的地方。王利芬如此描述当年的时代大背景：正如火如荼进行的经济改革是国家的主题，在全球经济浪潮裹挟之下，民众迫切地想要了解中国社会的运转体制。不懂经济是很麻烦的一件事。央视二套经济频道，是身在央视一套王利芬最想去的地方。

当时的中央二套正在进行频道改版，《对话》是伴随改版推出的栏目之一，已经通过了中央电视台和广电总局的审批，唯一缺的就是一个制片人。王利芬心里特别想要成为这个制片人，但是她清楚地知道，如果走正常的调动程序，央视新闻中心对于她这个"劳动能手"是不会放人的。王利芬作为出镜记者兼编导，曾经一年做了11期、每期时长为45分钟的《新闻调查》，这个记录至今无人超越。

为此，2000年，她决定直接给台长打电话，时任台长的是赵化勇。没想到赵化勇一口答应："去吧，挺好的，人才就是要流动啊。"

就这样，王利芬成了《对话》栏目的制片人。她刚接手的时候，栏目组办公室在一家离电视台不远的宾馆，一部电话、一个分机、四个人，就是王利芬的起家武器。于是，从节目嘉宾的选择、邀请，到现在的置景、灯光、机位，再到拉拉杂杂的节目预算，王利芬都一一从头做起。节目初创时，因为一直找不到合适的主持人，她干脆自己披挂上阵。录完节目后，王利芬还要审片，第一次就因为劳累过度发烧到39度多。第二次劳累过度时，上午还打着吊水，下午又跑去录制节目。她硬是这样咬牙撑过了《对话》节目最艰难的初创阶段，并使节目获得一片好评。只用了一年，王利芬就让《对话》成为央视二套的王牌节目。

王利芬在担任《对话》栏目制片人的3年多时间里，采访了全世界各大集团公司的

100 多名 CEO、文化名人、商界领袖等。在这里,她开创了传媒的先河,第一个实现了观众和嘉宾的互动,让这个节目红了起来。她的秘诀之一是为《对话》打造的"81 道工序",每一道工序都负责到人,环环相扣、无缝对接,甚至连嘉宾喝水的茶杯由谁负责都具体到专人。2001 年年底,在中央电视台向全台推广的 4 个典型经验中,《对话》的管理制度就是其中之一。

2002 年 3 月,王利芬受命筹备《经济信息联播》并任总制片人,后又参与创办《第一时间》和《全球资讯榜》。王利芬从记者,到《对话》《经济信息联播》等栏目的总制片人,管的人从 4 个到 300 多个,这份执着可见一斑。

四、美国之行

在做了 3 年的《对话》,和中国顶尖的企业家、经济学家深入交流之后,王利芬决定到美国去开阔视野。2004 年,王利芬的身份由央视经济频道《经济信息联播》《全球资讯榜》《第一时间》《经济半小时》的制片人身份转变为耶鲁大学和布鲁金斯协会的访问学者。这一趟的美国之行,王利芬想要寻找三个问题的答案:第一,中国的电视水平与美国相比是一个什么样的状态;第二,外国人对于中国是怎么看的;第三,自己所在的央视的行业水平与国外的新闻媒体机构相比水平如何。

在美国耶鲁大学和布鲁金斯协会留学的这段时间里,王利芬除了完成异常艰苦的英文论文和一场论文演示外,还完成了对美国五大广播电视网 NBC(美国全国广播公司)、ABC(美国广播公司)、CBA(联邦广播协会)、PBS(美国公共广播公司)、CNN(美国有线电视新闻网)多达几十人的访问。她的采访对象既有在全世界享有盛名的节目主持人汤姆·布罗考、蒂姆·卢瑟特、彼得·詹宁斯、华莱士等,也有《60 分钟》《新闻时间》《早安美国》、CNN 国际频道等著名栏目和机构的总制片人、总编辑、高级撰稿人及总统大选时的电视辩论主持人等。她还采访了自己的偶像——美国著名节目主持人法拉奇。

这一趟美国之行给王利芬带来了极大的震撼,"一直在中央电视台工作,会觉得很了不起啊,你只要是出去了,你再回头看,这样一个地方很普通、很平常,提升的空间是非常大的"。由此,王利芬动了离开央视的念头。2005 年秋天回国的时候,王利芬就不是特别想回到电视台去。"我的心已经动了。"她说。但离开的念头因为一件重要的事情被压抑了 4 年。

五、创业试水

王利芬对于"创业者"的身份并不陌生。其实,她能够将自己离开央视的想法压抑四年,彼时那件"重要的事情"正是一档关于创业的栏目。这档节目的灵感来源于王利芬在美国看到的一档名为《学徒》的淘汰选拔商业人才的电视真人秀,节目播出非常火爆。王利芬十分惊叹这种通过电视选拔商业人才的方式。看着《学徒》现场选手为自己的创业梦想努力的样子，王利芬的内心被"深深地掀动了"，她决意为中国的创业者打造属于他们的中国版《学徒》，王利芬将这档节目的名字定为——《赢在中国》。以此向大众宣扬正确的创业精神和创业理念，鼓励国内的人们在目前中国的艰难转型时期用自主创业来自救。宏观上来讲，这样做还可以弥补贫富差距的鸿沟。如果节目真的办成功，那将是遵照国家的自主创新国策、构建和谐社会的一个重大举措！带着这个设想，跃跃欲试的王利芬结束了一年的学习回到国内。

从美国回来之后，王利芬开始向人狂热地讲述她的《赢在中国》的梦想。因为当时中国还没有这样的节目形态，王利芬就硬靠着 3 张 A4 纸的策划书和一张嘴，一遍遍地去说服央视的编委会。在王利芬的不断努力下，央视编委会通过了《赢在中国》，此时距离王利芬回国还不到 50 天。这创造了央视内部一个不大不小的奇迹。但同意并不等于支持。央视不给《赢在中国》一分钱，不给一个人，不给一平方米的办公地点，只给一个时间段，采用"制播分离"的方式，一年还要收 1000 多万元的广告费。如果说王利芬以前做节目是"花钱"搞制作，那么《赢在中国》则是她"筹钱办公司"。按照王利芬自己的说法，她的工作就是招人、租地、求项目。她租了间办公室，拼了几张桌子，铺了 6 块钱一平方米的地毯，开始体制内的第一次创业。

此时的国内已经出现类似的商务人才电视选拔节目，这又使得王利芬开始思索如何才能把节目办得更好。她认为做这样的节目绝对不能照搬，国外的东西需要"本土化"才能适应观众心理的内在需求和市场需求，才能准确把握正在日新月异的时代前沿。而"本土化"实际上就是创新、再创造。于是王利芬对美国《学徒》做了两点根本性的改造：第一就是其价值观与《学徒》完全不同，她把握的两个节目主题词是"励志"和"创业"；第二，王利芬摒弃了《学徒》中"一切向钱看"的理念，这种观念在中国人的文化习惯中是不那么容易被接受的，也与节目导向不符，于是王利芬当即决定把它拿掉。

一个鲜明的对比是，美国《学徒》节目的主题歌叫作《For the love of money》，直译过来就是"因为爱钱"；而王利芬为《赢在中国》写的主题歌的名字叫作《在路上》，将"非常强烈的理想主义情结"寄予其中。这种情结得到了许多企业家的支持，马云、柳传志点头充当《赢在中国》节目评委，IDG 高级副总裁熊晓鸽拿出 1000 万元人民币的风险投资给《赢在中国》。

就这样，从台长拍板到 2006 年春天首次播出，王利芬和他的团队只用了 3 个多月的时间，就把《赢在中国》搬上了央视屏幕。这样的制作速度，在央视内部几乎难以想象。王利芬感受到了公司化运营的优势与独立制作的自由。

在那个春天，十几万人报名参加了这档名为《赢在中国》的商业选秀，节目异常火爆。王利芬调动了大约 500 名企业家，跟着她飞来飞去，在几十个城市面试参赛选手。他们把《赢在中国》的舞台变成了一个巨大的试验场，在众目睽睽之下，以创业者的姿态迎合着中国向商业社会前进的历史进程。

《赢在中国》在央视二套的隆重登场迅速引起了巨大的反响。《赢在中国》总决赛创造了 0.3 的收视率（大约 400 万观众），而这个数字是同一时段播出的其他财经节目的

350 倍。王利芬作为《赢在中国》绝对核心的制作人,这一次她不仅以成功电视人的姿态长时间停留在观众的视线中,而且她一直推崇的励志元素和创业激情也通过节目传递给了千家万户,让无数的观众产生了强烈共鸣,真正做到了如她自己所说的那样"用一档节目改变了一部分人的看法和命运"。由于《赢在中国》已经在中国创下的巨大影响力,王利芬本人被评为 2006 年影响中国企业管理十大女性之一。

六、醍醐灌顶

在做《赢在中国》栏目的时候,"创业"这两个字几乎与王利芬形影不离。当许多选手因创业路上的辛酸而泪流满面的时候,她作为当时的见证人,内心充满波澜。自此之后,创业的冲动在她心头又一次次萌生,一次次膨胀,每每出现一次,王利芬就要对自己的人生进行一次重新定位的思考,她内心渴望着挑战生活。

2007 年 11 月,王利芬在迪拜参加哈佛大学肯尼迪政府学院的青年领袖培训计划,哈佛一位教授的发言让她感到"醍醐灌顶"。"一般来说人需要做两种事情,"那位教授如是说,"一种是专业性的或者说是技巧性的事情,这种事情什么时候做都不晚,这次做错了,再次做对就是了。但是有一些事情如果做错了,就永远没有改正的机会,这件事说大了就是正确判断时代趋势的发展,说小了就是在人的一生发展中将某些机会错过。"

这天上午的培训活动中,每个人轮流谈谈自己生活中最大的困惑,由不同国籍、文化背景差异极大的其他组员帮忙出谋划策。这时王利芬说出了困扰她已久的问题。王利芬那时正为电视观众的流失而苦恼不已。因为她发现,当回到家时,晚餐过后,先生和孩子居然每人都对着一台电脑上网,却没有人打开电视,哪怕是她自己这个做电视的人也和先生、孩子一样对着电脑上网。有一天,原来的奥美总经理李宏告诉她,自己因为看电视而被儿子嘲笑为"你怎么这么土"。虽然王利芬相信电视还有它应有的受众,但她也意识到,电视的奶酪已经在不知不觉中被互联网新媒体渐渐拿走、蚕食,尤其正在失去那部分有知识有追求的年轻人和有创新能力的中年人,而这群人正是《赢在中国》栏目的主要受众,也是广告业最为看重的客户。"You must go!"当王利芬说出自己的困惑时,同组里其他四个来自德国、沙特的组员全部毫不犹豫地这样劝她,早点离开电视台,做一些互联网上的内容。但那时正是她一手创建的《赢在中国》风生水起之时,第三赛季已经安排就绪,2008 年的计划亦已启动,她暂时无法放弃一切一走了之。但从那个时候开始,王利芬便把更多的精力放在了互联网上。后来王利芬也在博客里写道:"一个人一生可以犯很多错误,但有些错误是不能犯的,那就是误读时代的错误。"

按照她的性格,就如同当年从学文学转行电视,从不懂编辑到快速成为优秀的《新闻调查》记者、一年编出十几个 45 分钟的好节目一样,王利芬一旦决定弄懂什么,其他的似乎一切都不是问题。难怪有人这样评论王利芬:"她是那种前面没有路,就是把墙撞个洞也要过去的人。"

迪拜归来之后,王利芬一边潜心研究网络,一边依旧做着电视节目。她对于网络理解的不断加深，从她在后来一些节目中对一些人的采访中也不经意地流露出来。

比如她会和北京大学新闻与传播学院副教授胡泳探讨传统媒体与互联网、媒体的革命与互联网的未来以及中国的互联网对于社会的改变等话题；她也会和最早的博客作者和倡导者、帮助"分众传媒"在纳斯达克上市的维众创业投资公司总裁毛向辉充分探讨互联网未来发展；她会选择和中国互联网的符号式人物李开复就谷歌未来的话题展开交流。

时隔一年半，王利芬又一次参加了当年曾经让她纠结撕扯的培训。不过这一次，她已经有了一些探路互联网的经验，一支小小的团队正在为王利芬主持的新栏目《我们》建设一个网站。前一天在电视台播出的节目，第二天网站上就会有 10 万次点击，他们在上面做排行榜、征集嘉宾和选题，这只是一个小小的尝试，但结果却让王利芬欢欣鼓舞。

她有了一个新的想法，想要做一个 web 2.0 的创业平台，一个 C2C 式的网站，通过视频的方式在世界范围内购买到各行各业不同人的"成功学"。她当时想的是，每个人在人生中都会遇到各种各样的难题，比如创业、职场、爱情、婚姻等，人生 20 多岁的时候其实很无知，需要有经验、有阅历的人来指导，把迷途的羔羊引导到肥美的牧场。而眼下"有知识没能力"的大学毕业生是功利教育生产出来的教育产品，他们进入各行各业就如同通过室内模拟考试拿到驾照的新司机上路一样，后果是可以想象的。王利芬把这个想法告诉一起培训的很多人，受到在场很多人的鼓励，王利芬甚至找到一位来自印度的年轻人愿意来帮助她设计这个电子商务网站。

这所有的这一切，其实都可以归结为一位传统电视人对网络新媒体的试探，那种掺杂了复杂感情色彩的向往和试探。

七、离开央视

其实，王利芬的这个创业想法来得很偶然。2009 年年初的一天，一位在中国传媒大学读书的学生，给王利芬发来一封电子邮件说："我很仰慕您这位著名电视人的才华，想向您请教一些行业经验，不知能否在网上和我聊半个小时，我愿意付五十元钱来交换。"王利芬被这位大学生的邮件给逗乐了，后来两人真的进行了网络视频聊天，她也真的通过网银赚到五十元外快。王利芬由此萌生了一个大胆设想：我可以做这样的一个平台，让大家不用跑来跑去，就能在网络上向人付费"取经"。"别人脑袋里的人生感悟和行业经验，是你很难得到的，比如说我要见某个人，一定是熟人介绍，还要跑去一趟，而且要坐飞机才行。如果打开网站，就可以两个人对话，谈半个小时，然后我付你钱，这样不是更便捷吗？"王利芬决定做这样的一个 C2C 网站，让网友在这个虚拟空间里实现自由交易，简单来说，淘宝卖的是有形物品，而她想要搭建一个平台来卖智慧和经验。用户打开网站，付费后，就可以跟自己希望的人视频对话。她觉得这个主意真是太好了！

于是，王利芬想要做一家电子商务互联网公司，她本可以"躲"在幕后掌控做老板，但她特别不希望做兼职，搞"吃里爬外"的那一套，她说："如果我一边在央视做，一边还做这样一个电子商务平台,这是很不合适的。所以那个时候我就打定主意要离开。"

2009年9月,王利芬再次给台长去了电话。只不过,这次是新上任的台长焦利。"焦台长,我要辞职。我保证出去非常低调,我隐藏半年,直到把我的事情做出来。"最终,焦利无奈地答应了她的辞职请求。

2009年11月12日,王利芬办完了离开央视的最后一道手续,上交了那张可以直接进直播间的进门证。在此之前,她特意在央视的各个角落留影拍照,算是告别。当天下午两点左右,王利芬走出央视大楼。她要做一个自由的创业者。

王利芬从央视辞职的理由很简单:"我特别不想过那种一眼就看到底的生活,我宁可在一条未知的创业道路上暴死。我都已经人到中年了,在央视混着也不坏,但这不是我想要的生活。"

王利芬实现了"淡出",但一直有许多观众朋友在关心她的去向:她究竟在做什么?为什么分享智慧的《我们》栏目不见了?《赢在中国》到底还办不办了?

2010年3月17日,王利芬将这半年多的思考用书信的方式告诉大家。王利芬说:"熟悉我的人都知道我是中央电视台的工作人员。北大毕业后我曾经在那里工作了十五年。在《东方时空》《焦点访谈》《新闻调查》做了五年的调查记者,创办了《对话栏目》、恢复创办了经济频道的《经济信息联播》并成为当时第一任总制片人,在此基础上陆续创办了早间节目《第一时间》和中午档的《全球资讯榜》。当然,更多的人认识我是在《赢在中国》以及后来的《我们》栏目中。按理说我应该沿着这条路走下去,但是我想改变人生发展方向。"

八、创办优米

2009年10月,王利芬开始全身心地投入到自己新公司——优米网的创业中。之所以取名为优米网,意为"You、Me、We",即"你、我、我们",王利芬把优米网定位为一个服务国家和知识群体的网络电视。优米网的标志是两片银杏叶,这也是王利芬不断前行的内在驱动力。

创业之初,凭借在财经界不错的人缘,不少商界大腕主动要给王利芬投资。最后马云、柳传志、史玉柱三位组成的王牌投资团,成为她创业的第一笔天使投资基金的提供者。拿到投资后,王利芬租下了SOHO现代城潘石屹夫妇原先的办公楼。她一口气招聘了50多名应届毕业生,王利芬特别注重对团队价值观的从头塑造,这也是她选择刚刚走出校门的这些学生的原因。走进王利芬的办公室,墙面和沙发都是黄绿两色,就像优米网的银杏叶logo那样。办公室分为上下两层,四面都是植物,墙上、桌子上、天花板上、地上,绿萝、吊兰……各种各样的绿植排列在一起,让这个1900平方米的办公室看上去更像是一座巨大的温室,而丝毫没有普通创业者的简陋和窘迫。对此,王利芬曾经解释道:"我不是处在为生存需求而创业的阶段,我投入自己和家庭的所有积蓄再找朋友借钱做这件事,这是一种个人价值实现的需求,这是我与普通创业者不同的地方。何况我们是创意产业，环境好一点才更能激发大家的创造力。"

网站对于王利芬来说，毕竟算是一个全新的尝试，需要人帮忙。很快，她就找来两个比较核心的人物——设计总监和技术总监。技术总监原来一直创业，后来又在大的跨国公司待了一段时间，但是因为不喜欢那样的环境，当王利芬跟他谈了创业的事情后，就欣然加入了新的团队。"这个人很值得信赖，就是愿意做事，他身上就流淌着创业的血液。"王利芬说。而另一位不到 25 岁的设计总监，则是王利芬从新加坡挖过来的，有点像小天才的那种感觉。他的设计水平很高，优米网的网站架构主要就是他一个人设计的。"大概不到一个月就完事了，他的能力抵得上 10 个本科生或硕士生。"

以他们两人为核心，王利芬很快就搭建了一支团队。王利芬还耗资百万请印度的一家知名网络集团，为自己打造出了优米（www.umiwi.com）运营平台。为了让自己网站的技术能够过关，王利芬还带着自己的技术总监，通过视频会议系统和她认识的全球近十位"最牛的"网站技术专家进行交流，"把我们的互联网网站、网络架构全部画一遍，总共不知道画过多少遍了"。追求极致的性格，让王利芬经常会有一些不太实际的想法，比如他们会考虑把硅谷最新的技术全部跟自己的网站对接，网管技术的任何问题全部亲自摸一遍。

王利芬在央视待了 15 年，一路上创办的栏目无一不获得巨大成功。一个习惯了成功的人，在她第一次正式创业的路上，迎接她的却是一盆冷水。这个最初支持王利芬放弃央视的公职下海创业的"点子"，这个凝聚了很多人心血的 C2C 网站，却没能经受住市场的考验。在这个电子商务网站上线不久王利芬就发现自己犯错误了。

优米网试上线 10 天之后，王利芬在一次论坛上公开了自己创业的惨痛教训，"第一个错误就是我假想我要做的事情消费者是喜欢的，我的听众是喜欢的，我的用户是喜欢的。八十多名员工被创业的精神鼓舞着、感召着，多么大的困难都不怕往前走着。到网站上线的时候，却发现我们被用户抛弃了。"在网站上线初期，王利芬就遭遇了收费难的问题，习惯了网络免费资源的网民，难以接受收费视频这一产品。这时候她才意识到，这个看似高明的创意根本没有经过充分的市场调研，抽象的"成功学"难以定价，即便定价也无法量化效果。虽然愿望非常好，但是却没有人愿意买单。一连串的现实问题摆在面前——该由谁来讲经验？讲完了以后，用户觉得你不值 1000 元，那么仲裁委员会每天和人扯皮又该怎么办？而且讲的人的态度好坏都是问题。王利芬意识到，这个时代已经发生了翻天覆地的变化，消费者和受众再也不需要你教育他们、领导他们、引导他们，而是他们要参与，他们要表达内心的愿望。

但是王利芬依然坚持认为自己的想法是好的，只是"太超前"了。"用不了 10 年，这种模式一定会变得可行。"尽管如此，她仍必须面对眼下的失败。既然不能教育用户，就需要向他们请教了，了解他们真正的需求。并且，为了能够摸清楚电子商务的运营模式，2009 年 12 月初，王利芬专门跑到 eBay 去待了一个星期，就像当年她去 CNN 学习时那样，向各个环节的负责人请教。直到 12 月 7 日，王利芬从 eBay 回来，毅然决定关掉当时正在试运营的优米网，这也是她向互联网交的第一笔学费。

王利芬于是开始认真向用户了解他们的需求,用户告诉她:"把电视台经常请的名人找来,真正有经验的专家找来,我们愿意听。"经过一番市场调研,王利芬发现,网友们并不是排斥这种沟通模式,而是希望有更多的成功人士和创业名人来对话。王利芬心想,这不就是媒体和广告模式嘛。但是,这次她并没有匆忙动手,而是撒开了几乎全部人马,就更具体和详尽的问题展开了用户调查。韩雪是优米网创业伊始就招进来的员工,她清楚地记得,她被派到消费者和用户那里的唯一一个任务就是向他们询问:"如果我们办这样一个网站,你最希望解决的是什么?"结果调查显示,用户更关注的,其实是就业问题、找工作的问题,以及职场发展的问题、情感的问题和心理的问题。尽管王利芬在财经界掌握着一定的人脉资源,但那些商界名人的时间十分宝贵,哪会轻易和普通网友在网上视频呢?况且这些名人来得多了,不就变成了 B2C 了吗?

九、贩卖时间

在与好朋友史玉柱一起喝咖啡的时候,两人聊起了股神巴菲特。巴菲特曾拥有约620 亿美元的净资产,多次高居全球财富榜首富。2008 年,极富妙想的他决定拍卖自己的午餐,谁出钱最多就可以与他共享一顿午餐,起价是 25000 美元,没想到,最后以 263万美元的高价成交。此后,巴菲特又多次拍卖自己的午餐或晚餐,即便是在金融危机期间,也创下过 211 万美元的价格!王利芬对史玉柱说,他也想以优米网为平台,做类似"中国版巴菲特午餐拍卖"的生意。

被"贩卖"的这个人,王利芬首先想到的就是史玉柱。史玉柱从做电脑软件起步,5年内跻身大陆富豪第八位,志存高远,一心筹建巨人大厦,却不想一夜之间负债 2.5 亿。"中国首负""最著名的失败者"的称号,让他成为数万创业者引以为戒的失败典型。但史玉柱又卧薪尝胆,再次创业,最终打造出一段东山再起的商业神话。如果说巴菲特是全世界的偶像,那么他也算是中国青年人的偶像了。

没想到,在王利芬犹豫着不好意思张口的时候,史玉柱却快人快语地问:"干吗不直接贩卖我的午餐呢?"这个回答令王利芬欣喜若狂。史玉柱的一顿午餐值多少钱呢?她估算了很久,给出了一个保守价:49100 元。用竞拍到的午餐时间,你可以跟史玉柱喝喝美酒,聊聊天,也可以请他帮你的创业出主意、想办法。

从某种角度讲,这是一项潜力巨大的投资。正因为如此,当她把史玉柱的午餐"挂"到优米网拍卖时,这个价格在一秒钟后被刷新,一天后达到 88888 元,一个月后飙升到150 万元……最终,陕西瑞德宝尔矿山工程股份公司以 189.9 万元中标。2010 年 7 月的某天,该公司总经理任宏与史玉柱谈了 3 个小时,获得了企业营销、投资、团队建设等方面的指点。

尽管拍卖名人时间在一片争议声中落下帷幕,可一点也不妨碍更多的名人资源参与进来。新东方的创始人俞敏洪承诺每年可以"被贩卖"两三次,此外还有阿里巴巴集团董事局主席马云、创新工场 CEO 李开复、北极光创投董事总经理邓锋、当当网联合总裁李国庆、思科中国副董事长林正刚等一些知名企业家、投资人，争相要王利芬拍卖他们的富余时间，每一个拍卖者都是金光闪闪的创业家。拍卖名人时间与"巴菲特午餐"有着异曲同工之妙，但网友更有选择的余地，优米网拍卖的名人并非固定，而是可以由网友自己提交、投票。令王利芬始料未及的是，号称"极品乞丐"的"犀利哥"也成了网民们追捧的名人。拍卖名人时间所得收入当然首先由名人支配，优米网也要考虑其中一部分覆盖制作成本，商业大佬们一般会用这些钱来做慈善事业。

十、高调上线

2010 年 3 月 17 日，农历二月二龙抬头，零点。王利芬编写了一条 13 字的信息，几乎同时发布在她的博客、微博和开心网上。这 13 个字是"我已辞去央视公职，创办优米网"。之前的王利芬可以说一直处于潜伏期，因为离开央视的时候她答应了焦台长在事情做出来之前她会保持低调。

写下这 13 个字的时候，王利芬与身边的一群年轻员工正在等待优米网上线那一刻的到来。一声欢呼后，优米网正式上线。

3 月 18 日十点钟，暴涨的浏览量致使优米网宽带不够、视频无法播放。上线首日的关注度让王利芬感到欣喜。后来，数据显示，凭借之前大胆的创业点子和名人效应，优米网第一天的 PV 值 60 多万，居然一举冲到全世界排名 600 多位。

王利芬最初的盈利模式，仍是靠网站广告，通过拍卖名人时间优米网在获得极高关注度的同时，自然也为她带来了不菲的广告收入。

在王利芬看来，"拍卖名人时间"实现的是一个多赢。对于外界质疑优米网靠"炒作"上位，她认为炒不炒作并不重要，拍卖名人时间既能给网站带来点击量，又能帮助公益事业；而且，来的人宣传了他的公司，听的人获得了宝贵的经验，这是一举多得的好事，哪有不做的道理呢？

尽管优米网推出的"拍卖名人时间"业务收益不错，也为网站引来了极高的关注度，然而，优米网的盈利模式仍然模糊不清。拍卖名人的时间并不能成为优米网的盈利模式，因为这种模式不可批量复制，名人与购买者交谈的效果也无法量化。因此，当务之急是，必须要尽快为优米网找到合理的商业模式，使其能够盈利。况且王利芬深知，"拍卖名人时间"只是一个针对有钱人的小众生意。她还想让更多的普通大众获得与财经名人交流的机会。

为此，王利芬承受了巨大的压力，她这才真正体会到创业的艰辛。王利芬每天平均工作 10 多个小时。每天来办公室之前，王利芬都得想，这顿饭得吃饱了，因为这顿饭得支撑七八个小时，这期间有各种各样的事情。临睡前，她也在想，这一觉我得睡好了，因为醒来后，十几个小时都得不到休息。"没办法，很多事情就顶在那。创业太难了，如果没有钢铁般的意志力、极好的应变能力，最好不要创业，会撑不下去的。"

经过深思熟虑，为了获取更大的流量，王利芬认为优米网需要做的是将传统的电视内容,用互联网的方式进行表达。电视内容是王利芬的强项,凭借着对内容的敏感度,她对于目前优米网的原创节目充满信心,而互联网的表达方式,王利芬在之前并不擅长。搜狐财经前主编王子恢的一种见解让王利芬很认同:如果互联网有传统媒体的深度和品质,再加上互联网的表达手段,就能做到最好。显然优米网正在朝着这一方向努力着。王利芬制作的原创节目《在路上》,以年轻人的职场和创业为主要内容,并经常请柳传志、王石、马云、史玉柱等企业家做现场嘉宾向年轻人谈他们的创业经历、成功感悟。在王利芬租来的演播室录节目时,从网上征集来的现场观众还可以向这些商业大佬提问题,谈困惑,求经验……形成了良好的互动。

某一天,一位网民写给王利芬的一封邮件,很快引起了她的注意。"王老师,能帮忙联系马云吗?现在我有一个极好的点子,如果他愿意付我两成钱我就卖给他……"她随即拨通了这位贩卖点子网民的电话,多次交流后,觉得他的点子确实极具创意,随即当了中间人,让他们由陌生走向合作。"向企业家卖创意",是优米网后来推出的一个极受年轻人欢迎的栏目。

自2011年起,优米网又推出了团购活动,团购的不是商品,而是名人讲座。比如慧聪网董事局主席郭凡先生的讲座,会员价480元;奇虎360董事长周鸿祎的讲座,会员价238元等。

有很多关注王利芬的人也在给她提出各种建议,比如有人说,你能不能把世界上著名的、大的思想家,开一个精英的讲堂跟我们互动?但是,周一到周五每天20点的《在路上》的一个半小时的直播量已经非常大了,王利芬这时提醒自己,"一定要清醒、清醒、再清醒,不要铺摊子。"其实,即使一再提醒自己,王利芬之前规划的栏目还是比现在要多,幸运的是,这时她得到了柳传志的指点。柳传志告诉她,优米网内容还是太多,一定要在重点上突破,把一个战役打得特别漂亮和特别胜利。

"当一件事情成功了,而你不知道为什么成功的时候,你下面一定会失败,因为你这个成功一定是被撞上的。"柳传志的话让王利芬决定把"走进公司"和"在路上"两个栏目合并。

直到2011年9月,即创业两年后,王利芬终于将优米网的业务架构梳理得清晰明确,真正做到了心中有数。"我们主要有三块业务。一块是做节目,即《在路上》;一块是培训,即针对移动互联网的培训;还有是优米网,优米网是凌驾于其他两块之上的,换言之,另外两块内容都会在优米网上体现。"

现在的优米网由《名人拍卖时间》《在路上》《创业》《职场》《优米学苑》等版块组成。优米网的推广词就是"优米网——与年轻人一同成长",王利芬的网站颇受年轻一代人的喜爱,"作为媒体人,我希望自己能为转型社会的中国年轻人做点力所能及的事情。我认为我们是做着一件给社会创造价值的事业",王利芬说。

通过两年多的打拼,王利芬已经收回当初打造优米网的全部投资,并取得了可观的盈利。以前有人问优米网是做什么的,王利芬还真说不清楚。而现在,她可以清晰地告诉对方,"我们做的内容是职场创业,通过卖节目、搞培训挣钱。"

2012 年 3 月 28 日，优米网最新的改版正式上线，新的优米网上线首页，还是绿色为主，叫一同成长。其定位也将聚焦在"创业、职场"两点，用王利芬的话说：一个现代人的工作状态，不是在创业中，就是在职场中。

2013 年，优米网同江苏卫视合作制作大型商战真人秀《赢在中国蓝天碧水间》，王利芬希望将时下年轻人最为关注的创业话题用简单的商业任务，比商学院 MBA 更实用的方法，普通观众也能看得懂的方式，更具体、更真实、更直接地呈现出来。《赢在中国碧水蓝天间》前后筹备了七八个月，拍摄整整 24 天。这是一个十二位明星企业家参与赢取千万元公益基金的真人秀节目，号召社会大众行动起来关注公益、关注环境的公益节目。企业家们分为两支 PK 参赛队，分别被命名为"蓝天队"和"碧水队"。"蓝天队"队员所获得的奖金全部用于空气保护项目，由阿拉善 SEE 基金会监管。"碧水队"队员所获得的奖金全部用于水资源保护项目，由大自然保护协会监管。该节目于 9 月 16 日在江苏卫视播出，稳居 CSM46 城同时段节目收视率的前三名。这档节目也被国家新闻出版广电总局评为"2013 年广播电视创新创优栏目"。

2014 年优米网启动了营销季，电视荧幕上也开始出现许久不见的王利芬的身影。短短一周，这位当年央视著名制片人频频亮相于天津卫视《非你莫属》和搜狐视频《先锋人物》。王利芬的这两次亮相当然也为优米网带来了很可观的流量。由此看来，王利芬魅力不减当年在央视，这样一位有影响力的创始人也的确帮优米网省下不少的宣传费。优米网在当年 8 月 8 日这一天，打着"8.8"这个吉祥的日期，适时推出"优米赚大发，免费看 3 天"的主题活动大肆宣传了一把，点击率较同类的网站也遥遥领先。

"众创空间"作为 2015 年度创业的热词进入了政府报告，得到国家的重视和扶持。而具有"众创"含义的域名 zhongchuang.com 自然也跟着"火"了一把。2015 年 2 月 28 日，优米网以六位数的价格收购了 zhongchuang.com 域名，并在同年的 4 月 18 日，举办众创空间大会，正式推出旗下名为"众创空间"的众筹平台。众创空间以项目众筹为核心出发点，为创业者解决启动资金、品牌推广和产品预售等问题，将网络与电视节目相结合，打通线上、线下的诸多环节。优米网也表示，众创空间将走一条少有人走的路，"不刷单、不做假、不矫情、不炒作"，采用诚信背书的形式，让创客的好友等人为其项目代言；让产品本身说话，使每位消费者用"屌丝"的价格买到具备极客品质的产品。此外，众创空间还开推出了"快众筹"项目，尝试"7 天筹资，7 天定制，7 天发货"的模式，加快众筹效率。

2017 年 7 月，在北京举办的 2017 中国竞争战略峰会上，王利芬表示优米的最新定位为"商界领袖竞争知识平台"。重新定位后的优米将于今年的 9 月 11 日正式上线。

尾 声

王利芬曾有着风光无比的工作，也有着幸福美满的家庭，却因为一颗不安分的心不断选择挑战自己，挑战人生，从记者到制片人，又从制片人走上了艰难的创业之路。一如她淡定从容的主持风格,王利芬的每一次转身也是那么稳重和踏实。

王利芬游走在教师、记者、制片人和主持人的多个角色之中,从《赢在中国》到创建"优米网",她的脚步愈发清晰——为青年人寻找精神食粮,助他们成长。无论是《赢在中国》还是优米网,她都努力寻找着精神食粮的源泉,做守护理想的持灯者。或许是出于文人天性,趋利本就不是王利芬的创业动机,那么面对未来,优米网该如何继续运营下去?优米网能否实现它的初心为浮躁的社会留下一些实操性的精神财富?优米网能否保持最初的劲头使自己在市场的历练中成长为一棵常青树呢,让我们拭目以待好了!

参考文献

[1] 蔡恩泽. 王利芬:"奔五"女人始创业[J]. 商业文化月刊,2010(19):42-44.

[2] 蔡恩泽. 王利芬:演绎"银杏"的精彩[J]. 人民文摘,2010(12):14-15.

[3] 蔡恩泽. 王利芬:辞去央视"金饭"碗担当"个体"创业人[J]. 金融经济:市场版,2010(7):63-65.

[4] 楚茜. 励志照亮人生创业改变命运——记中央电视台节目主持人王利芬[J]. 新闻爱好者,2007(8):37-37.

[5] 崔玲. 王利芬 跟着现实走[J]. 英才,2012(2):122-123.

[6] 李黄珍. 王利芬:学习是前进的最大动力[J]. 职业,2007(5):12-12.

[7] 李黄珍. 王利芬:以赢者的姿态激励年轻人[J]. 职业,2008(6):4-6.

[8] 李黄珍,樊明茹. 王利芬:做自己的导师[J]. 职业,2011(4):16.

[9] 李鑫金. 王利芬:《赢在中国》掀起创业浪潮[J]. 人民文摘,2008(6):6-7.

[10] 刘亮. 王利芬"创业教母"创业难[J]. 中国新时代,2010(7):68-70.

[11] 琴心. 王利芬辞职创业:网上拍卖名人时间[J]. 金融经济,2012(23):67-69.

[12] 孙雅男,邓攀. 王利芬:创业第一周[J]. 中国企业家,2010(7):100-104.

[13] 王成. 史玉柱为优米网"献身"[J]. 国际公关,2010(5):79-79.

[14] 王彩平. 央视"赢在中国":模仿创新的典范[J]. 新闻实践,2008(9):57-58.

[15] 王利芬. 王利芬:"贩卖"史玉柱的创业教母[J]. 商,2013(26):21-22.

[16] 王利芬. 创业从激情到理性——我创办优米网犯的几个错误[J]. 现代营销:经营版,2010(5):37-38.

[17] 王小易. 优米网推出众创空间 开辟众筹新思路[N]. 北京晨报,2015-04-24.

[18] 涛涛. 王利芬:下一站,赢在中国[J]. 中国大学生就业,2010(12):44-47.

[19] 田野. 王利芬的未知生活[J]. It经理世界,2010(8):64-66.

[20] 夏白杰. 王利芬:"赢"在中国[J]. 理财,2010(5):20-21.

[21] 佚名. 创业者王利芬[J]. 商周刊,2012(5):82-85.

[22] 佚名. 王利芬:从CCTV到优米网[J]. 商周刊,2010(11):98-101.

[23] 佚名. 王利芬:优米只服务未来的商界领袖[N]. 凤凰财经,2017-07-01.

[24] 佚名. 优米众创空间重新定义创业 创造众筹新模式[N]. 环球科技综合，2015-04-20.

[25] 佚名. 优米网发布众创平台[N]. 科技日报，2015-04-22

[26] 佚名. 曝优米网 6 位数收购"众创"域名 zhongchuang.com[N]. 易名中国，2015-02-28

[27] 张新华. 王利芬：走向全媒体之路[J]. 新经济导刊，2010(5)：78－81.

[28] 张卓. 体制外的"突围者"——王利芬[J]. 就业与保障，2011(1)：52－54.

附录

附录 1　栏目介绍

《东方时空》栏目开办于 1993 年 5 月 1 日，这个杂志型新闻节目播出伊始就产生了广泛影响，改变了中国大陆观众早间不收看电视节目的习惯，被誉为是"开创了中国电视改革的先河"。

《焦点访谈》于 1994 年由中央电视台新闻评论部创办，节目定位是：时事追踪报道，新闻背景分析，社会热点透视，大众话题评说。自开播以来，受到党和国家领导人、各界观众的广泛关注和重视。它以深度报道为主，以舆论监督见长，是中央电视台收视率最高的栏目之一，多次获中国新闻界最高奖项。栏目平均每天收到数千条来自观众通过电话、信件、传真、电子邮件、QQ 等方式提供的收视意见和报道线索。

《新闻调查》是中央电视台一档深度新闻评论类节目，时长 45 分钟，每周一期，在民间和高层都有着广泛的影响。在中国社会发生重大变革的时候，《新闻调查》注重研究新问题，探索新表达，以记者调查采访的形式，探寻事实真相，追求理性、平衡和深入，为促进和推动社会和谐进步发挥着作用。

《经济信息联播》为中央电视台财经频道龙头栏目，是国内最具时效的直播经济新闻栏目，当日新闻比例超过 90%。第一时间真实、准确、时效、鲜活地报道国内外的重大经济新闻，并在"头条"中对全球的重大经济事件进行深度报道，栏目精确把握中国经济的主体脉搏，是中国经济界最具影响力的经济新闻联播，记录和推动着中国经济成长。

《第一时间》是由中央电视台财经频道推出的一档新闻资讯服务类栏目。于 2003 年 10 月 20 日起，每天 7：00—9：00 在 CCTV-2 财经频道播出。以轻松的方式传播严肃的资讯，形成资讯扑面的感觉。

《全球资讯榜》作为中央电视台经济频道（CCTV-2）新闻主框架的组成部分之一，在正午时段为观众提供以国际为主、国内外融通的全球经济资讯，汇聚国内外权威新闻网站的排行和全球媒体的热点聚焦，以此为参考，以分类新闻排行榜的发布方式，在浩如烟海的资讯海洋中精选观众最需要知道的新闻。观众还能看到颇具视觉冲击力的新闻图片，知悉沪深股市涨跌幅前五位的"股市红绿榜"，在轻松之中得到令人耳目一新的全球资讯。

《经济半小时》是中央电视台财经频道推出的经济深度报道栏目。节目以重大经济事件、业界风云人物作为报道的核心,以严谨的态度、新闻的眼光、经济的视角、权威的评论,深度报道经济事件、透彻分析经济现象、准确把握经济脉搏。节目于1989年12月18日晚21:00起在中央电视台财经频道播出。

《赢在中国》是中央电视台财经频道的一档全国性商战真人秀节目。2006年、2007年、2008年共举办三届,每届比赛均选出6名优胜选手。冠军将获得一家注册资本不低于人民币1000万元的新设企业经营权,亚军将获得一家注册资本不低于人民币700万元的新设企业经营权,第3、4、5名将各获得一家注册资本不低于人民币500万元的新设企业经营权,第6名则获得注册资本不低于人民币300万元的新设企业经营权。优胜选手将出任该企业的CEO,拥有企业20%～50%的股份。此外,为每位获胜选手抽出150名原始股东,共同占有企业15%的股份。

《对话》栏目是中央电视台经济部2000年7月全新改版之后推出的一栏演播室谈话节目,每次时长60分钟,是中央电视台目前播出时间最长的严肃节目。每次节目由突发事件、热门人物、热门话题或某一经济现象导入,捕捉鲜活经济事件、探讨新潮理念、演绎故事冲突,着重突出思想的交锋与智慧的碰撞。所以,《对话》始终关注的是人,是在全球经济浪潮裹挟之下,在前沿阵地拼杀之中的那些兴衰沉浮、浴血奋战、焦虑惶恐、创新求异的中国人。

附录二 《学徒》节目

《学徒》2004年1月首播,由马克·伯奈特制片公司与特朗普制片公司联合出品,是一个将商业运作技巧作为真人秀竞赛主题的节目。《学徒》前3集平均收视率为9.4%。18～19岁观众的收视份额为23%,平均有1910万观众收看,是2003—2004年播出季连续前19周18～49岁成年观众收视率排名的第3位,所有观众收视率排名第6位,是NBC新节目播出史上创造了最佳收视率的节目之一。

《学徒》参与者是十六名雄心勃勃、拥有高学位、已经小有成就的年轻人,这些人希望在特朗普的地产王国中得到一份年薪二十五万美元的工作。特朗普将这一竞争称为世界上最激烈的纽约街头生存术竞赛,他将在全国电视观众面前,辞掉其中的十五名参与者。

街头竞争生存术——节目把竞赛者分为两组,每组八人,他们将参加特朗普设计的一系列活动,以测试他们的销售术和街头生存能力。在节目之初,两组成员将分别用二百五十元现金,在街头搭起柠檬水摊,看哪一组每天赚到的钱最多。这个游戏听上去简单,但做起来难度并不小。获胜一组将有幸到特朗普的豪华公寓住上一晚,失利一组则会被特朗普叫到一起,解释他们没有成功的原因,并且将有一人被淘汰出局。接下来的项目包括在一个破旧、需要装修的对外租赁的空房中,举办艺术展和摇滚音乐会,所有这些都需要在一到两天内完成。

解雇员工情非得已——虽然每一场节目都会有一个人因为不合格而被踢出局,但特朗普说,他的节目重点并不在此。他最近在宣传该系列片的电话采访中表示,"我不喜欢解雇人","但它是商场上的一部分。如果你是一家大公司的老板,裁人是你生活的一部分。它不会令我感到有趣,但我必须这样做。20 世纪 90 年代初期因地产泡沫破裂而一度面临破产的特朗普,也没有忘记安慰失败者。"他说,"这些人有勇气站在全国观众的面前,他可能就是 21 世纪最出色的商人。"

各行翘楚一争高下——第一季节目参加人是从全美 215000 名申请者中筛选出来的,入选的十六名男女,都是各自领域的佼佼者,拥有优秀的教育和工作背景。他们的年龄在 21~36 岁,其中包括一名拥有哈佛大学工商管理硕士学历的投资经理、一名白宫前助手和形象顾问、联邦速递公司的项目主任、拥有医学学位的风险投资商,以及开设连锁诊所的成功人士。获胜者将在特朗普众多公司中的一家担任负责人。不过,特朗普说,他不认为这个人会在他的公司长期工作。他说,"参加这个节目的人都希望变得非常富有,而只有在自己成为老板的时候,这一目的才比较容易实现。"他说,"从理论上讲,获胜者应该在一年后离开我,继续自己的追求,成为一名亿万富翁或者实现自己其他愿望。"

美国当红的纪实秀为数不少,有的让参与者在热带岛屿的烂泥中汗流浃背地忍饥挨饿、为蚊虫提供大餐,有的让一个假冒是百万富翁的英俊男士挑动 25 个蒙在鼓里的佳丽为争金龟婿而伎俩用尽。同这些节目相比,"学徒"应该算是迄今为止最贴近生活的"纪实秀"了。它的舞台是我们每一个人都熟悉的、无处不在的办公室,只是这一个办公室是在纽约这个商场如战场的大都市里。

附录三 史玉柱简介

史玉柱,1962 年 9 月 15 日生于安徽省蚌埠市怀远县,商人、企业家。

1984 年从浙江大学数学系本科毕业,分配至安徽省统计局工作。1989 年深圳大学软件科学系(数学系)研究生毕业后,随即下海创业。1992 年在广东省珠海市创办珠海巨人高科技集团。

1994 投资保健品,第一个产品是"脑黄金",后来因为投资巨人大厦导致资金链断裂而几乎破产,欠债 2.5 亿元人民币。1995 年,史玉柱被《福布斯》列为内地富豪第 8 位。1997 年在江苏等地推出保健品"脑白金",大获成功并迅速推广至全国。

2009 年 3 月 12 日,福布斯全球富豪排行榜,史玉柱以 15 亿美元居 468 位,在大陆位居 14 位。2012 年,在《财富》中国最具影响力的 50 位商界领袖排行榜中排名第二十二位。

2016 年 1 月史玉柱重新回归巨人网络。

2016 年 10 月 13 日,2016 年胡润百富榜发布,史玉柱家族以 540 亿元财富,位列第19 名。

10 月 18 日,2016 胡润 IT 富豪榜发布,史玉柱家族以 300 亿元排名第 11。

10 月 27 日,2016 福布斯中国富豪榜公布,史玉柱排名第 46 位。

2016年12月30日,史玉柱回归民生银行董事会。

2017年5月20日,浙江大学建校120周年前夕,史玉柱代表巨人集团向浙江大学教育基金会捐资人民币5000万元,将用于支持浙江大学数学科学学院的新大楼建设,对浙江大学建设世界一流大学和一流数学学科做贡献。

附录四 王利芬经典语录

1.有许多年轻朋友常常会说,你能联系到马云、史玉柱,可不可以帮助他这样那样?是的,我能联系他们,但是我并不常联系,一是我不想随便打扰,二是许多事情需要自己咬牙挺过去(尽管他们已经给优米极大的帮助),因为天助自助者。我写这些是想分享当一个人遇到困难时,首先想到的是通过自己如何克服,不要随便张口,人家帮助你是情分,不帮属正常。有许多人别人不帮就抱怨,这样只会朋友越来越少,珍惜人家的每一次哪怕一小点帮助,理解人家不帮的理由,你的朋友会越来越多!

2.以下几点你会失去这个人成为你的朋友的可能性:(1)对别人所托之事自己又承诺了的无下文。(2)在社交场所表现出对他的忽视甚至轻慢。(3)你在你认为信得过的人中间说了这个人的坏话。(4)你无意中表现了对他的不屑又被他捕捉到了。(5)你在他有困难向你求助的时候敷衍了他。(6)你在有些决策上显示了他对你的无足轻重。

3.移动互联真正的大时代到来了,它让以用户体验为中心的产品设计得以真正实现,同时用户与商家的关系变成了价值共享群体,在今天的商业逻辑当中,吸引用户的手段变了,与用户的关系变了,用户需要运营了,用户变成了企业赖以生存的脚下的土地,只有用户是商业中最坚实可靠的东西。

4.心静不下来不可能有明智的判断,我看到一些热闹人常常在各个场合找机会,找合作,找人脉。其实埋下头苦干加巧干就是最大的机会,自己脚下的土地不坚实,上面盖什么漂亮房子都是白搭。职场人把业务做精,创业者把客户服务好就是脚下的土地。

5.许多人跟人家交往时都希望自己能占点小便宜,付出的少希望得到的多,这样的人朋友一般都少,因为人都不傻,你总想从别人那里得到,其实最后得到是最少的。这个道理懂的人十个中间没有一个。

6.不行的人主要是脑子不行,行的人主要是脑子行。跟所有的牛人交流,他们都能迅速了解决定事情的重要因素、业务要件、行业动向、产业生态、跨领域的可能性、自己的局限和喜爱,这样脑子清楚的人你说做什么不成功呢?投资脑子吧,这是根本!

7.创业初期工作重要性排序:(1)让公司活下来并体会公司这个产品的各项核心要素。(2)活下来后找出公司发展的大方向。(3)有了方向后进行阶段性目标的落地,培养和寻找公司长期发展的人才。(4)找好适合的激励机制。(5)建立刚性和弹性相结合的管理方式。(6)找投资人。(7)以上事项许多是同时进行。创业对人的要求太高了!

8.这句话反复在我耳畔回响:你能为员工提供的最佳福利,不是请客吃饭和团队活动,而是招募优秀的员工,让他们和最优秀的人一起工作!如果你希望团队里都是最优秀的员工,那么你必须要请能力不足的人离开。

9.创业者要有恒心,要耐得住寂寞,特别是那么多人有移动互联网焦虑症时,更不应让自己乱阵脚。其实对于刚创业的人来说,找到驾驭公司的感觉都不是很容易的,再加上新趋势的日新月异,很容易不知如何是好。放眼看去,今日激战在移动互联网大潮的人哪个不是创业的老兵? 不要随意跟人比,春江水暖我自知。

10.跳槽穷半年,改行穷三年。(1)不要轻易离开团队,否则你要从零做起。(2)不要老想着做不顺就放弃,哪个团队都有问题,哪个团队都有优点。(3)跟对领导很重要,愿意教你的,放手让你做的领导,绝对要珍惜。(4)团队的问题就是你脱颖而出的机会。(5)心怀感恩之心,感谢系统给你平台,感谢团队。

Case 6　程维:站在互联网出行平台上的青年帅才[①]

引　言

　　创造了国内互联网企业单笔融资的最高纪录,完成了中国互联网行业最大规模的资本合并,执掌着中国成长最快的新兴企业,打造了全球最大的交通出行平台……出道仅仅五年的程维以三十而立的岁月激情、搏击商海的非凡胆识以及驾驭全局的聪明睿智演绎了令人难以望其项背的创业传奇。透过程维一手策划并亲自发动的一场场巨头厮杀、狼烟四起以及刀光剑影的惊魂商战,人们看到的不仅仅是传统交通出行生态的颠覆和重塑,还有行业格局的结构与洗牌以及创新和进化力量的拔地而起。

　　程维创造了一个几乎是"地球已无法阻止"的 APP,革命性地改变了中国人的出行生态,并创造了中国商业史上史无前例的现象级案例。28 岁创业起家、33 岁坐拥千亿元资产的公司,程维是如何做到的? 80 万元人民币起家,4 年估值 350 亿美元,滴滴是怎样炼成的? 30 多家竞争对手厮杀,3 年逆袭成行业老大,滴滴是靠什么活下来的? 滴滴出行烧了几十亿元,却忍着不赚钱,背后的商业逻辑是什么? 3 亿注册用户、400 多个城市、1000 万日呼、5000 多名员工,做成它的为什么是滴滴和程维?

一、起于青萍

　　1983 年,程维出生在江西省上饶市铅山县河口镇,父亲是政府官员,母亲是数学教师,从小学习很好。作为县城青年,考上大学之前也没有去过大城市。1999 年程维参加高考,但原本胸有成竹的他却在数学上遭遇滑铁卢,数学考卷的最后三道题被他"华丽丽"地错过,尽管其他学科考得不错,但总分一般的他还是被调剂到北京化工大学行政管理专业。大学前三年,程维和大多数迷茫且不得志的大学生一样,打游戏、踢球、谈恋爱,

---

　　①　本案例由彭伟、于小进根据公开资料整理,版权归原作者所有,并对原作者的贡献表示感谢。案例仅供讨论,并无意暗示或说明某种管理行为是否有效。

浑浑噩噩，到了大四的时候，他才开始有了紧迫感，开始四处找工作。大四招聘会上某保险公司一位招聘员问他：你有理想吗？他被触动了，开始进入保险公司实习。

梦想这件事有时虽然会成为不靠谱的代名词，但有时也能激发人的潜能。一个没有社会经验的人卖保险是艰难的，磕磕绊绊中程维也收获了很多社会经验。比如卖保险扫楼去拜访陌生人时，要从顶楼往底楼敲门，若要由一楼往上，很容易因为被拒绝而放弃。他亲言第一次敲陌生人门时，犹豫了五分钟，最后还被门里面此起彼伏的狗吠声吓得落荒而逃。为了卖保险，他需要在公交车上搭讪陌生人，甚至去同学家里给家长们推销，无疑不受欢迎。有一次，程维给系里的老师推销保险，老师冷冷地对他说："连我们家的狗都买保险了。"一连串的挫折让程维开始反思，自己到底适不适合做这种高挑战和高社会化的职业。经过思考他认为自己还是应该去做和本专业相关的职业，最起码要有联系才不会"辜负"自己的大学生活。此时，不太成熟的他想当然地认为行政管理可以在公司里做前台或助理。四处投递简历后，他被上海的一家大型医疗集团相中，开始南下，去上海追逐梦想。

2003年，程维第一次去上海，在公交车七拐八弯后，他发现自己到了一家高档足疗店门口，这就是程维心心念念的大型医疗集团。这家足疗店是很正规的机构，客户则主要是当时外企的管理层。足疗店老板是山西人，整个公司就只有三个男的，一个是经理，一个是锅炉师傅，还有一个就是程维，剩下的全都是老板从山西带出来的年轻的农村姑娘。程维坦言，在这里的半年是他非常快乐的时光，因为他从这些基层工作者身上体会到了一种简单快乐：这些小姑娘每天中午上班，深夜两点下班，最大的梦想就是在上海打工攒钱，回家盖房成家，过上好日子。然而，混沌的未来还是压得他喘不过气来，在上海街头匆匆奔忙的程维再一次拷问自己到底要做什么，他敏锐地感觉到互联网会引发巨变，自己应该去做与互联网相关的事。

2005年，阿里巴巴并购雅虎中国，成为当时热门一时的"雅巴联姻"。随后，阿里巴巴不断招兵买马，加紧在全国跑马圈地。正是乘着这阵东风，程维顺利进入阿里巴巴旗下的B2B公司，从事一线销售工作。程维跨界进入电商领域，一开始很多东西根本听不懂。开会时，见到别人张口B2B、闭口C2C，说得热血沸腾，程维却一头雾水、似懂非懂，于是他只能暗暗记下某些术语，然后凭借超强的自学能力回去补功课。当时，程维通过翻阅黄页、电话销售、拜访客户、关系营销等多种方法销售阿里巴巴的诚信通产品，其实就是引导新企业在阿里巴巴注册，然后付一定的费用购买诚信通服务，以便获得诚信认证，赢得更多买家的信任。

做销售确实很辛苦，既要巧舌如簧，有时又要靠运气。很多人坚持不下来，纷纷离开，但是程维坚持了下来。经过多年历练后，程维从懵懵懂懂的销售学生兵迅速成长为销售精英。销售没有太多秘密，靠的就是不断扩大客户基数以保障极其微小的转化率。由于程维每天打的电话比别人多、拜访的客户比人家多、现场功能展示的机会也比人家多，所以他的销售业绩一路飙升。

2005年，阿里需要开拓北京市场，意欲调集业务骨干去组建队伍。但大部分人面对这个未知的领域和前途,没有动心。因为销售工作进入稳定状态后,平时维护一下客户关系,年薪也能维持在三四十万的较高水平,很多人宁可守着这种稳定的生活,也不愿去北京开拓和冒险。程维则不同,他毅然接下这个重担。这样一来,程维的压力更大了,从前只要管好自己的一亩三分地就行了,而现在却要管理好整个团队。此时,程维一边自学团队管理的知识,一边把自己的销售经验分享出来,复制众多精英,阿里在北京的团队也逐渐成形。2009 年总部的一纸调令让程维又开始了一段拓疆之旅——去河北廊坊下属的霸州开拓市场。在郭德纲的相声里,霸州是出美女和螃蟹的丰饶之地,程维怀着这样的憧憬来到霸州,却看到了完全不同的景象。美女和螃蟹是清朝的事儿,现在的霸州,他只看到了严重的污染。河北的煤炭钢铁等重工业在全国占有重要地位,污染非常严重,他在这里经历了人生中的第一次酸雨,也算是开了眼界。一次,程维带的一位女性HR(人力资源经理)去当地和一位老板洽谈生意,聊天时老板善意地提醒,说女孩儿不适合在这地待着,待久了容易生不出孩子。当天下午,女性 HR 就撤回北京了,但程维不能撤,公司需要他留下来负责北京大区。

霸州终究不是久留之地,而此时的程维也不是笼中之物。不久后,阿里需要内部竞聘一个更高级的管理岗位,他回到杭州参与竞争。出乎意料的是,程维因为太年轻被刷掉了,而他的业务能力则是最出色的,他依然是当时阿里最年轻的区域经理。做了 6 年销售之后,程维再次获得提升,2011 年,程维担任支付宝 B2C 事业部副总经理,负责支付宝产品与商户的对接。程维从一位区域销售经理迅速转型为产品经理,需要考虑的问题更多了。做产品既要考虑线上功能,又要做好线下对接,还要跟进客户需求做出各种各样的调整,程维的能力获得了全面提升。

在 PC(个人电脑)互联网转型进入移动互联网的时代,程维看到无数创业者开发了各种各样的 APP,极大地丰富了手机应用商店。有的 APP 公司仅靠几个年轻人就能创造出惊世骇俗的成绩,有的大企业砸下重金做出来的 APP 却成了垃圾。面对移动互联网创业大潮的风起云涌,程维不安分起来,终日想着跳槽创业,不给自己的人生留下悔恨。

二、生而弥坚

创业做什么项目?一开始,程维也很迷茫,于是他继续待在阿里巴巴,用 9 个月时间思考自己到底想要做什么。程维在阿里巴巴淬炼多年,也学了不少真经——要想事情做大,还是要做平台,而且这个平台要符合移动互联网的发展趋势。一次,程维赶着去杭州参加总部会议,正值上班高峰期,无数辆出租车风驰电掣而过,任凭他如何招手、叫喊,都没车回应,他只能望着车水马龙频频叹息。过了许久,终于有一辆出租车停了下来,但问了目的地之后,冷漠地摇手拒绝,"机场高速要收费,我去了还得空车开回。"司机埋怨了一句后扬长而去。程维在冷风里等了许久,终于又有一辆车停在他面前,司机一听程维要赶时间,立马漫天要价:"不打表,不开票,两百块去不去?"程维想讨价还价,但司机极不耐烦，骂骂咧咧地把车开走了。最后，来了一辆差不多要报废的出租车，车身磨损严重，座椅脏乱，但是为了赶时间程维不管这么多了，他二话不说径直打开车门进去，先让司机开出一段路才说了自己要去的目的地，因为他害怕离办公楼太近，司机随时会兜回去找乘客拼车。一路折腾，当他赶到机场时，飞机已经飞走，他只能改签其他班机，还补了不少机票差价。程维原本以为打车会快一些，结果落得了破财又误机的双输结果。

2011年，人们在路边打不到车是常有的事，尤其对于程维这种经常出差的人，由于打不到车误机更是常有的事。虽然相关部门的监管不断强化，但是出租车司机拒载、挑客、宰客、拼车、不打表、漫天要价的行为仍然屡禁不绝，这就是乘客打车难的市场痛点。程维感同身受，决定做个打车软件来改变这种现状。他有了创业想法以后，开始咨询周围的人，希望能争取到大家的支持，但是所有的人都说不靠谱，反对的声浪此起彼伏。最主要的理由是路上都是活，司机不缺订单；北京那些"的哥的姐"一般都40多岁，郊区农民较多，很多人除了接打电话、发短信外，根本不会用什么打车软件。其次，叫车人的诚信也是个问题，很有可能在车没到时，就上了其他人的车。在程维看来，这是创业者必须闯过的一关，那就是力排众议，坚持梦想，拥抱新生事物。程维说："创业之初你会听到很多质疑的声音。我每天都在问我自己这个事能不能做，反复衡量，不停地问自己，不停地磨砺自己。这就是创业的第一天。"而且他有一个大胆的展望，互联网已经改变了"衣食住"，而移动互联网一定会改变"行"，并且智能手机会越来越便宜，利用互联网高效打车一定是未来人们出行的通用方式。

创业光有想法和热情还不够，必须要有打基础的启动资金。搞互联网就是一项烧钱的事业，程维自己积累的资金明显不足，他需要找天使投资人。找谁呢？找陌生人是指望不上了，还是找熟人、找信任自己的人比较靠谱。于是，他像马云当年向亲朋好友融资50万元创办阿里巴巴一样，开始四处游说。他把合适的人都筛选了一遍，想到了阿里巴巴高管王刚，王刚与程维在阿里巴巴B2B、支付宝商户事业部一起共事多年，彼此相互信任，而且王刚也有意创业。于是，程维找到王刚，将心中创业的想法和他分享，并且指出现在市场存在的痛点，王刚充分信任程维，决定投资未来，好好赌一把。

最终，程维和王刚商定，程维出资10万元，王刚出资70万元，合计80万元启动资金。2012年6月，程维正式离开阿里，吴睿和李响也一同递交了辞职报告，其后便在中关村租了一个100平方米左右的仓库当作办公室，并将公司的名字定为小桔科技，服务项目命名为嘀嘀打车①。程维提了一个口号，叫作"移动互联网让出行更美好"。他希望公司能够坚持这个使命，不忘初心。

有钱、有办公室了，却做不出打车软件怎么办？摆在程维面前的就是两条路，要么自己组织团队开发，要么外包出去给别的公司开发。当时，程维希望用两个月时间上线滴滴出行软件，自己团队对于打车应用软件技术几乎一窍不通，并且技术团队的组建不是

---

① 2012年9月上线，初名为"嘀嘀打车"；2014年5月改名为"滴滴打车"；2015年9月又改名为"滴滴出行"。为了叙述方便以及防止阅读混淆，如非必须，本案例在提及该公司或软件时，统一使用"滴滴出行"。

一时半会的事,程维只能心痛地从创业资金中挪出 9 万元来投入产品外包。然而,程维团队选择的这家外包公司有些不靠谱,原定于 2012 年 7 月上线的软件,却被外包公司一拖再拖。后来,程维了解到,这家外包公司把滴滴出行的研发项目转包给了一家技校。公司付了钱,却没见到产品出来,于是程维给外包公司下了死命令,要求 APP 无论如何也要在 2012 年 9 月 9 日上线。外包公司也给技校师生施压,结果到了 9 月 9 日上线那天,程维发现产品满是漏洞。没办法,再烂的产品也要想办法推广出去。于是,程维运用在阿里的地推经验,组建了销售团队,开始推广滴滴软件。当时,滴滴出行接入司机端特别困难,因为出租车公司担心交通委的管制,对打车软件这种新兴事物的态度十分冷淡。

程维决定把北京的 189 家出租车公司全都跑一遍,拉动 1000 个司机安装软件。然而,跑了 100 家公司,全都吃了闭门羹,对方直接问:你有没有交通委的红头文件?凭什么调度出租车?为了争取交通委的支持,程维只好硬着头皮,亲自拿着这个存在漏洞的打车软件去交通委演示。然而演示的结果实在令人汗颜,用乘客端叫车,十次中司机端只响了六七次。其实,交通委的人也很想看到让人耳目一新的叫车软件,但是滴滴出行的表现实在太差劲。弄不到文件的程维咬着牙说,先把剩下的 89 家跑完再说。

坚持还是放弃?还是开始就错了?一般创业者至此也许就偃旗息鼓了。最后,北京昌平一家只有 200 辆出租车的银山出租车公司成为第一家跟滴滴合作的公司。程维在司机例会上花费 15 分钟介绍产品,100 个参会司机,只有 20 个有智能手机,第一场安装了 8 个司机端。尽管如此,程维觉得这种结果已是不错。但是,匆忙上线的软件还是在应用时暴露出致命的技术问题。由于数据包太大,软件漏洞有三十多个,滴滴出行软件不仅耗电,而且还耗费大量流量。很多司机在不知情、关不掉的情况下,滴滴出行软件仍不断运行更新、下载。司机开了一整天的手机软件,一声响声都没听到,反而收到使用了 20 兆流量的短信通知。气愤之余,司机们冲进程维的办公室,把手机往桌上一扔,劈头盖脸地骂滴滴出行是骗子,与运营商合伙骗他们的流量,甚至还有司机打 110 报警。看到这个情形,程维十分痛苦,自己搞的滴滴出行软件,原本是为了提高司机们的工作效率,增加他们的收入,结果他们的收入没有增加,反而白白交了很多流量费。现在他最想帮助的人,反倒集合了起来共同反对他,这让程维感到世态炎凉、前路茫然。"只要你们坚持使用,我们就给你们补贴流量费。"最后,程维提出了解决方法,给司机每人发放一周 5 元的流量补助,这才平息风波。

虽然有了流量补贴,但司机们还是不敢轻易打开滴滴出行,因为没有订单,流量却消耗不停,有时候补贴的钱还不能弥补流量费损失呢。在流量"偷跑"事件后,程维在后台查看统计数据,发现原先最高峰时北京有 100 多位司机在线,现在却只有 16 位司机在线,因为地图上只亮了 16 盏灯。消息一公布,同事们都很失落。这个时候,程维不断给同事们打气,"起码有 16 个司机是相信我们的,我们不能让这 16 个人失望,不能让这 16 盏灯灭了。"于是,滴滴地推又迎来了第二波挑战:"找乘客,上订单"。

他们尝试扫楼送打车券,又动员所有司机帮助向乘客推广,还在每一辆出租车背板的广告框上贴上不干胶宣传。半个月时间,把全城上万辆出租车贴上了滴滴广告。没有订单,就找人去打车。程维面试了一个人,工作就是打车,每天给他400元钱,绕三环打车。另外,程维本人上班和出门都使用滴滴,公司的员工也要求上下班用打车软件。不过,这一招还真灵。程维发现,上线的司机人数开始慢慢增多起来,与银山公司合作两个月后,竟然有500位司机在滴滴打车上注册。

三、逆袭摇摇

在与银山公司签下了合作协议后,小桔科技继而又拿出了近乎吃奶的力气让几家小型出租车公司接受了自己的打车软件,程维拿着合同给其他出租车公司看,人家都做了,你们也可以尝试一下,撬开了第二家、第三家……不过此时的程维也敏感察觉到,为了发展司机,滴滴出行不应该走签约出租车公司路线,而应当直接与司机当面接洽。当茅塞顿开后的程维带领着团队准备展开一场针对出租车司机的贴面之战时,北京已经出现了一家直接与滴滴叫板的竞争对手“摇摇招车”①,而且当时市场风头正盛。与滴滴相比,摇摇已经有良好的用户基础,并且可烧的资金约是滴滴出行的百倍。面对竞争对手气势汹汹的正面战场,程维和同事们密谋“以少胜多、四两拨千斤”的对策。结果程维运用“游击战”四处开花、百团大战的打法,硬是从摇摇手里抢占市场。

摇摇财大气粗,在北京流行电视购物节目上做了较长时间的视频广告,在广告结束时就说:“即刻起拨打××电话。”而滴滴出行可以借势发挥,在摇摇招车后面做一个最简短、最经济的一句话广告:“现在拨打××电话即可下载安装。”很多司机师傅也分不清安装的手机软件到底是摇摇招车还是滴滴出行。滴滴出行此举无疑是在摇摇招车的背后狠狠咬了一口。很快,摇摇招车就挥舞金钱大棒对滴滴出行进行反击。摇摇招车第二招就是砸了上百万元租下了首都机场T3航站楼一处车流量特别大的摊位。当时,摇摇招车跟机场一家第三方服务公司签了协议,牢牢控制了首都机场T3航站楼的出租车市场。在首都机场T3航站楼,人潮涌动,车水马龙,每天的出租车吞吐量超过数万辆,相当于北京其他聚集点车辆数量加一起的总量,这是一个做地面推广绝佳的据点。然而,程维找了各种资源也不能与摇摇抢占这个据点,关键点还在于投钱的多少。限于资金的不足,程维等人另寻他法,他们认为与第三方服务公司合作,有政策不确定性的风险,尽管T3航站楼已经被摇摇把握,其他重要据点则是突破点,搞多点突围、四处开花、“百团大战”,最后合力扳倒在首都机场T3航站楼摆摊的摇摇招车。

此时,程维开始孤注一掷、放胆一搏,不断增加投入,不断扩充地推人员,不断扩大派单覆盖范围,实施“尖刀突破”。不久后,滴滴出行的地推人员全员出动,在北京发起了声势浩大的地面推广活动。

首都机场附近的北皋是出租车司机聚集点,滴滴出行的地推人员在这里摆摊设点进

---

① 摇摇招车在2012年2月上线,是国内最早的打车APP,在北京市场曾经占据绝对优势,辉煌时期,每天有五万司机同时在线服务,订单成功率85%。2014年1月,摇摇招车退出市场,公司转战公交车WiFi领域。

行推广。他们一边跟主管部门解释滴滴出行是做什么的,一边进行宣传推广。每天早晨7点,地推人员就抵达服务点开展推广工作,一直持续到晚上10点,派单的手和游说的嘴从来没有停过。

在北京西站,滴滴出行花了几千元同北京西客站谈拢,允许滴滴的工作人员进入西客站出租车的蓄车池推销,四五个小伙子硬是一个冬天装了1万个出租车司机端。"真的跟红军打仗一样,在最艰苦的环境下创造了奇迹。"程维说,"只有那些相对比较'傻的'人选择了相信我们。我们一个一个地去教育司机什么是智能手机、什么是流量,怎么使用一款软件。一点一点地破冰,完成了我们的冷启动。"不久,首都机场管理部门接到投诉,说打车软件不符合有关政策规定,摇摇招车在首都机T3航站楼的推广点马上取消。当摇摇从首都机场T3航站楼退出,再去疯狂地寻找其他入口时,这才发现滴滴出行的地推人员已经牢牢守住了自己的阵地,任凭摇摇招车在对面摆摊推广、搭台唱戏,司机们还是喜欢成群结队去找最先提供装机服务的滴滴出行服务点。

在程维的办公室墙壁上,挂着一幅友人书法,"日拱一卒"。"我们是靠着小米加步枪,一点一点地、顽强地生存下来的。"2012年11月3日,北京下了第一场雪,很多人上下班打不到车,就开始尝试用打车软件,那一天滴滴出行首次单日订单超过1000个。乘客发现真能在雪夜里打到车还不用额外付费,于是很多白领很激动地在微博上分享着"意外"的喜悦,这下更多的人知晓了,滴滴出行一下子火了!这场大雪过后,滴滴出行的订单呈现爆发式增长。2013年,滴滴出行开始在北京甩下摇摇招车,并且进军上海、广州、深圳等城市。

四、柳暗花明

就在滴滴出行首次出现超过100辆出租车同时上线的喜讯的同时,程维发现公司账上只剩下1万元钱。在只身前往硅谷融资无果而懊丧折回后,程维无奈再一次找到了天使投资人王刚,对方又一次注资30万,但租金、人工费每天都在消耗,这点钱也很快用完。无奈程维先后求见了国内20多个投资人,但无一不对其敬而远之。创业几个月下来,程维心力交瘁,陷入迷茫。如果打车软件继续烧钱不止,天使投资人没钱了,风险投资机构又不能雪中送炭,那么滴滴出行就要走到尽头了。在程维一筹莫展之际,金沙江创投合伙人朱啸虎主动找上门来,程维大喜过望,努力抓住这次难得的融资机会,不仅做足了各种演示准备,还将融资额度进行了适当缩减。令程维惊讶的是,朱啸虎几乎答应了他提出的所有条件,双方很快就敲定了滴滴出行的A轮融资。2012年12月,金沙江创投向滴滴出行注入300万美元,让滴滴出行获得了过冬的寒衣。同时,程维开始不断招兵买马,壮大自己的创业团队。滴滴软件由于外包失误,严重影响了用户体验,回想起创业初期因为软件漏洞被司机堵办公室的经历,程维就一直想在软件开发中有所突破,因此,拥有一个合适的CTO(首席技术官)是程维一直梦寐以求的事。

程维从阿里巴巴同事到自己堂兄,几乎能找的关系都找遍了,也没有合适的技术人才愿意加入这个创业公司。直至他加入了一个 IT 技术人员的微信群,才看到了希望。原来他在微信群里随意说了几句话,透露出希望招聘 CTO 的意向,被一位潜在群里的猎头抓住,主动帮助程维物色人才。于是,张博与程维就这样戏剧般地见面了。张博,中国科学院软件研究所人机交互实验室硕士研究生毕业,曾负责百度移动互联网研发管理工作,主持承担了多项重大研究课题,领导开发了近 10 个用户突破一亿级别的应用软件。张博的这些工作背景正好可以重构滴滴出行软件,让这个软件真正实现脱胎换骨。

当时,程维谈了"互联网让出行更美好"的梦想,也谈了滴滴出行软件的现状,还谈到以后用户量激增、业务拓展的发展前景。张博时而点头称是,时而据理分析,从技术层面给出建议。从程维的谈话中,张博认为做滴滴出行打车软件这个项目还是比较靠谱的。程维在跟张博谈完之后,特别兴奋。他一出门口,就给滴滴出行的天使投资人王刚打了电话说:"这个人就是上天给滴滴出行的礼物。"2012 年 12 月,张博加入滴滴出行担任 CTO,彻底补齐了滴滴出行公司在技术方面的短板。张博加盟滴滴出行后,组建了技术团队,重构和简化了滴滴出行叫车软件,并且依据业务需求,不断完善产品设计。2012 年 12 月 2 日,滴滴出行软件版本 1.2 开通了预约功能,可以即时预约明天乃至后天的出租车;增加了加价功能,在高峰期或者不好打车时,提供了加价方式来提高叫车的成功率;省掉了注册和登陆流程,让用车更方便。12 月 18 日,版本 1.3 增加了呼叫等待功能,高峰期可以延长等待时间,预计提升 40% 的叫车成功率。此时,程维才感到公司业务开始走向正轨,有一种柳暗花明的感觉。

"七天七夜"是流传在滴滴员工中一个精彩的励志故事。当时滴滴发起补贴大战,两周时间订单量上涨 50 倍,眼看 40 台服务器撑不住,张博向程维求助,程维连夜打电话给马化腾,马化腾在腾讯调集一支精锐技术部队,一夜间准备了 1000 台服务器。在苏州街的银科大厦,张博和技术团队、腾讯部队奋战七天七夜,重写服务端架构。走出办公室时,张博闻到了自己身上的臭味,一位工程师的隐形眼镜已经拿不下来。此时,团队突然有人大喊一声"地震了",所有成员轰轰轰跑下楼,发现那其实是一个幻觉。

五、披荆斩棘

创业公司要获得生存,充足的资金是必不可少的。朱啸虎在投资滴滴后,建议程维接受腾讯投资。可程维很犹豫,他和王刚都出自阿里巴巴,腾讯与阿里巴巴两强争霸,他们不想过早站队,而且情理上也很难"叛变"。但是,微信的流量入口力量已充分显现,况且阿里巴巴已经投资竞争对手快的打车,一旦犹豫,腾讯如果投资另一家竞争对手"摇摇招车",程维的局面将更严峻凶险。2013 年春天,腾讯投资部总经理彭志坚在中关村白家大院请朱啸虎和程维、王刚吃饭,不久后马化腾在北京两会期间专程约见程维。2013 年 4 月,滴滴获得腾讯产业共赢基金 1500 万美元 B 轮投资。

弹药充足,士气高涨,滴滴出行开始在全国攻城略地,披荆斩棘。其中,上海是滴滴攻占华东市场的高地。这时,上海的大黄蜂①已经异军突起了,而且杭州的快的②也杀入了上海市场。大黄蜂打车于 2013 年 3 月横空出世,运营不到一个月时间就突破 1 万人次装机量,没过多久该软件就覆盖上海近 20% 的出租车,每天的订单量在 1 万单左右。作为本地软件,大黄蜂的优势在于,它更理解当地的需求,其服务无论是对乘客还是司机都显得更加亲切、更加人性化。趁着这个发展势头,大黄蜂打车获得晨兴创投数百万美元投资,称霸上海市场。快的打车总部在杭州,是长三角当时最大的打车公司,而快的在进入上海后,就很容易在两地之间形成联动,如果不能削弱和阻止这种态势,滴滴即使能勉强进入上海也不容易伸展拳脚。大黄蜂采用的是单点突破战略,集中力量攻克上海,相比之下,滴滴出行在全国大城市分散出击,遍地开花,不能集中力量应对上海局势,面临大黄蜂和快的的狙击,所以一开始,在上海打车软件市场,滴滴出行处于摇摇欲坠的劣势之中。

程维在获得腾讯 B 轮融资的一周之内,从全国各地调回精兵强将进入上海,自己也从北京来到上海办公,他一边与地推团队谋划新的打法,一边进行督战,让团队克服困难,迅速完成各项推广指标。经过一番摸索之后,程维分析,上海的出租车资源是相对有限的,滴滴出行的唯一优势是资金储备比对方多一些。于是,程维和上海做地推的同事们商量出一种奇怪的打法,就是“魔术布”策略,包着对手打,即以压倒性优势覆盖大黄蜂的所有服务点,大黄蜂打到哪里,滴滴就打到哪里,而且投入的人力物力要比大黄蜂多得多。为了把大黄蜂剿灭,程维单独为上海市场的推广做了专门预算,比如北京市场的推广费是 50 万美元,那么上海市场就要加到 300 万美元。大黄蜂在上海某个地方设了一个服务点,滴滴出行就要设四五个点进行围追堵截。他们晚上讨论方案,白天倾力执行,晚上再根据效果调整方案,第二天再出去打拼。经过一段时间的拉锯战,滴滴出行扭转了在上海打车市场的劣势。当时,上海市场中,北京的滴滴出行、上海的大黄蜂与杭州的快的打车可谓是“三分天下”。

不久,程维听说上海的大黄蜂要去找百度融资。“忽如一夜春风来,千树万树梨花开”,“BAT”(百度、阿里、腾讯)三巨头悉数杀到打车软件市场。2013 年 4 月,腾讯向滴滴出行投资了 1500 万美元;2013 年 6 月,阿里巴巴也向杭州快的打车投入了 1000 万美元,如果百度再投资大黄蜂,那么打车软件市场必然陷入胶着不堪的“三国杀”,无益于打车软件的发展。于是程维一边游说百度,一边在上海进行重点推广。结果,在一个月的时间里,滴滴出行就把大黄蜂在上海的市场份额打压下去,百度开始犹豫不决了。

在强大的火力面前,大黄蜂由于融资失利而告败,并最终做出了卖身的决定。围绕

---

① 大黄蜂曾经是称霸上海滩和江浙沪包邮地区的打车 APP,由原土豆网 CFO 黎勇创办。2013 年 3 月上线,运营一个月就司机破万,没多久就覆盖上海近 20% 的出租车,每天的订单量在 1 万单左右,是上海出租车司机师傅中最受欢迎的 APP,还获得晨兴创投数百万美元投资。11 月,大黄蜂因融资不利被快的收购,以“快的打车”旗下“一号专车”的名义,转战租赁车市场。

② 快的打车由杭州快智科技有限公司研发推出,是一款立足于 LBS(地理位置)的 O2O(线上到线下)打车应用,主要面向日常乘客打车和出租车司机。第一版 APP 于 2012 年 6 月 15 日正式推出,短短 8 个月时间注册用户就已超过 10 万人,一举成为使用人数最多的打车软件。2015 年 2 月 14 日,快的打车与滴滴打车宣布进行战略合并。

着大黄蜂的竞购,滴滴与快的又较上了劲,大黄蜂也趁机不断提高身价,鹬蚌相争,渔翁得利。眼看收购价格越来越高,程维找到了快的负责人,提出:"与其第一或第二名争抢第三名,不如第一名与第二名合并,重新奠定新的市场格局。"不过,由于在股份比例和管理权等问题上发生分歧,尽管双方经过多轮谈判,但依然没有实质性进展。2013年11月,程维出于尽可能修复与阿里关系的目的,做出了放弃参与竞购大黄蜂的决定,使得快的最终将大黄蜂纳入麾下。就这样,曾经风光无限,争霸上海滩的大黄蜂,被迫改头换面,淡出市场。

六、棋逢对手

随着大黄蜂被快的收购,在打车软件市场出现了滴滴出行与快的打车龙争虎斗、两强相杀的新局面。

滴滴开始在江浙一带与快的出行进行火拼。滴滴出行借鉴在上海的打法,调集市场部的精英团队,欲故伎重演,直捣黄龙,实施"重点突破"。历史上,杭州就是中国最为富庶的地区之一,经过一代代浙商文化的熏陶,造就了杭州人睿智、内敛、精于理财的特点。通过对人性的深入剖析,滴滴出行先后使用了优惠码、折扣券、代金券等,对司机进行大奖励,对乘客进行大优惠。"精明"的杭州市民纷纷安装使用滴滴出行软件,杭州的快的打车感到压力倍增,开始"以其人之道还治其人之身",作为反击,快的进行北伐,剑指北京,经过"媒体宣传＋地面派券"组合推广,快的在北京也迅速打开市场。

为了扑灭快的打车的嚣张气焰,程维选择与北京市两大出租车调度中心达成战略合作,通过两大电召平台与滴滴出行软件实现系统互联,用户既可以打电话叫车,也可以打电话安装滴滴出行客户端,以享受相关优惠。北京两大电召平台为滴滴出行输入了多年积累的庞大用户数据,让滴滴出行再次打败了快的打车。2013年10月,艾瑞咨询发布打车软件行业报告,滴滴出行中国市场占有率为59.4%,超过其他打车软件中国市场份额之和。

快的打车发现在北京并没有捞到什么实质性好处,于是实施第二波反击。这一回,快的收购的大黄蜂成为快的攻打滴滴出行的新弹药。快的打车将大黄蜂进行业务整合,推出较为高端的商务车服务。程维马上制定"低端打低端,高端打高端"的思路,在相对低端的出租车市场,滴滴出行继续对快的打车进行围追堵截,开展持久战。

2014年1月,中信产业基金与腾讯联手注资1亿美元使得滴滴的C轮融资圆满收官。2014年2月,滴滴出行打车平台接入微信支付后,程维想做一次促销推广,于是他就找投资方腾讯要几百万元的推广预算,没想到腾讯却回复说:"你们的预算太少,恐怕没有多大影响力。"最终,腾讯十分慷慨地给了滴滴几千万元。有了钱之后,程维开始上补贴。由于乘客打完车在线付款后,钱依然还留在微信账户,而且从中间的微信账户再到司机的账户再到提现最快也要一天的时间,为了方便司机及时查询账户和兑现,滴滴设立了一个先将钱垫进去的中间账户,而且为了鼓励使用尝试,滴滴还给出了面向乘客的一次 10 元钱的补贴,结果司机在发现钱确实可以很快能拿到手的同时,乘客也倍感自己打车的实惠,随之带来了用户叫车量的猛增。

滴滴用车量数据的暴涨给快的形成了极大的压力,快的和支付宝于是很快做出反应,开始对乘客和司机进行补贴,还宣称他们的补贴额度永远高过滴滴出行 1 元钱。就这样,双方开始疯狂烧钱,快的打车跟进补贴用户 10 元,滴滴出行就补贴用户 11 元。当发现滴滴出行补贴用户 11 元后,快的打车就补贴用户 12 元。双方互不相让,资金补贴不断加码,根本停不下来,甚至用户乘车不仅不花钱,而且还可以倒找钱,许多百姓觉得不打车都吃亏,即便是老太太到附近集市上买个菜也都要叫车,导致正常的打车变得越来越困难。

程维开始紧张起来,没想到这次促销推广计划竟然把腾讯、阿里巴巴都搅了进来。由于滴滴出行的用户量庞大,每个用户补贴 10 多元钱,所烧的钱已经很多了,在一周之内滴滴出行的补贴已达 1 亿多元,眼看就要没钱可烧了。而且快的疯狂跟进,一旦停止补贴,这场补贴大战的主动权可能会拱手让给竞争对手。强者更强,弱者更弱,最后滴滴就会消失于市场。于是,程维说服投资方,腾讯和滴滴出行各拿出 50% 的钱出来,继续上补贴,继续烧钱。于是,第二周第二轮补贴大战再度燃起战火,双方依然竞相抬高补贴价格,让司机和乘客像钟摆一样一下子选择滴滴出行,一下子选择快的打车,以便获得最高补贴。当快的打车的补贴提高到 12 元时,马化腾以多年运营游戏的经验,出了一个绝妙的主意:"每单补贴随机,补贴额度在 10~20 元不等。"就这样,由于滴滴出行的补贴有随机性,没有固定的补贴额度,所以快的打车就完全没法跟进进行压制打击了。

2014 年 4 月,所有打车软件几乎免费,用户高度依赖补贴,两边观望,谁补贴高,就用谁的软件。腾讯和阿里巴巴都坐不住了,几亿美元的"烧钱游戏"谁都心疼。程维把滴滴与快的之战视作第一次世界大战中的"凡尔登战役"。"那种消耗战让整个行业没有前途。"程维和快的 CEO 吕传伟[①]一起坐到谈判桌上,5 月 17 日,双方同时宣布停止补贴。据媒体报道,这几个月滴滴和快的一共向用户提供了大约 20 亿元的补贴。

七、柳青加盟

2014 年 6 月,柳青[②]代表高盛和滴滴出行进行最后的投资谈判,那是她代表高盛第

---

① 2012 年 7 月,担任美国硅谷某跨国公司高管的吕传伟在好友李治国(阿米巴基金管理合伙人、前口碑网创始人)的引荐下,见到了杭州泛城科技创始人陈伟星。陈伟星邀请吕传伟加盟快的打车。认真权衡后,吕传伟最终放弃了跨国公司优厚的薪资,归国发展,担任快的打车的 CEO。

② 柳青,1978 年出生于北京,父亲是中国 IT 教父柳传志,2000 年毕业于北京大学计算机系,2002 年获哈佛大学硕士学位,同年入职高盛亚洲。2008 年晋升为高盛亚洲区执行董事,凭借努力,逐步晋升为高盛亚洲区董事总经理。2014 年 7 月,柳青加盟滴滴出任首席运营官,2015 年 2 月升任滴滴总裁。加入滴滴以来,柳青协助 CEO 程维将滴滴从单一的出租车叫车信息平台打造成包含专车、快车、顺风车、代驾、租车、企业版等多条业务线的一站式移动出行平台,并确立了滴滴出行的行业领先地位。同时,柳青还主导了滴滴打车与快的的打车合并案、苹果 10 亿美元投资以及收购优步中国等一系列重大事件,震动业界。2016 年 12 月,英国《金融时报》评出了 2016 年"全球年度女性",滴滴出行总裁柳青作为唯一的企业界人士入选。

三次尝试入股滴滴出行，结果都交了白卷。这个打击是相当大的，因为柳青这位投资界的拼命三娘从来没有失败过。作为高盛亚洲最年轻的董事总经理，柳青每年都要带领团队考察成千上万个投资项目，当高盛发现滴滴出行把中国互联网出行服务搞得风生水起时，就有意投资。不过前几轮投资都被金沙江创投、腾讯等抢先投资，高盛始终徘徊在外，未能入局。

后来，柳青萌生了从高盛跳槽到滴滴出行的想法。程维得知她的想法后，十分高兴，特别安排她先来公司调查一下，感受一下滴滴出行的文化。没想到，柳青竟然感到明显的不适应，不想来了。这可急坏了程维，程维知道自己是销售男，已经招来了张博任CTO，如果再能招来一个具有国际视野的融资女柳青出任COO（首席运营官），那么滴滴出行团队就更加完美了。所以，程维选择去高盛挖柳青过来。当柳青在程维的盛邀之下，做出甘愿降薪95%以上并且加入滴滴的决定时，高盛轮番派出高管与柳青交谈，以挽留这名干将。

为了让柳青进一步了解滴滴出行这个年轻态战斗型团队，帮助她避开干扰，程维邀请她参加滴滴出行的自驾游西藏。来到西藏这片纯净的圣地，看蓝天白云、雪山草地、高原圣湖，人们的胸襟一下子就变得更加开阔了，想得也更远了。出于对高盛的不舍，柳青在高原上大哭一场，以此作为对12年投行生涯最后的告别。2014年7月，柳青加盟滴滴，出任首席运营官。一开始，程维看到柳青很忙就和她交流，向她表明管理工作就是要抓大放小。于是，程维教柳青每天早上先列出一天最重要的3件事情，克服事无巨细、亲力亲为的冲动，以寻找工作的重点所在。此外，每过一段时间，程维就安排高管聚会，讨论当下最重要的10件事是什么、每个人如何行动，这也帮助柳青很快把控了公司最重要的业务，也就是"融资、推广、业务扩展、发展大数据"这些事。

几个月之后，柳青找到了经营企业的感觉，各项能力开始爆发出来。2014年12月，柳青独当一面，舌战群雄，帮助滴滴出行完成了D轮7亿美元的融资，这也是中国移动互联网史上最大的融资之一。2015年2月，柳青由首席运营官升任总裁，程维对柳青做出的贡献给予了充分肯定："柳青在加入滴滴的半年时间，帮助公司完成了当时非上市公司最大一笔7亿美元融资，并带领专车、PR（公共关系）、GR（政府关系）团队浴血奋战，杀出一条血路。"

八、握手言和

其实早在滴滴出行和快的打车打得难解难分之时，美国打车软件Uber[①] 顺势杀入

---

① Uber(Uber Technologies，Inc.)中文译作"优步"，是一家美国硅谷的科技公司。成立于2009年，因旗下同名打车APP而名声大噪。作为一家国际公司，Uber强调自己和国内同类公司的不同之处在于，用户在出国旅游时，同样可以使用Uber来叫车，而国内公司则基本只在国内有运营。截止到2016年4月，优步已在全球60多个国家和地区的400多个城市开展业务，每天都有上千万的用户选择优步出行。优步开创的典型"互联网＋交通"的出行解决方式，提供透明的计价方式，通过大数据智能分析技术，实现指针定位，一键叫车。

中国。2014年2月，优步宣布正式进军中国，优步不像滴滴出行和快的打车那样打补贴牌，而是打信用牌。乘客使用优步车辆不需要付现金，因为用户在注册优步账户时绑定了信用卡，乘车之后费用在信用卡中扣除。这种做法明显带有美国人超前消费的逻辑，"优步坐车不用钱"就这样流传起来。

2014年，优步的估值为500亿美元，滴滴出行估值仅为160亿美元。论资金，滴滴出行处于下风，论国际化，美国优步布局更多。眼下优步已经杀入中国市场，来到家门口叫阵，还与"BAT"三巨头之一的百度达成了战略合作。程维感到事态严重，于是极力撮合与快的打车的战略合并。

2015年1月21日，程维在深圳启动了一个代号为"情人节项目"的任务，目标就是要在2015年2月14日情人节前完成滴滴出行和快的打车的战略合作。于是，滴滴出行总裁柳青开始积极行动起来，就合作情况知会滴滴出行和快的打车双方的投资人和股东。优步疯狂杀到，反倒成了滴滴出行和快的打车合并的催化剂，他们要放弃过去打补贴大战的仇隙，走向新的联合。

当时，滴滴出行CEO程维和快的打车CEO吕传伟都觉得自己可以做到中国打车市场的第一名，而且各自所占的市场份额又十分接近，势均力敌，没有谁比谁更强，所有细节都要从长计议，包括控制权、业务发展管理方向、管理架构、双方股东关系等。虽然大家都有诚意合作，但是并不那么容易握手言和，因为双方已经在补贴大战中互相对掐了好长一段时间，一下子又走向合作，显得比"闪婚还要闪婚"。

最终，程维和吕传伟选择中立城市深圳开始进行合作洽谈，就合并之后的团队管理权、业务发展方向以及投资人的对应措施等设立了三大框架，面对众多问题，最后大家准备了一张纸，落实了主要合并条款，其中包括怎么处理阿里巴巴和腾讯的关系，主要的意思是以公司的核心利益为考量，不去偏袒任何一方的股东。

2015年1月27日，滴滴出行和快的打车的整个管理团队在北京第二次开会，除了程维、柳青、吕传伟等人之外，还加上了双方的律师、审计、财务。在谈定相关合作细节之后，双方律师开始起草框架协议。2月11日，滴滴出行和快的打车双方代表正式在战略合作协议上签字，并在2月14日情人节那天对外界宣布。仅用22天，滴滴与快的就实现了战略合并，程维和吕传伟任Co-CEO（联合CEO制度，由两个或多个人共任负责CEO），两家公司在人员架构上保持不变，业务继续平行发展，并保留各自的品牌和业务独立性。程维高兴地说："打则惊天动地，和则恩爱到底！"在合并之前，快的打车、滴滴出行的市场份额分别是56.55%、43.3%，合并之后，市场份额之和为99.8%，似乎已经形成了垄断。对此，柳青解释说："我们做的是出行行业，包括去哪儿、神州租车、优步或携程都属于出行领域，所以我们不涉及垄断。"

九、群雄逐鹿

联姻并不意味着安全，反而让程维深感危机巨大。"合并后的冲突与动荡、优步以烧钱迅速扩张、拼车以及巴士等垂直领域快速成长"都让程维感觉到压力重重。他比喻说："我以为滴滴和快的竞争就是总决赛,合并后可以好好建设家园了,没想到只是亚洲小组赛。"其实,滴滴与优步之间的战争早在两年前就埋下伏笔。2013年冬天,程维前往美国融资时曾拜访优步总部,想看看优步有没有兴趣投5%,就像当年谷歌投资百度,意思一下。但是,优步希望占股30%到40%。优步很清楚在中国一定要让创始团队控股,优步控股是成功不了的,但也希望拿到足够高的比例,然后放弃中国市场。

在滴滴出行与快的打车完成战略合并后,美国优步派人找到滴滴出行谈判："要么接受其投资占股40%的要求,要不然优步会在中国投入超过10亿美元的现金。"面对美国优步的嚣张气焰,程维没有妥协,而是做好迎战的准备。这时,程维不再是孤军奋战,他的身边已经是巨头云集,他们都是中国本土市场的最大赢家。程维请教了柳传志、马化腾和马云。柳传志建议:"必须要发挥本土的优势,打游击战拖住它。"马云也提倡"拖字诀":"帝国主义都是纸老虎,你拖它两年,它自己会出问题的。"马化腾则豪言:"正面拉开架势,歼死它!"柳传志说要打"游击战",马云说要"拖死它",马化腾说要"开辟正面战场",程维反而迷茫:时代不一样,打法也不一样了。他把这场战争比喻为"第二次世界大战",只能根据这些巨头的建议,结合实际情况去迎接优步的攻伐。"闪电战"成为主导思想,双方比拼的是高效组织资源、快速抢占市场的能力。程维迅速调集市场、业务、公关、人力资源和财务部门成立"狼图腾"项目组,与优步火拼:融资、营销要全面超越对手,同时裂变出诸多事业部。程维深知优步估值更高,并且拥有更强的融资能力,因此滴滴不能正面对抗、烧钱无度。于是他采取当年曾国藩带领湘军的一种打法——"结硬寨,打呆仗"①,即滴滴只需发挥本土优势,继续扩大城市覆盖面,等着优步来攻城玩补贴,最后烧死自己。

2015年5月,滴滴宣布投入10亿元优惠活动,并且成立了滴滴政策研究院,这个研究院专门帮助公司来应对相关部门的政策变化,并协助高层制定政策层面的发展战略,可以说是具有典型中国特色的部门。然而,优步这样的外来公司不会理解这一做法。相较于优步来说,滴滴出行更了解中国国情与政府关系,在宏观战略上设立研究院;在具体实行线路上,程维根据出行实况,发现在市内拼车或跨城拼车时,乘客可以寻找和自己顺路的车主结伴而行,这样既能解决出行问题,又可以扩大交际圈。6月1日,上线滴滴顺风车;7月16日,滴滴瞄准公共交通市场,上线滴滴巴士,找准出行痛点,让乘客手机定制公交车,乘客可以在手机上选起始地点、选座位,也可以在地图上看公交车行进路线;7月28日,滴滴代驾上线,专为原本有车,但因为受伤、酒醉或其他原因不能开车或不想开车的客户提供服务。程维不断开拓新业务,根据市场需求和用户体验,慢慢将专车、顺风车、出租车、快车等业务做大、做强。最后这些业务就像"壕沟"一样把优步专车围起来,

---

① "结硬寨,打呆仗"是当年曾国藩带领湘军的一种打法。"结硬寨,打呆仗"就是军队到了一个地方以后马上要扎营,修墙挖壕,把进攻任务转变为防守任务,坐等别人来攻寨,然后以逸待劳,慢慢拖垮对手。程维的"结硬寨"指不断融资、不断拓展城市覆盖率;"打呆仗"指不断扩充业务线,抢占先机,慢慢迫使对手出局。

"拖死它"。顺风车用一个月、代驾用三个月分别成为细分市场第一。程维深知快速扩张出行版图非常冒险,"按道理不可能七个葫芦娃全长起来了,我就等着哪个业务输掉死掉,赢不了就果断放弃"。

然而,拓展新业务和提升用户体验需要资金,与优步的跨国战争也需要资金。程维感觉到寒冬将至,必须尽快多拿投资人的现金。2015 年 7 月,阿里巴巴、腾讯、淡马锡、高都资本、平安创新投资基金等宣布投资 20 亿美元。9 月 9 日,这些投资者又追加投资 30 亿美元。程维跳出中国,调转枪头,"直插优步的心脏地带"。2015 年 9 月,滴滴向美国第二大打车软件 Lyft① 投资 1 亿美元,王刚说:"他们抓住了我们一绺头发,我们则揪住了他们的胡子,这种对抗方式的确不能杀死对方。每个人只是想赢得未来谈判的主动权。"在此之前,滴滴已投资东南亚打车软件 GrabTaxi②、印度打车软件 Ola③ 和国内 O2O 平台饿了么④,在全球范围对优步开展围追堵截。

正当滴滴与优步打得不可开交时,神州专车⑤作为新的对手又加入出行市场争夺战。2015 年 10 月,神州专车与 e 代驾⑥宣布展开全面战略合作,双方将在产品、司机和资本等层面展开合作,共同为双方用户提供专车和代驾服务。现在专车业务有神州专车挡道,代驾业务又有 e 代驾掣肘,大家都不缺钱,滴滴该如何取胜?程维认为,还是要回归滴滴出行最初的创业梦想、使命感上,让出行变得更加美好,而不要被强大的资本和各种战略合作资源蒙蔽了双眼。

战争的磨砺让滴滴在 2015 年迅速成长为行业巨头——估值达到 165 亿美元,员工超过 5000 人,注册用户 2.5 亿,高峰期日呼叫超过 1000 万次,覆盖 360 个城市,占中国出行市场 80% 的市场份额。

---

① Lyft 是美国第二大出行平台,中文译作"来福车",是优步在美国的最大竞争对手,网络覆盖 190 多座城市,月完成单量超过 700 万单。

② GrabTaxi 原名为 MyTeksi,是两位哈佛商学院毕业生开发的一款手机打车应用软件,于 2012 年在马来西亚上线,可用于大马尼拉、曼谷和新加坡等地区。2013 年,GrabTaxi 移动应用的用户量达到 50 万左右,平台上出租车司机数量也达到 6 万人。2014 年 12 月,日本电信公司软银集团向 GrabTaxi 投资 2.5 亿美元,成为 GrabTaxi 的第一大股东。

③ Ola 成立于 2011 年,由毕业于印度理工学院的 Bhavish Aggarwal 和 Ankit Bhati 在孟买共同创立。Ola 用户可以通过网站、手机 APP 等进行打出租车、租赁车及机动三轮车服务。目前,Ola 占据印度超过 80% 的市场份额,拥有 32 万辆车,服务网络覆盖 100 多个城市,提供包括英语和印度语在内的 9 种语言,日完成超过 75 万次乘车服务。

④ "饿了么"是一家网上订餐平台,创立于 2009 年 4 月,由张旭豪、康嘉等人在上海创立,隶属于上海拉扎斯信息科技有限公司。截至 2017 年 6 月,饿了么在线外卖平台覆盖全国 2000 个城市,加盟餐厅 130 万家,用户量达 2.6 亿。业绩持续高速增长的同时,公司员工也超过 15000 人。

⑤ 神州专车是国内领先的租车连锁企业神州租车联合第三方公司优车科技推出的互联网出行品牌。2015 年 1 月 28 日,神州专车在全国 60 大城市同步上线,利用移动互联网及大数据技术为客户提供"随时随地,专人专车"的全新专车体验。2016 年 7 月 22 日,神州专车主体公司——神州优车挂牌新三板,股票代码 838006,成为全球专车第一股,新三板实业第一股。

⑥ e 代驾成立于 2011 年,是通过移动互联技术改善传统代驾服务的行业引领者。它是基于地理位置的代驾 O2O 公司,其使用人群主要是白领、金领、包括有一定经济实力偏重社交的用户群体,多数是在应酬、酒后方便及时叫代驾,并且多数代驾者是在晚间喝酒后才产生的需求,2015 年 10 月神州专车与 e 代驾合作。

十、返璞归真

很多创业公司很容易陷入"不断烧钱，不断招人，再不断烧钱"的怪圈，这种怪圈以资本为驱动，一旦没有风险投资就会很快走向覆灭。滴滴出行经过几年的发展已经从十几人的团队发展成为几千人的团队。对此，程维也开始担心起来，担心员工越来越多，内功修炼却达不到理想的境界。

2016 年 1 月，程维在滴滴年会上宣布缩减招聘指标的方案，控制招聘规模。滴滴出行不想成为烧钱无数、臃肿低效的公司。程维说："我们一起想办法不再靠增加人数去增长业绩，而是靠帮助每个人成长，提高我们的办事效率，获得未来继续的增长，把我们的有限资源投入到已有的几千个同学（滴滴出行习惯于将同事称为同学，以此增强人与人之间的情感联系）身上，让大家不断地在工作中获得突破，获得成长。2016 年我们依然会严格控制人员的快速扩张，而把所有的注意力放在管理者的培养上，放在整个内部机制的建设上。"

一边是竞争对手组团来袭，一边是员工激增却还没有赚钱，程维意识到滴滴出行需要做的就是回归本质，修炼内功，不断增强自行造血功能，以摆脱资本驱动的发展怪圈。滴滴出行在回归本质的路上不断探索，希望发展成为"移动互联网＋传统出行"的混合型企业，在技术上、体验上和服务上领先竞争对手。融资额度、城市覆盖率和员工数量都很容易被超越，但是"技术＋体验＋服务"却很难被超越，所以"技术＋体验＋服务"才是滴滴的紧急刹车功能。程维说："我们真正要沉下心来去思考如何壮大自己，如何在技术上赢得领先？ 如何在体验和服务上赢得领先？ 如何在创意的市场营销上赢得领先？ 如何在效率和成本上赢得领先？ 如何能够在团队上辗轧对手？ 促使滴滴快速发展的最重要的关键点，就是无比残酷的竞争。我相信，仗是永远打不完的，未来还会有不同的对手，最重要的事情是我们要永远能够找到竞争之中强大自己及赢得竞争的方法和乐趣。"

2016 年滴滴选择了三个战略方向，围绕着打造"中国人领导的、全球最大的一站式出行平台"，滴滴要做好潮汐、洪流和太平洋[①]。所谓潮汐打通就是滴滴出行所有的交通工具都必须打通，交易引擎是统一调度的，推出统一的用户出行助手和智能调度，通过一站式出行平台，把所有的交通工具连接在一起，系统根据用户的特点和实时交通情况，像助手一样给用户推荐最适合的出行方式。程维组织技术团队和市场部门对业务和服务进行不断升级，从提升乘客体验到提升司机体验，一方面帮助司机群体改变他们的社会地位，另一方面则帮助司机赚更多的钱。滴滴进入了大发展阶段，用互联网连接所有的交通工具，将出租车、专车、快车、顺风车、巴士、飞机等交通工具汇成一股巨大的海潮，以排山倒海之势推动着亿万乘客的出行，推动着时代伟大变革，推动着大数据和人工智能

---

① 做好潮汐、洪流和太平洋，就是要把所有的交通工具都连接起来，整合起来，激活社会上源源不断的运力资源。潮汐、洪流和太平洋，本质上都是水，而滴滴出行的品牌内涵就是"滴滴之水，汇成海洋"。

的飞速发展。

有趣的是,此前与快的之战相同的剧情再次上演,激战一年之后,2016 年 8 月 1 日,滴滴宣布与优步全球达成战略协议:滴滴和优步全球相互持股,优步全球持有滴滴 5.89%的股权,但拥有 17.7%的经济权益。而滴滴持有多少优步全球股份并未披露。一个月之后,郭台铭旗下的鸿海精密以 1.199 亿美元持股滴滴 0.355%。以此推算,滴滴估值达到 338 亿美元。毫无疑问,滴滴已成为中国最受期待的未上市公司之一,京东在 IPO 之前融资规模也在 50 亿美元左右,程维对此评论:"我们基本追平了,但滴滴还没有 IPO,很有可能超纪录。"2016 年 11 月,滴滴创始人兼 CEO 程维入选《财富》杂志"2016 年度全球商业人物"排行榜,名列第八,为上榜华人企业家之首。

尾 声

短短几年时间,程维通过不断地"补短板、打战争、做服务",用阿里的人做营销,用百度的人做产品,用腾讯的钱来发展,不断整合资源,扩展业务,让滴滴出行发展一日千里,但仍然面临着可能覆灭的问题。在兼并优步之后,滴滴似乎成为行业第一。但 2017 年伊始,用户体验下降与不断上涨的出行费用成为滴滴开年的当头棒喝,如何去避免行业垄断?

2016 年年底的网约车新规更加提高了网约车的标准,滴滴被戏称为"最大的出租车公司",程维该何去何从? 北京、上海等城市的网约车新规本地保护倾向严重,而且严格限制司机和车辆的标准,严重影响滴滴出行业务的推广与商务模式的可持续发展。更为重要的是,运营至今,滴滴出行的盈利模式尚未明朗,今后又该如何更好地去面对政策环境和市场盈利的难题? 这些都是类似于滴滴这样的创业公司在发展瓶颈期会遇到的问题,如何机智、完美地去解决问题,是创业公司从成功走向伟大的转折点。尽管滴滴看起来已具备成为伟大公司的气质、实力和机会,但程维面临的问题与 5 年前并无不同:"活下去,不要死掉!"

作为国内最年轻的独角兽公司① CEO,程维历经所有创业之痛,也收获万千荣耀,但他始终自省要对"钱、用户、政策"存有敬畏之心,一直保持创业之初的危机感。正如他所说:"创业就是晚上推开房子的一扇门,外面是夜路没有灯。只知道应该走出去,但是不知道路上会碰到什么。竞争的残酷程度远远比我想象的高千万倍。"

---

① 独角兽为神话传说中的一种生物,它稀有而且高贵。美国著名 Cowboy Venture 投资人 Aileen Lee 在 2013 年将私募和公开市场的估值超过 10 亿美元的创业公司做出分类,并将这些公司称为"独角兽"。然后这个词就迅速流行于硅谷,并且出现在《财富》封面上。所谓"独角兽公司"是指那些估值达到 10 亿美元以上的初创企业。

参考文献

[1] 白朝阳. 滴滴专车,是黑车还是智能交通?[J]. 中国经济周刊,2014(47):72-73.

[2] 本刊采编中心. 滴滴出行创始人兼 CEO 程维:我不会开车 但能解决大家的出行 [J]. 商业文化月刊,2016(2):51-52.

[3] 陈润. 程维的战争[J]. 企业观察家,2016(11):36-39.

[4] 代永华. 滴滴打车:未到终局[J]. 商界:评论,2014(10):58-59.

[5] 甘开全. 滴滴程维:在巨头阴影中前行[M]. 北京:新世界出版社,2017.

[6] 胡支远,徐叶茂. 程维:滴滴打车让出行更美好[J]. 人才资源开发,2015(17):43 -44.

[7] 冀勇庆,史小兵. 柳青 从高大上到创业公司[J]. 中国企业家,2014(16):110-113.

[8] 焦丽莎,邓攀. 程维赢了吗?[J]. 中国企业家,2016(16):40-45.

[9] 焦丽莎. 程维:多收了三五斗[J]. 中国企业家,2016(23):74-75.

[10] 孙冰. 滴滴收购优步中国 更大目标在"全球化"[J]. 中国经济周刊,2016(31):62- 63.

[11] 王尚来. 程维:滴滴打车,让出行更美好![J]. 当代电力文化,2015(3):92-93.

[12] 雪儿. 用钱砸出来的和平[J]. 中国企业家,2016(17):14.

[13] 张锐. 程维:站在打车平台上的青年将帅[J]. 对外经贸实务,2016(3):14-18.

[14] 张晓峰. 2012 年北京的第一场雪,让滴滴活了[J]. 中国经济周刊,2016(29):82 -83.

[15] 赵杭平. 谁掌控"滴滴专车"的命运[J]. 计算机与网络,2014(23):18-19.

[16] 周媛媛,温馨. 滴滴出行收购 Uber(中国)的回顾与展望[J]. 江苏商论,2016 (30):107-109.

附录

附录 1　滴滴大事记

2012 年

• 6 月 6 日,北京小桔科技有限公司成立,开始运作打车软件。

• 9 月 9 日,嘀嘀打车上线。

• 10 月 28 日,版本 1.1 跟随苹果 iOS 操作系统推出新版本,增加了出租车到达的即时信息推送和一键重复发送功能,简化了注册流程。

• 12 月,嘀嘀打车获得了 A 轮金沙江创投的 300 万美元的融资。

• 12 月 2 日,版本 1.2 开通了预约功能,可以即时预约明天乃至后天的出租车。增加了加价功能,在高峰期或者不好打车时,提供了加价方式来提高叫车的成功率;省掉了注册和登录流程,让用车更加便捷。

• 12 月 18 日,版本 1.3 增加了呼叫等待功能,高峰期可以延长等待时间,预计提升 40% 的叫车成功率;优化了软件的启动速度。

2013 年

• 4 月,完成 B 轮融资,腾讯集团投资 1500 万元。

• 10 月,艾瑞咨询发布打车软件行业报告,嘀嘀打车中国市场占有率为 59.4%,超过其他打车软件中国市场份额之和。

• 12 月,入选中国区"APP store 2013 年度精选"。

2014 年

• 1 月,与微信达成战略合作,开启微信支付打车费"补贴"营销活动。

• 1 月,完成 C 轮 1 亿美元融资:中信产业基金 6000 万美元,腾讯集团 3000 万美元,其他机构 1000 万美元。

• 2 月 23 日,凌晨至下午 5 点,全国范围内出现了使用打车软件叫车,但未能进行微信支付的情况。之后,嘀嘀打车对受到影响的用户进行补偿,每单赔偿 12 元。

• 3 月,用户数超过 1 亿人次,司机数超过 100 万人,日均单达到 521.83 万单,成为移动互联网最大日均订单交易平台。

• 5 月 20 日,"嘀嘀打车"正式更名为"滴滴打车",寓意"滴水之恩,涌泉相报"。

• 7 月 9 日,滴滴打车软件再出新规,全面取消司机端现金补贴。

• 8 月,滴滴专车上线,进军商务用车领域。

• 10 月,与中国妇女发展基金会联合发起"粉爱行动",成立粉爱公益基金,关爱女性出行。

• 11 月,《2013—2014 年中国移动互联网调查研究报告》显示,过去半年滴滴打车的用户使用率高达 74.1%,持续领跑行业。《移动打车应用行业报告》显示,滴滴打车用户月活跃量居首位。

• 12 月,完成 D 轮 7 亿美元融资,由国际知名投资机构淡马锡、国际投资集团 DST、腾讯主导投资。启动亿元专车品牌推广,滴滴打车温情路线广告短片《今天坐好一点》刷爆朋友圈,一小时参与用户达 3000 万,视频点击过千万。"滴米"调度系统正式上线,通过大数据优化出行体验,"双十二"实现 90% 的打车成功率。

2015 年

• 1 月,滴滴打车推出企业出行服务,主要为国内 4000 万中小企业提供商务用车服务,简称"企业版"。

• 1 月 17 日晚,"2014 腾讯应用榜样——应用宝 APP 之夜"在北京举行,滴滴打车获评年度"最具突破出行 APP"。

• 2 月 4 日,滴滴打车 CEO 程维在年会宣布,COO 柳青正式出任公司总裁,将负责公司更多日常业务运营。

• 2 月 14 日,滴滴打车与快的打车进行战略合并,新公司名称未定(媒体称其为滴滴快的），开启中国移动出行市场发展新阶段。新公司实行联席 CEO 制度，业务依旧各自独立。

• 4月，滴滴打车推出顺风车服务，并推出跨城行程拼车服务，方便广大车主出租空余的座位。

• 4月15日，济南滴滴专车车主陈超受罚后上诉案在济南市中区人民法院开庭受理，这是全国首例因为提供专车服务受到行政处罚的案件。

• 5月13日，北京、天津、广州、深圳、成都、重庆、武汉、杭州等8个城市上线公益性搭车服务"滴滴快车"，最低价每千米不足1元，乘客有望因此大幅降低出行成本。例如，在广州和杭州的里程单价只要0.99元/千米，时长费最低仅需0.2元/分。

• 6月1日，滴滴打车推出拼车服务"滴滴顺风车"。

• 7月6日，滴滴打车内测"合并拼车"系统。该系统将作为滴滴打车的底层框架，在出租车、专车以及快车等所有滴滴的服务内上线。通过这套系统，出租车、快车、专车上的每个座位都将成为独立的可售资源。

• 7月13日，滴滴打车和西安航空飞行体验中心签署合作协议，双方联合推出"一号专机"，乘客可以用手机叫飞机出行。

• 7月15日，滴滴打车推出巴士业务"滴滴巴士"，整合各类专车、巴士资源，极大方便乘客定制公交、智能班车和校车等业务。

• 7月16日，"滴滴巴士"正式在北京、深圳上线运营，用户可在"滴滴巴士"微信公众号内直接购票乘坐。

• 7月23日，北京市交通委运输管理局、发改委、工商局、国税局、通信管理局、网信办等8个部门共同约谈"滴滴快的""优步"平台负责人，要求就其组织私家车、租赁车从事客运服务，涉嫌违法组织客运服务、逃漏税、违规发送商业性短信息（垃圾短信）和发布广告等行为限期整改，严格遵守《中华人民共和国价格法》相关规定，依法合规经营。

• 7月28日，滴滴快推出代驾服务，消费者可以通过滴滴打车、快的打车的 APP 来体验代驾服务。

• 9月9日，滴滴快的宣布完成总计30亿美元的新一轮融资。同天，滴滴打车进行全面品牌升级，更名为"滴滴出行"，并启用新的标识和 APP。

• 10月8日，在"共享经济下的约租车（专车）模式上海创新和探索"研讨会上，上海市交通委正式宣布向滴滴快的专车平台颁发网络约租车平台经营资格许可。这是国内第一张专车平台的资质许可，滴滴快的也成为第一家获得网络约车租车平台资质的公司。

• 12月，滴滴出行推出滴滴试驾业务，主要向终端用户提供试驾和卖车服务。

• 12月8日，滴滴出行北京总部遭到大量出租车围堵抗议。部分出租车司机向媒体表示，滴滴出行等打车软件以"专车"等形式鼓励私家车进行运营，破坏了市场秩序，损害出租车司机的利益。

2016 年

• 1 月 11 日,滴滴出行公布 2015 年订单总数达到 14.3 亿单,声称超过优步成立 6 年累计的 10 亿单数。滴滴出行战略负责人朱景士曾在 11 月的公开演讲中称,滴滴出行花了不到对手 1/4 的钱就保持了这个体量。

• 1 月 26 日,招商银行、滴滴出行联合宣布双方达成战略合作,未来将在资本、支付结算、金融、服务和市场营销等方面展开全方位合作。

• 2 月 17 日,2 月 1 日至 14 日春运期间,使用滴滴专车(不包括快车)接送机业务的人数超过 120 万。

• 3 月 19 日,滴滴出行平台日订单首次突破 1000 万,相当于每秒完成 115 个订单。

• 4 月,滴滴出行创始人兼 CEO 程维入选《财富》杂志(中文版)"2016 中国最具影响力的 50 位商界领袖"排行榜,名列第十,是最年轻的入选者。

• 6 月 16 日,滴滴出行完成新一轮 45 亿美元的股权融资,投资方包括苹果公司、中国人寿、蚂蚁金服等。

• 6 月 28 日,滴滴出行在北京举办"出租车与网约车融合发展"研讨会,表示将投入 1 亿元建立网约车和出租车融合发展基金。

• 8 月 1 日,滴滴出行与优步达成战略协议,将收购并运营优步在中国的品牌、业务、数据等全部资产。

• 8 月 30 日,滴滴出行携手应用宝送出价值 500 万元的滴滴打车券,让莘莘学子回校途中更加舒适。

• 9 月 8 日,富士康子公司鸿准精密模具有限公司宣布向滴滴出行投资 1.199 亿美元。

• 9 月 22 日,滴滴出行首届"全国十大司机"评选揭晓,当选司机中既有专车司机、快车司机,也有代驾司机、出租车司机。

• 11 月,滴滴创始人兼 CEO 程维入选《财富》杂志"2016 年度全球商业人物"排行榜,名列第八,为上榜华人企业家之首。

附录 2 2015 年 12 月 18 日程维在世界互联网大会上的演讲

尊敬的各位来宾,我是滴滴出行的程维,刚刚诺基亚讲到自己是受人尊敬的 150 年的最老的公司,滴滴可能是这次互联网大会最年轻的公司。

2012 年 9 月份我们的产品上线,到今天只有 3 年零 3 个月的时间,我本人是 80 后,我不会开车,但是今天我们的同事用互联网的技术连接了中国超过一千万辆的汽车,用大数据调度,用共享经济的模式为超过 3 亿的用户提供出行,我对我的同事们深表敬意。

刚刚我收到了消息,说北京又发布了雾霾的红色预警,很无奈的是,我今天要离开美丽的乌镇回到北京,还好刚才我在下面订了一个滴滴专车的接机服务。已经很难想象再回到 3 年前没有打车软件,没有专车服务还要在北京的冬天,在雾霾里面去等一辆出租车的日子。这 3 年的时间,互联网结合交通带来了非常多的转变,滴滴是一家致力于解决老百姓出行难,通过互联网、共享经济的模式去缓解交通拥堵和污染的移动互联网公司。

3年前我们成立的时候,衣食住都有互联网服务,只有出行很传统。我们看到现在中国已经没有吃饭难、买衣服难的问题,住房条件也越来越改善,只有出行随着城市化的发展越来越难。

如果自己不开车,在城市里面打车,或者地铁公交出行,体验都不是很好。如果你攒钱买一辆车,限号、限行、限购,到了地方停车又难。一方面老百姓出行难,另一方面,城市主管部门也很难,这10年所有的城市基础设施都在飞速发展,建了很多的环线,很多的地铁,但是依然赶不上小汽车的快速增长,绝大多数人买车都是一个人开一辆车出行。出行越来越难,大家抱怨了很长时间,但是一直没有什么好的解决方案,成了社会问题。2012年的时候,移动互联网的快速发展,应该说是智能手机的普及,3G的成熟,还有定位技术的发展,才使得互联网+交通这样一扇大门敞开了,我们开始有机会尝试通过互联网的方式来解决传统出行的问题。

3年的时间,我们推出了很多出行的服务,最早我们是一款打车软件,希望通过互联网解决信息不对称的问题,让你可以找到车,不用在路边等待,让出租车不用扫活也能够找到你,提高整体的效率。

到今天为止,中国是最多把出租车司机和用户连接在一起的市场,而美国出租车现在还在扫马路。我们还推出了专车服务,希望在出行领域的服务变得有价值,用户用价格奖励那些服务好的司机。滴滴创建了出行的评价体系,知道司机的每一次服务是好还是不好。我们推出了顺风车服务,希望以后号召大家减少甚至消除独自驾驶,让所有自驾出行的人,副驾驶上面都能够捎上一个顺路的伙伴。

在北京还有一个古北水镇,我们在跟古北水镇合作,把北京的游客送到古北水镇去,我们希望用大数据提前把目的地一致的用户连接起来,通过一个大巴拉过去,这样是最缓解拥堵的。

在上个月我们推出了拼车服务,希望任何一辆专车、快车和出租车,未来能像公交车一样在城市里面不停止地穿梭,可以把用户拼在一起,下去一个上来一个,不停地在运转,使用效率提高了,拥堵就会得到缓解。

我们刚刚推出了跨城顺风车,马上要春运了,希望今年春运大家多一种回家的选择方式,如果订不到机票,订不到火车票,试一下有没有顺路的,可以跨城顺风车回家的方式。我们希望开回家的车主,你后面的座位能够捎上一位顺路的朋友。

很难想象互联网使出行这样一个传统的行业,变成了最具创新活力的,甚至引领全球的一个新兴行业,现在全球很多地方都在学习中国顺风车的模式,都在开展移动巴士的探索。应该说在最新出现的移动互联网领域,中国开始逐步地取得了领先。

这3年的时间,是最激烈的竞争和合并,促使了滴滴快速地发展,在我们创业的时候,我们看到中国的电商竞争非常残酷,中国的团购竞争非常残酷,万万没想到,打车软件变成了最残酷竞争的产业。

刚才周鸿祎周总讲,这个激烈的大战甚至已经传到了手机行业里面。但是我想在一个行业早期竞争最充分,整个行业的发展最快,就像中国的乒乓球内部竞争最充分,出国比赛的队员就是全世界最强大的。所以我们感谢充分的竞争,能够让滴滴快速地奔跑。

今年初我们跟快的合并了,一开始是闪婚,两个年轻的企业慢慢培养出了感情,今年好像所有单身的互联网企业都结婚了,都是始于今年年初滴滴快的那一次相信爱情。

发展到今天为止,我们在中国连接了超过1000万的交通工具,服务了近3亿的用户。特别自豪的是,我们的拼车已经拥有了50%以上的拼车成功率,就是如果你使用,愿意拼车,滴滴的大数据有一大半以上的概率可以帮你找到一个跟你同行的乘客,这个就是出行的未来。

我们希望建设一个中国人领导的、全球最大的一站式出行平台;希望在未来的3年时间里,每天服务超过3000万的用户、1000万的司机;希望让任何人在任何地点、任何时间都可以很方便地在3分钟内叫到一辆。

2015年滴滴推出了很多垂直的出行服务,2016年,我们希望打通这些服务,变成一个智能出行助手,预测你的出行需求,根据当时你附近的交通状况提前安排好适合你的出行工具,就像你的助理一样。2016年,我们希望滴滴不再只是一个天上的打车软件,而是能够踩到地上更接地气,去打通汽车流通和服务的产业链,给司机提供更好的服务。

2016年我们希望滴滴更加的国际化,我们还是很年轻的公司,但是我们看到美国很多公司从第一天开始,就把自己定位成一个国际化的企业,而不仅仅是一个本土企业。

我们希望去探索中国企业国际化的道路,构建一张全球出行的网络,明年中国的用户去美国、去东南亚、去印度,就可以用滴滴叫一个当地的车。我们同时也希望自己变成一家大数据驱动的公司,我们觉得前20年互联网的发展,是用互联网连接一切,未来30年是云端的大数据、深度学习、人工智能驱动一切的时代。

非常荣幸能够参加这次大会,前天习主席还参观了滴滴的展台,本来说好是十家企业一共一个小时,滴滴是最后一家,但是前面严重超时。特别到我们前面360展位的时候,半天不出来(笑)。好在最后习主席还是来到了滴滴的展台,作为一家年轻的初创公司,我们倍感荣幸。习主席第一天的演讲里面提到了分享经济,提到了支持基于互联网创新的新业态,我们都倍感兴奋,滴滴的使命是让出行更美好,我们希望通过自己的努力,真正能够帮助大家解决出行难的问题,谢谢大家!

大学生创业篇

Case 7　方毅:从浙大校园走出来的新生代温商①

引　言

2016 年 6 月,除了诸如腾讯、网易等中国知名互联网公司之外,"个推"作为中国唯一的一家创新型大数据公司受邀登上了第 63 届戛纳国际创意节的舞台。公司创始人方毅参会并发表主题演讲,站在国际舞台上展示了"个推"的大数据和移动营销能力。2005 年,在浙江大学攻读硕士学位的方毅开始着手"备备"的研发。2006 年,方毅创办"下蛋网"。2010 年 11 月,方毅创办"个信"。2011 年 10 月,方毅推出"个推",并于 2015 年成功获得 C 轮融资超 7 亿元。2017 年,"个推"已成为国内第三方消息推送技术服务商的先驱和领跑者。

人们不禁发问,方毅是如何成为连续创业的传奇人物? 投资方为何如此青睐"个推"? 同时,即使资金相对充裕,然而面对当今互联网行业多变、更替快的局势,方毅又是如何在互联网漩涡中平稳驾驶"个推"这艘日益发展的大船,保持公司持续成长的?

一、韬光养晦

1981 年 4 月,方毅出生于温州市瓯海区永兴镇②的一个普通家庭。父亲经营着一家建材类工厂,自方毅小时候起就告诫他要广交朋友,与人为善。母亲是一名普通农村妇女,但凭借自己的辛勤劳动,获得了当地"劳动模范"的称号。方毅常说,"我现在的成功离不开父母当年的辛勤养育与言传身教。父亲常挂在嘴边的一句温州俗语'秀才朋友要交,乞丐朋友也要交',我记在心里。"所以,从小时候起,他结交的朋友一直都很多。

① 本案例由彭伟、鲍志琛、郑庆龄根据公开资料整理,版权归原作者所有,并对原作者的贡献表示感谢。案例仅供讨论,并无意暗示或说明某种管理行为是否有效。
② 现为温州市龙湾区永兴街道。

1996 年 9 月，方毅高分考入瓯海中学①。3 年的刻苦学习让他的成绩稳步上升。曾担任方毅数学老师兼班主任的瓯海中学副校长黄永乐说："当年方毅是我们班的学习委员，总体成绩排名常在全年级前十以内，物理、数学成绩尤其突出，150 分的卷子常常能考到 140 分以上，综合素质也很强。1999 年，浙大只给我们一个保送生名额，学校经过综合考虑，最终选择了各方面都很突出的方毅。"黄永乐的回忆里充满了对自己学生的赞赏之情。

1999 年，方毅以保送生的身份进入浙江大学竺可桢学院②工科混合班就读。2001年，方毅被选入创新与创业管理强化班③，系统接受创新创业方面的教育，并在浙大科技园④接受创新创业的系统辅导，期间还被选派到北京参与中国航天部某项技术研发。毫无疑问，方毅之前的求学履历充分显示出他的学霸特质。可是，面对来自全国各地的"学霸"，他的大学阶段学习成绩一度在中下徘徊，不过也是这段时间，显示出了他超乎常人的毅力：晚上自修五六个小时，起早贪黑背英语单词，暂停兴趣爱好全身心投入学习。2003 年本科毕业时获评"浙江大学特优毕业生"，已经成为浙大的"明星学生"。同年，方毅被保送进入浙江大学计算机专业读研究生。

二、初露锋芒

2005 年，还在读研究生二年级的方毅与几位师兄弟凑足 6 万元，创办"每日科技公司"，旨在研发手机数据备份的"无知觉解决方案"——充电的时候把数据备份到充电器上，这个手机数据备份器也就是后来被大家所认知的"备备"。

方毅的创业灵感来自生活中的一件小事：许多人因为丢失手机，储存在手机里的通讯录也一起丢了。"能不能每天对手机数据进行备份呢？"在他看来，管理学上把"手机备份"这样的事情称作"重要但不紧急的事情"，容易被忽视。而他要做的，就是这样一个服务，在你给手机充电的时候，"备备"也顺便为你的手机进行数据备份。

"起初，我们认为这是个创意产品，最多花两个月就能做出手机数据备份器的原型，然后靠卖专利赚钱，1 年之内赚个一两百万就换项目。"方毅回忆说。可他没有想到，困难接踵而至，他和他的团队一做就是 4 年。

---

① 浙江省瓯海中学于 1984 年 8 月开始筹建，1985 年招生，一开始就高中独立建制，1998 年被认定为浙江省一级重点中学，2014 年被认定为浙江省一级普通高中特色示范学校。

② 浙江大学竺可桢学院成立于 2000 年 5 月，是以浙大竺可桢老校长之名命名，为浙江大学优秀本科学生实施"特别培养"的荣誉学院。学院前身为创办于 1984 年的原浙江大学（工科）混合班。竺可桢学院以"为杰出人才的成长奠定坚实的基础"为宗旨，以培养"基础宽厚，知识、能力、素质协调发展，富有创新精神和能力的卓越人才"为目标。

③ 浙江大学创新与创业管理强化班，简称强化班（ITP），隶属于竺可桢学院。每年从全校理工农医文史哲各个专业逾 6000 名二年级本科生中选拔，采取自愿报名、公开竞争、择优录取的原则，选拔 60 人（2010 年起改为 40人），在保证完成本专业的学习前提下参加历时两年的强化班学习。

④ 浙江大学科技园创建于 2001 年，是经科技部、教育部联合批准的国家级大学科技园，也是国家高新技术创业服务中心。浙大科技园由浙江省、杭州市和浙江大学联合共建，浙江省和杭州市对科技园给予了极大支持，创造了良好的政策环境。

"深入研究之后才知道，困难超乎想象。"手机型号千差万别，要把不同款式手机的同步软件做进嵌入式芯片里，需要把程序缩小到百万分之一，方毅开玩笑地说，"难度就像让大象在冰箱里跳舞。"从提出设想到拿出原型，他们花了半年多时间，远远超出预期。为了节省研发费用，他们到处借手机试验，"贿赂"过手机维修点师傅，也到淘宝上买过旧手机，试验完了再放回网上卖。6万元本金很快就花完了，无奈之下，大家只好各自回家找父母"融资"。但是，父母资助的10万元同样没能挡住公司资金链的断裂。原本计划将方案卖给手机厂商或者技术合作的计划也没取得实质性进展，因为没有一家厂商敢吃"头口水"。他还曾跑去宁波和手机中的"战斗机"波导①谈合作，波导的负责人说，"你这个东西一做完后，芯片各种打通，我们波导每台都配，每台给你一两块的授权费用。"这瞬间就让他有一夜暴富的感觉。波导曾有意合作，但是在合作形式和费用等方面始终没有达成协议。

方毅等不下去了。在朋友的帮助下，他跑遍了北京、上海、香港，去过新加坡和美国硅谷，到处求助。在最艰难的时候，赛伯乐（中国）创业投资管理有限公司②董事长朱敏对这个团队产生了投资兴趣。2007年年初，每日科技公司得到朱敏个人一笔数十万元的天使投资③。另一个天使投资人龙旗控股有限公司④总裁杜军红也投来了数十万元。"公司活了下来。"方毅感慨地说。几次天使投资，都是及时雨，总共投资额度是百万级别的，占有的股权比例是20%多一点。方毅认为这个股权比例结构比较合理。这两位投资人在行业和公司管理上也都给了他很多建议，这就像是既得到了投资又请来了老师。杜军红本身就从事手机行业，创业三年就带领手机设计公司龙旗控股登陆新加坡主板上市；朱敏则在与投资人的合作方式、公司治理、后续融资计划上给了很多指点。这两位投资人就像天使一样，驱散创业路上的迷雾，给予方毅坚实的后盾与正确的引导。

天使投资人到底看中了方毅的什么呢？是看中了"备备"的亮点吗？方毅后来解释道："天使投资说到底就是投人，项目只是投资合作的载体。创业只差合适的人，不差优秀的创意，创意再优秀，事还是在于人为。"正如他的名字一样，方毅具有很强的创业精神和不怕困难坚持到底的毅力。正因如此，他获得了朱敏的两次投资，这应了投资界里的行话："投资第一是投人，第二是投人，第三还是投人。"

2007年10月，经过克服种种困难，方毅和他的团队制造出了具有独立知识产权的第一代"备备"数据备份器，并投入市场。公司为产品申请了七项国内专利和一项国际专

---

① 宁波波导股份有限公司创立于1992年10月，是专业从事移动通讯产品开发、制造和销售的高科技上市公司，也是国家级重点高新技术企业。

② 赛伯乐投资集团由硅谷创业家朱敏先生于2005年创办，是一家秉承创新创业精神，通过科技、资本和国际化手段，为新兴产业发展提供综合服务的投资集团，重点关注具有强大整合潜力和平台价值的新兴产业。

③ 天使投资是权益资本投资的一种形式，是指富有的个人出资协助具有专门技术或独特概念的原创项目或小型初创企业，进行一次性的前期投资。

④ 龙旗控股集团创立于2002年7月，并于2005年5月在新加坡证券交易市场主板成功上市，专业从事手机设计、手机整机业务、MDTV、移动模块、手机增值业务。总部位于上海，并在北京、深圳、香港、新加坡、越南等地设有研发中心、子公司、分公司和办事处。

利,在技术含量上下足了功夫。产品在英国剑桥大学举行的英国最大的商业比赛(CUE)中闯入前8,并进入最后一轮角逐。方毅于2007年4月在美国斯坦福大学交流时,其创业构想曾得到美国市场相关专家的认可。因此,在"备备"投入国内市场后不久,他们便开始着手开拓国外市场。然而前期推广与宣传需要大量的资金,尽管还有些天使投资资金,但是谁也无法保证资金链的不断。此时,方毅还申请了一些国家以及地方政府的创新创业基金,先后得到了科技型中小企业创新基金①80万元、浙江省青年创新创业基金②提供的200万元贷款贴息。

　　不过,创业的道路显然不可能一帆风顺。虽然在2007年就做了通讯录的云备份,很早进入了市场,期间又有与国企合作,实力壮大了许多,照理说应该平步青云。但恰逢国企内部遇上变故,体制内的决策非常缓慢,无法及时恢复调整,方毅当时的构想和努力也因此付诸东流。此外,方毅还遇上了1000万民间资本半路撤退的窘境。2007年年底,杭州一位老板听到方毅的创业故事后,主动上门要求合作。老板很有诚意地提出方毅和他的团队以技术入股,他出资1000万,负责资金、制造和销售环节,双方共同成立一家新公司,双方股权各半。方毅以为这是大展拳脚的好机会,然而,这是一场"失败的婚姻"。"第一个月,投入了2万元广告费,直接带回来的收益才8000元。这在新产品投入市场初期,本来再正常不过的,但习惯于传统工业品经营的那位老板认为'亏大了'"。由于销售没有起色,对方不希望继续投入,原先制订好的销售方案、市场开拓、技术研发等统统搁浅。方毅和团队成员的工资被降到800元/月,每日科技没有获得一分钱收益。而对方希望解除合作,收回所有的投入,全身而退。双方僵持了半年,打了两场官司,最终在2008年4月"离婚"。那段时间,每日科技公司面临死亡的困境,很长一段时间为负资产,甚至连工资都发不出。这时,朱敏再次伸出援手,给了每日科技公司一笔数十万的救命钱。

　　在经历了几次波折之后,方毅明白了一个道理:"备备"数据备份器想要叫好又叫座,必须走产业化道路,生产出高技术、低成本的产品。他们用了1年多的时间,将产品成本降低到了原有成本的1/5。方毅说,他们的目标是把"备备"做到全世界"最好用""最便宜"。这显然是个宏大又困难的目标,不过到2008年年底最后一代"备备"诞生,他们显然已经达成目标:不用任何驱动,4个功能只要一个按键做自适应判断。

　　"备备"数据备份器共有4代家族成员,可以支持市面常见的各种型号手机的充电、数据备份和加密功能。第3代"备备"数据备份器已经小如U盘,并且具有U盘功能,第4代则开始尝试网络无线数据备份功能。同时,"备备"支持市面上绝大多数的手机品

①　科技型中小企业技术创新基金是经国务院批准设立,用于支持科技型中小企业技术创新的政府专项基金。通过拨款资助、贷款贴息和资本金投入等方式扶持和引导科技型中小企业的技术创新活动,促进科技成果的转化,培育一批具有中国特色的科技型中小企业。

②　浙江省青年创新创业基金于2007年9月13日,由共青团浙江省委等单位联合浙江11位青年优秀企业家建立的"浙江青年创业创新基金"正式成立。德意控股集团有限公司作为基金的发起单位之一,出资1000万元,鼓励青年积极投身到创新创业实践中去。

牌，产品在全国拥有60多个代理商，并和中兴通讯、摩托罗拉、龙旗控股等战略合作，且在当时有望成为联通公司iPhone手机的大规模促销配件。

2008年11月，方毅与深圳3家手机厂商签订了合作协议。在产品投入市场一定时间后，有朋友感觉产品线太单一，担心光做单一的产品，企业利润将有所不足。对此，方毅认真地说："我去过硅谷两次，感觉那边的企业很专注，比如做SD卡的公司SanDISK，他把SD卡做到了30亿美金的市值。另外还包括我的天使投资人朱敏先生，他的WEBX只做单向网络视频会议，用10年做到了32亿美金的市值。国内很多企业喜欢把鸡蛋放在多个篮子里，但对于资源有限的公司来说，我只有一个鸡蛋，放在多个篮子里是不现实的。"

方毅和他的公司并没有停下脚步，继续在创业之路上前行，并且形成了"卖产品""卖专利""卖服务"三种成熟的商业模式。一方面通过出售"备备"赚取利润差；一方面通过出售专利，与诺基亚、三星等手厂商合作赚取专利费；一方面通过给政府部门提供号码备份赚取服务费。

2009年年初，公司的"友名"网络数据备份系统和中国移动公司结成战略合作，作为其3G重大项目的核心技术供应商。备份系统又作为移动应用商城（Mobile Market）全系列平台的标配功能，于2009年11月8日在全国上线。此项目还在联通多个省应用，并和国内第一大浏览器厂商达成合作。公司已经从单纯的硬件解决方案商，进入到移动互联网领域，并且成为业界的一匹黑马，"备备"为他们带来了事业上的第一个春天。

因为"备备"，很多电视节目上都出现过方毅的身影。2009年7月19日，百度总裁李彦宏还特地带他去过中央电视台。在做这款硬件的6年时间里，方毅感悟到，手机的不停更新让"备备"规模化发展受限。"手机不停更新，不断进化，我们就要不停地去适配，这是一个很大的坑，这还不算别的坑。"他曾告诫师弟师妹们："Find the Must-Win Battle，选对战场，才有必胜一役。"在当时，为了与手机更新速度同步，公司只能"玩命"去追赶，丝毫没有喘息空间，追着追着就掉进各种各样的坑里，整个过程就变得像是在不停"掉坑"和"爬坑"，像这样"疲于奔命"肯定不是出路。2011年，方毅将6岁的"备备"卖给了百度。在此之后，他对这一次硬件创业总结了几点经验：

第一，需要清晰认识到市场的需求和用户真正去买不是一个概念。在推出产品后，方毅发现用户有需求，但是用户不一定会为这个需求跑去找、去买。这其中涉及的因素非常多，包括宣传力度和市场货架份额等，最初想得太"理想"了。

第二，创新产品在领先用户的寻找、风险管控上容易掉坑里。当时方毅想到让"备备"成为手机厂商的标配，但实际上，怎么样让领先用户（买家）用起来特别难。比如TCL在希望和"备备"合作的时候，硬件本来已经过了国家3C认证、CE认证，但企业还是会要求给这个小硬件打高压8000伏——因为企业标准就是企业标准。而因为这个指标，事情耗上3到5个月，机会就没了。

第三，傍上一个大款是很开心，但是也可能是很悲剧的事情。方毅认为，如果在创业过程中找到一个农民企业家来给自己投资，或找到一个非常大的投资伙伴的时候，不要太开心,这可能是痛苦经历的开始。另外,在这种情况下,创业者可以尽量地去考虑赚钱,而不要想着做价值,真正做价值必须在完全可控的情况下由自己去做。

第四,还是规模化和迭代的问题。作为一个硬件产品,手机的不断推出,使得产品也需要不停升级换代,为此他们甚至能够做到自动升级。但当一个硬件产品永远处于调试状态的时候,这是一件很悲哀的事。

到现在,方毅还有 100 多万件产品的库存,他开玩笑地说,如果当垃圾去称大概能卖个 300 元钱。他现在每月付着 2000 元的仓储费,一直存着这些产品。他说,"每个月付房租的时候我就会想到这些教训。"

三、浅尝辄止

在推广"备备"的过程中,方毅和手机厂商有过良好的接触,感觉"备备"市场前景不错,以为自己能成为百万富翁后,方毅马上启动了第二个项目——"下蛋网"。2006 年还是 BT① 的年代,BT 有一个最常见的体验,就是下载一个东西 99% 的时候没有种子了,跪求 1% 的种子。因为 BT 是"人人为我,我为人人"的概念,大家分享,然后你去下载,许多人下载到 99% 的时候等着,同时后面不停有人上来,然而下载百分之百的人已经关掉电脑了,最后 1% 的种子也跟着断了,形成了一道"天堑",谁也过不去。所以想要看电影,唯一的办法只能是追逐那些非常热门的电影,下载的人多,不缺种子。

而针对这样的困境,"下蛋网"提供了一个让人眼前一亮的解决方案:下载电影需要付费,但是如果把它作为种子分享上传,能够获得收益。按一部电影的收益来说,版权方得到收益的 40%,上传者做 P2P② 上传分享的时候能够得到收益的 30%,最后的 10% 作为中介费留给公司。他们还在只有博客的年代里就想好了 Web 2.0 的商业模式:分享一篇推荐稿能够获得 10% 的收入,给运营商分成 10% 作为带宽费用。

但这个模式运行还没多久,就迅速被迅雷打败了。不同于方毅他们考虑的用户主动开着服务器手动上传,迅雷做的则是自动上传,直接在用户电脑内划出了一定空间用来自动存储资源,别人想下载同样资源时,就可以默认从这里直接下载,之前种子紧缺的问题不攻自破。虽然每个用户像"肉鸡"一样,替将来需要的人自动存储着资源,想下载就能从自己这里下载,但是并没有人指责这样的模式,因为每个人或多或少都对资源有所需求,这完全符合自身利益。通过"下蛋网"的创业经历,方毅体会到:"在考虑商业模式中利益关系的时候,要先考虑能不能不照顾它的利益关系,直接把它用掉,往往这种方法会让利用率非常高。"

---

① BT 正式的名称叫"Bit-Torrent",是一种多点共享协议软件,由美国加州一名叫 Bram Cohen 的程序员开发出来。一个文件的下载者们下载的同时也在不断互相上传数据,使文件源可以在增加很有限的负载之情况下支持大量下载者同时下载。

② P2P(对等网络),即对等计算机网络,是一种在对等者(Peer)之间分配任务和工作负载的分布式应用架构,是对等计算模型在应用层形成的一种组网或网络形式。

四、悬崖勒马

一直翻通讯录显然不是一件方便的事，在考虑到通讯录并不能高频使用后，方毅在2009年想到了"个信"这个 idea[1]。如果双方都是"个信"用户，他们就能通过"个信"的 IP 短信沟通，点对点走移动互联网流量通道来发免费短信。这听起来简直就是后来横扫即时通讯领域的微信，但又要早于微信。

2009年10月，方毅团队着手做手机即时聊天类应用，而此前"备备"上的很多技术积累也延续到"个信"产品的研发中。2010年7月，随着个信产品的雏形越来越清晰，方毅在北京注册了个信互动（北京）网络科技有限公司，致力于无线互联网应用的开发。公司 COO 钱昊说："包括正确的读写中英文及电话号码信息，超长号码的存储、重复名字的处理等等，这些看起来不难的事儿，但是在不同手机的操作系统上会完全不一样，没有之前的这些技术积累，我们很难很快在个信上运营。"

2010年11月，公司推出国内首个聊天类应用——"个信"。"个信"快速吸引了2000万用户的关注，成为当时我国此类业务中用户量第一的应用。2011年，国家工信部找国内几个即时通讯开发商会谈时，已有1500万用户的"个信"俨然是行业老大，这时微信还只是小弟。

然而，公司首个进驻的平台不是 Android（安卓），而是 Symbian[2]。方毅后来坦承自己没有看到当时只有区区270万 Android 设备所引发的燎原之势。2010年，Kik Messenger[3] 的横空出世盘活了整个通信类应用市场。同时，"个信"虽然积累了千万级用户，但是商业化模型构建复杂，帮助了用户省钱，但并没有从中获得相应的收入。公司曾经尝试过挑选一部分用户来推送广告，向广告主收费来获利，但用户对此十分反感，卸载率很高，于是不得不停止这种方式。2011年年底，借助腾讯的庞大资源，微信迅速成长起来，势不可挡，从2012年3月到9月，这6个月间微信的用户就增长了一个亿。2012年9月到2013年1月，微信以更快的速度又增长了一个亿。在短短两年的时间内，微信就拥有了3亿的粉丝，并且这些粉丝量正呈现增长趋势。不到三年时间，微信从默默无闻的"小兄弟"成长为遍身华服的"高富帅"。"个信"客源逐步流失，大势已去，最终逃脱不了失败。

---

① 第一个 IP 短信产品，该产品把通讯录、短信全部接管，当时还没有微信和米聊。

② Symbian 系统是塞班公司为手机而设计的操作系统。2008年12月2日，塞班公司被诺基亚收购。2011年12月21日，诺基亚官方宣布放弃塞班（Symbian）品牌。由于缺乏新技术支持，塞班的市场份额日益萎缩。截至2012年2月，塞班系统的全球市场占有量仅为3%。2012年5月27日，诺基亚彻底放弃开发塞班系统，但是服务将一直持续到2016年。

③ Kik Messenger 是一款"简单到极致"的跨平台聊天软件，由加拿大 RIM 公司制作，因为 RIM 有着自己独特的黑莓手机内置集成 IM 软件 Black Berry Messenger（俗称 BBM），其功能和 Kik 几乎一样，但不能跨平台运行，只能在黑莓手机用户里使用，而 Kik 的跨平台特点让黑莓用户也可以和其他平台用户进行通讯，从而对黑莓的固有用户群产生了威胁，其后被 RIM 公司从黑莓的应用商店中下架。

"非常远大的发明于是乎照样也悲剧。"当时曾有人问方毅,如果腾讯也做这个怎么办? 方毅的回答:"腾讯是一只大象腿,踢过来我可以拿针扎它。"但结果是,方毅所处的环境不是在一只大象面前,而是在象群迁徙的路上。"当你处在一个大家伙战略迁移主干道上的时候,你要想成功螳臂挡车基本不可能。大家在创业挑战这些大项目的时候,要找准自己的位置。"微信对产品的把握,对速度的追求,对限制的挑战,以及来自企鹅帝国的流量保证,无疑是其革命性的重要基础。

那是方毅创业以来最揪心的时候,公司人员还面临着战略迁移、裁员转型等一系列艰难的选择。是继续孤注一掷还是紧急刹车? 这是个问题。"如果投入 100 万元到个信,能赚到 150 万元,那可以,我们能放心大胆地去做。"从这个项目中,方毅理性判断微信或类微信领域将来可能出现的垄断,尤其是公司在当时并没有成熟的商业模式,交了几千万元的"学费",方毅和董事会共同决定——放弃"个信"。

五、名震一方

方毅最终选择了企业转型,专做技术服务提供商。2011 年 10 月,个推开放平台由个信互动(北京)网络科技有限公司出品,专注于移动应用的信息推送。在当时,"个推"这个在普通用户中令人感到陌生的名字,在移动互联开发者中却颇有名气,推出短短四月后,它就成为中国最成功的 SAAS① 服务商之一。用通俗的话讲,如同美国西部早期掘金时代很多人通过卖水获利,"个推"做的也是送水的生意。为 Android 开发者提供应用推送方案,APP 接入个推之后,开发者可以在应用推送功能上节省开发成本,达到节省资源、保证应用推送功能质量以及省流量和省电的效果。

方毅自称是一个"连续创业者","个推"已是方毅的第四个创业项目。这个研究生时代就开始创业的年轻人,从最初的硬件开发商转型为软件开发商,再转型为如今的技术提供商。在经历几度定位后,这些之前所有的铺垫,仿佛是为了在最好的时间,迎来一个对的产品——"个推"的横空出世。之前的三次创业,成果分别是一款能自动备份手机通讯录的移动电源"备备",一个网络种子分享的"下蛋网",一个移动通讯应用"个信","备备"给公司带来千万元级别的销售额,"个信"最多的时候曾经拥有 1500 万用户。总结失败经验,他认为,当今创业发展主要注意两个方面:"一方面,尽量不要与巨头形成直接竞争;另一方面,产品不能违背时代趋势。""个推"的诞生就是这种认识的结果:"个推"是顺应移动互联网潮流的,而且"个推"作为开发服务商不会与巨头甚至任何开发者产生竞争关系,而是成为他们需要的"补丁"。

按此说来,"个推"就好比是连接开发商和用户的"信息快递员"。移动互联网时代,

---

① SAAS 是 Software-as-a-Service(软件即服务)的简称,它是一种通过互联网提供软件的模式,厂商将应用软件统一部署在自己的服务器上,客户可以根据自己实际需求,通过互联网向厂商定购所需的应用软件服务,按定购的服务多少和时间长短向厂商支付费用,并通过互联网获得厂商提供的服务。

消息推送是智能手机上必备的信息交互方式。尽管 Android 设备上都集成了 Google 推送方案 C2DM①，但这套推送方案在国内却受到了极大限制。方毅看准了这个空间，认为这是"刚需"。所以，2013 年 3 月，"个推"快速积累 2 亿的用户服务量也成为一种必然。因为大家都去移动互联网"挖金矿"的时候，"个推"却开始在金矿旁边"卖水"，这是一个大家都需要的服务。

推送功能的开发其实并没有很高的门槛，普通的 APP 开发者也能自主开发。但很有意思的是，"个推"大的合作伙伴，如乐蛙、新浪、百度、网龙、应用汇，它们在自己做过或者至少评估过很久推送功能之后，无一例外最后都选择了接入"个推"。方毅说："开始大家对推送还是朦胧的，我们做了 3～5 个月的市场教育，然后大家都纷纷自己去做，再过 3 个月之后我们去回访，很快全都接入了。"究其原因，是因为"个推"已经完全把 APP 推送功能做到了极致。如果接入"个推"，第三方推送的开发者可以节省 90％的成本，让 APP 的耗电量每天可控制在 30～40mAh，并且用户在推送上每月平均只会花掉 0.8～1.2M 的流量。如此极致的功能服务，无论是巨头还是普通开发者都没有理由拒绝"个推"的接入。

而为了这种极致，"个推"在研发上也下了苦工。方毅曾讲到："个推后台已经迭代了 5 个版本了，有 3 次几乎是全部推倒重写的。"推送是一个非常细致非常专业的领域，面临着移动网络纷繁复杂和电量流量的限制，和传统的高并发、固定网络的开发方式差别比较大，就算一般的开发公司也很难为了一个功能组建专门 10～30 人的团队去做一年半载。

当"个推"把技术推送的服务做好之后，又面临着新的问题——推送给用户的消息过于"泛滥"。慢慢地，有用户开始卸载 APP 了，即便没有卸载，用户点击率从原来的 10％降到 4％、5％，有些差的只有 1％到 2％，最初 40％多的点击率再也没有了。断崖式的数据让"个推"着实一惊，于是"个推"的任务变成帮助客户了解更多用户的画像和兴趣。分析发现，几乎所有的用户对这些推送消息的接受程度，都跟用户当前所处的场景非常有关。于是，"个推"开始实行"基于场景的推送"。2012 年，公司全面开放其核心竞争力——推送技术，面向公众提供专业的手机推送解决方案，通过这个推送解决方案，开发者可以在应用推送功能上保证用户推送质量，还可以获得推送的后台数据。

作为最早进入中国第三方推送市场的"个推"，在各方面都具有强劲的优势，省电、省流量、高吞吐、高并发、毫秒级到达，所有的技术指标都成了行业的标杆。但方毅并不满足于此，在他的带领下，"个推"于 2014 年在业内首次提出"智能精准推送"的概念，将 A/B Test 和智能用户标签功能融入推送，摒弃盲目推送，以大数据分析驱动精细化运营。由此，"个推"还推出了智能推送 2.0 版本，帮助 APP 运营者给用户打标签，实现更

---

① Cloud to Device Messaging（C2DM）允许第三方开发者开发相关的应用来推送少量数据消息到用户的手机上，允许使用多种 Google 开发工具来创建一种简单但相当实用的应用类型。用户可以使用该类型的应用把各种各样的信息从他们的台机或者笔电直接 push 到自家的手机上。

精准更贴心的推送服务。2015年,"个推"又率先发布名为"应景推送"的新产品,以智能场景指引精准投放,结合大数据人群属性分析和LBS(基于位置的服务)地理围栏技术,实时触发消息。于此,这套2.0智能推送已经进化成了更加智能化的应景推送3.0版本。这也体现了方毅多次在公开场合提到的"个推"推送宗旨:"在合适的时间,合适的地点,合适的场景,把合适的内容,推给合适的人。"

对于网络乱象,什么样的推送才是合适的呢?这也曾是令方毅深思的。就以游击队为例,如果没有明确的规章制度管理,内部庞杂不堪,那么人多不一定代表战斗力强。然而作为行业的引路人,公司要将行业领上正轨,就要像正规军,有相应的章程,把它做小,做细致化。方毅一直提倡大数据不追求体量大,而是追求有价值的小数据,并认为数据在真正场景化使用的时候,它才有价值,找到有价值的小数据,并将它应用在商业层面才是正确的方向。同时,他认为大数据狂欢,也需要有理性的声音和思考,需要有相应行业道德,不能有造假的存在,并且在利用用户大数据时务必保持克制,不能深度触碰用户个体隐私。

因此,早在2013年,"个推"就提出了绿色推送联盟,"个推"联合来自腾讯、阿里巴巴、百度、PPTV、京东商城等近百家互联网企业的代表通过了《绿色推送西湖宣言》。该宣言倡议,移动互联网行业应该实现推送技术的"绿色"和规范化,即一方面为用户省电、省流量,同时不乱推、不强推信息,能在自身应用中加入"推送开关",把选择权还给用户,让用户自己决定是否接受订阅该客户端的即时消息。方毅表示,推送能帮助用户第一时间获得信息,提高信息时代效率,但同时,帮助用户实现个性化定制,避免科技对生活的过度打扰,也是他们推送服务提供商的责任所在。公益联盟的成立也正是基于此,方毅形容:"我们虽然只是技术提供商,但运用技术解决真正迫切的需求,多年的愿望终于得以实现。"

至2015年年底,"个推"已连续完成三轮重量级融资,A轮吸引了包括美国著名投资机构中经合①等的600多万美元融资;B轮数千万美元融资,由软银赛富②领投,原A轮投资方悉数跟投;C轮募资超过7亿元人民币,由海通证券③、中民银孚④等领投,原B轮投资方悉数跟投。"这可能是国内B2D(企业对开发者)行业迄今最大的创业公司单笔融资。"有业内人士称。而对于"个推"为什么让资方如此青睐,究其原因,方毅透露,主要是市场对"个推"业务的需求和团队横向拓展的能力吸引了资方。该笔资金将主要用于研发、市场、品牌建设等方面。

① 中经合是一家外资企业,于1996年成立,是美国首批跨太平洋高科技风险投资公司之一,其业务重点是在美国硅谷和大中国地区之间架起沟通的桥梁。
② 软银亚洲基础设施基金公司(SAIF)成立于2001年2月,是软银进军中国市场的第3支力量(软银发展、软库中国和软银亚洲),这支基金总额为10.5亿美元,是日本软银Softbank与美国思科CISCO战略合作的结果。
③ 海通证券成立于1988年,是国内二十世纪八十年代成立的证券公司中唯一一家至今仍在营运并且未更名、未接受政府注资的大型证券公司,拥有一体化的业务平台、庞大的营销网络以及雄厚的客户基础,经纪、投行和资产管理等传统业务位居行业前茅,融资融券、股指期货和PE投资等创新业务领先行业。
④ 上海中民银孚投资管理有限公司于2014年2月11日在金山区市场监管局登记成立。法定代表人于太祥,公司经营范围包括投资管理、投资(除金融、证券等国家专项审批项目)等。

2016 年 11 月 20 日，个推宣布已获得 4 亿元 D 轮融资，此次融资的领投方为伯乐纵横[①]、华数集团[②]原有股东跟投，"个推"CEO 方毅表示："在 D 轮融资后将首先用于大数据战略在各个领域的落地进程，其次将用于打造精良的战斗团队，储备更多全能型的优秀人才，最后将深挖推送细分领域的商业机会，继续完善个推技术服务生态圈。"D 轮阶段对一家企业更是挑战的开始，产品需要更加成熟化、公司人力需要跟得上发展步伐、盈利商业发展模式需要定好基调，等等。

方毅知道，SAAS 做不了很大，每年有四五千万级的收入几乎已经是峰值。现在"个推"转向新浪微博、百度这样的大客户收费，而对用户数量百万以下的中小开发者的应用是免费开放的。如何在这个平台上长出商业模式，如何吸引更多的开发者使用 SDK（软件开发工具包），显然是放在眼前的重大课题。

方毅曾开玩笑说，以往人们爱说"人在做，天在看"，如今互联网时代要变成"人在做，云在算"了。关于大数据的各种观点，简单来说有两类：一是谁有数据源谁就厉害，企业或创业企业应该聚焦在找到好的数据源上；二是数据源不管是你的还是他的，归根到底都是 BAT[③] 的，创业企业还是应该聚焦在怎么样把数据利用好，把数据产品锤炼好。对此，方毅认为这两种观点是乘法关系，只有拥有大数据，再有好的应用场景和好的挖掘模式，才能将大数据价值最大化。从决策层面来看，他认为 BAT 肯定是集大成者，它们有大量数据和独特的变现模式，而且每家都有独自擅长的领域。

关于"个推"在大数据领域的定位，拿武侠小说来打比方，方毅认为 BAT 是少林、武当、峨眉，"个推"要做的是丐帮。关于丐帮，我们听到的最多的一句经典台词就是——"丐帮弟子千千万"。对于"个推"，这优势具体体现在"行业广度"上，"个推"所服务的 43 万个 APP 所在行业不尽相同，所能采集的数据也不会局限在某些特定的行业。

对于是否担心大佬抄袭或者与大公司的合作到了一定阶段别人自己开发推送，他的逻辑仍然直接而清晰："首先，大公司不一定看得上这一块，如果把移动互联网天下分成 15 份，他们那 12 份就够见刀见血伤筋动骨了；其次，第三方来做推送显然更客观，用户更能放心选择和接受；况且，因为站位早，'个推'不断在细节上进行优化也无形中增加了被替代的门槛。"方毅不担心合作伙伴搭建自主平台的一个重要因素还在于节约流量和耗电量是"个推"在竞争激烈的市场里很凸显的实在优势；此外，"个推"在成本控制上具备较大优势，它的费用通常只是开发商自己搭建的十分之一。当然，方毅希望做的事情还是跟大家共赢，并且做水到渠成的事情。"你不能用蚂蚁去打大象，但你可以借助你的合作伙伴，让一群牛去围攻一只老虎。"此外，他最希望未来能够在合作伙伴中建立一种

① 北京伯乐纵横投资管理中心（有限合伙）成立于 2014 年，认缴资本 900 万元人民币，于 2014 年 10 月 13 日在中国证券投资基金协会备案，是中山证券旗下投资机构。

② 华数数字电视传媒集团有限公司（简称华数集团）是大型国有文化传媒产业集团，位居中国新媒体产业发展第一方阵。华数集团拥有有线网络业务、手机电视与互联网电视等全国新媒体业务以及宽带网络业务方面的运营牌照，覆盖海量传统媒体和新媒体用户。

③ BAT，B＝百度、A＝阿里巴巴、T＝腾讯，是中国互联网公司百度公司（Baidu）、阿里巴巴集团（Alibaba）、腾讯公司（Tencent）三大互联网公司首字母的缩写。

联盟或模式,可以网状互荐。

最后,对于未来的发展,方毅曾说:"推送功能接入是第一阶段的服务模式,未来面临的主要任务是为开发者探索出商务模式然后大家共同发挥联盟优势形成巨大规模的商务模式"。至于商业模式,方毅表示不会用广告推送的方式,因为"个推做过小规模的商业尝试,证明用户非常反感,不可持续发展",方毅认为推送是一个很敏感的东西,所以他们把选择权的鉴定交给用户,同时要求合作伙伴必须在程序里有明显的开关。"个推"希望能探索出具有足够诱惑力,同时对用户友好的商业模式。"用户体验始终是最重要的,要做有用又让他们不讨厌的事。而且我认识所有金矿的矿主,未来说不定能搭建成一个贸易的平台。"这是不断微创新中的方毅所想的大未来。

六、饮水思源

在方毅心中,一直信奉人和人之间的缘分。2009 年,他参加央视举行的创业大赛,他的导师是李彦宏,马云则是一个叫王小帮的年轻人的导师。谁能想到,两年后,百度收购了他的"备备";而马云带领团队在纽交所敲钟的照片中,那个拎着白布袋的人就是当年的王小帮。

到如今,方毅自己也成为很多有志于创业的年轻人的导师。回望从学生时代开始的12 年创业路,方毅很感激在自己创业路上帮助过他的"贵人",也很愿意把自己的一部分时间留给和自己当年一样选择创业的年轻人。"作为连续创业者,我也希望能用自己的经历来给年轻的创业者一些启示,让他们在创业这条道路上走得更顺畅、更远。"他每年会到母校浙江大学去进行四五场的创业讲座,也会到本土创业圈子 B 座 12 楼进行创业分享访谈,分享自己的创业历程和心得。在分享累积的多年互联网创业经验中,他拿出分享的内容常常是自己亲历的失败。"对于创业者来说,失败的教训比夸夸其谈的成功学更实用。"在每场讲座中,他都力求增加一些新的元素,保证大家能接收到一些新的信息。而多年的历练已让他学会积淀,讲课不失幽默风趣。2014 年,方毅和创业伙伴兼夫人张洁①共同发起了"涌泉—华旦基金",专注移动互联网行业的创投。之后,又在杭州的梦想小镇设立了移动互联网和大学生创业的新型创业孵化器——"湾西加速器",专注于为大学生和年轻创业者提供国内外创投对接、人力资源、产品及商务、国际化交流等全方位创业服务。

从"创业者"到"创业者导师",当被问及更喜欢哪个身份时,方毅说:"创业者＋创业者导师"的身份。"创业是段很奇妙的旅程,通过不断地发现和创造你会找到很多乐趣,所以我很享受创业者的身份。"不过,当被问及如果有一天公司可以足够放手,会选择一份什么样的职业时,他毫不犹豫地说:创业者导师。

---

① 张洁,杭州大学生创投界人称"花姐",浙大 2002 级竺可桢学院文科班毕业,个推创始人方毅的妻子,华旦投资 CEO,涌泉基金发起人,2013 年度浙江省优秀天使投资人。

尾　声

有着无限可能性的"个推"，无论是处在"现龙在田"的积蓄阶段还是"飞龙在天"的腾飞阶段，不能否认的是，现在它正处在最有资格做梦的时期。而他的主人方毅，在历经了三次创业的风霜后，脸上丝毫没有被"摧残"过的印记，他是如何保持连续创业的动力并坚持下来的，还是凭着年轻时的梦想与激情吗？

"'个推'现在是一艘潜水艇，但我们并不要那么快就浮出水面。还是潜伏着把功底打扎实了，那么有一天，大潮退去潜水艇也会登上好望角。"潜水艇也有登上好望角的梦想，这是方毅对于未来充满自信的展望。同样，方毅还曾打了个比方概括了自己所想的商业模式："移动互联网界大家都在挖金矿，我就从旁做一个有节操的、靠谱的送水工吧。如果有一天我可以给金矿主们搭一个彼此贸易的新的平台，是大是小，那都很酷。"面对互联网这个深水区，他所想的商业模式又是否能够实现？

在"个推"创业的过程中，创业经验显然是方毅作为连续创业者最宝贵的财富。但同样，经验是一把双刃剑，对连续创业既有积极的作用又有消极的作用。方毅如何去除创业经验中的"糟粕"？针对创业经验带来的对创业认知的影响，方毅选择是以手段为导向，还是以未来为导向？这都值得我们拭目以待。

参考文献

[1] 方毅. 大学生如何走出创业的第一步[J]. 杭州科技，2009(3)：25 - 26.

[2] 苟荣. "备备"试验[J]. 中国名牌，2010(8)：14 - 15.

[3] 葛朝阳，邵明国，於晓. 发挥浙大科技园平台优势全力推进大学生自主创业[J]. 杭州科技，2008(6)：35 - 37.

[4] 涛声，新新. "创业之星"方毅：爱情与创业相互浇灌[J]. 职业，2011(5)：74 - 76.

[5] 熊雯琳. 个信：通讯录争夺战[N]. 电脑报，2011-04-25(D04).

[6] 佚名. 方毅：登上《纽约时报》头版的青年创业者[J]. 今日科技，2017(5)：5.

[7] 佚名. 个推方毅：我是如何实现 C 轮融资超 7 亿元的[N]. 温州商报，2016-04-13(16).

[8] 佚名. 方毅个推创始人兼 CEO[N]. 齐鲁晚报，2016-04-14(A16).

[9] 佚名. "个推"创始人方毅的三重身份[N]. 温州日报，2016-01-20(09).

[10] 曾宪超. 方毅：做有节操的送水工[J]. 环球企业家，2009(6)：79 - 81.

[11] 庄小琴. 个推 CEO 方毅：做移动互联时代最牛的送水工[N]. 杭州日报，2014-12-26(B13).

[12] 赵文红，王垚，孙万清. 连续创业研究现状评介与未来展望[J]. 管理学报，2014，11(2)：293 - 301.

附录1　个推方案详情

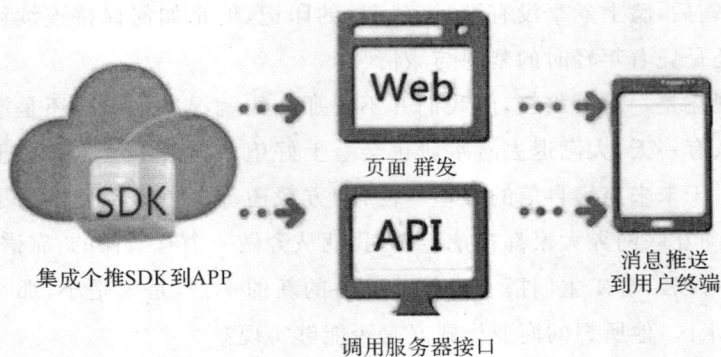

集成个推SDK到APP　　调用服务器接口　　页面 群发　　消息推送到用户终端

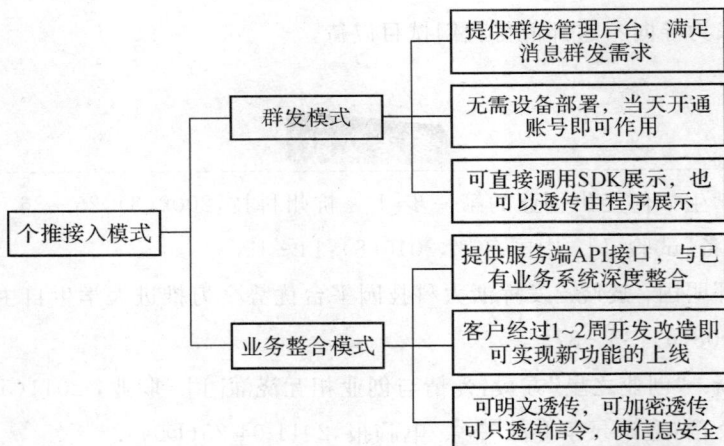

个推接入模式

群发模式
- 提供群发管理后台，满足消息群发需求
- 无需设备部署，当天开通账号即可作用
- 可直接调用SDK展示，也可以透传由程序展示

业务整合模式
- 提供服务端API接口，与已有业务系统深度整合
- 客户经过1~2周开发改造即可实现新功能的上线
- 可明文透传，可加密透传可只透传信令，使信息安全

附录 2　个推高层管理者简介

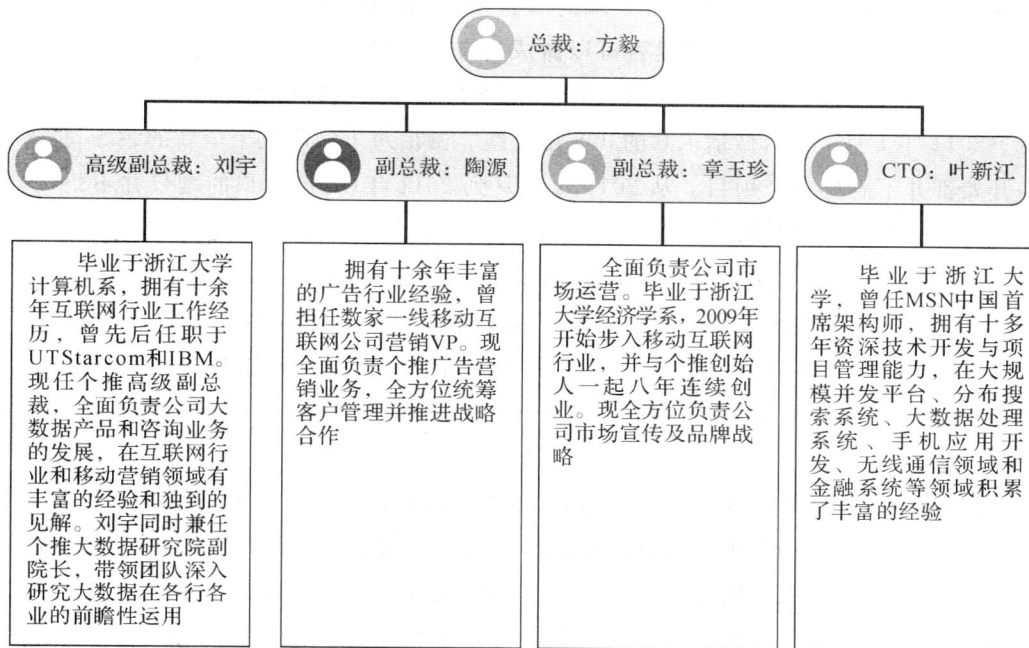

高级副总裁：刘宇	副总裁：陶源	副总裁：章玉珍	CTO：叶新江
毕业于浙江大学计算机系，拥有十余年互联网行业工作经历，曾先后任职于UTStarcom和IBM。现任个推高级副总裁，全面负责公司大数据产品和咨询业务的发展，在互联网行业和移动营销领域有丰富的经验和独到的见解。刘宇同时兼任个推大数据研究院副院长，带领团队深入研究大数据在各行各业的前瞻性运用	拥有十余年丰富的广告行业经验，曾担任数家一线移动互联网公司营销VP。现全面负责个推广告营销业务，全方位统筹客户管理并推进战略合作	全面负责公司市场运营。毕业于浙江大学经济学系，2009年开始步入移动互联网行业，并与个推创始人一起八年连续创业。现全方位负责公司市场宣传及品牌战略	毕业于浙江大学，曾任MSN中国首席架构师，拥有十多年资深技术开发与项目管理能力，在大规模并发平台、分布搜索系统、大数据处理系统、手机应用开发、无线通信领域和金融系统等领域积累了丰富的经验

附录 3　"微信"的创业过程

2010年10月，一款名为Kik的APP因上线15天就收获了100万用户而引起业内关注。它的火爆源于它的极致简单跨平台，它可以几乎不花任何力气就在很短的时间基于手机通讯录建立起自己的关系链。在很短时间内，它就以席卷一切的气势开始革命，直接导致2011年成千上万的类Kik应用被研发出来。

腾讯广州研发部总经理张小龙注意到了Kik的快速崛起。一天晚上，他在看Kik类的软件时，产生了一个想法：移动互联网将来会有一个新的IM（即时通信工具），而这种新的IM很可能会对QQ造成很大威胁。他想了一两个小时后，向腾讯CEO马化腾写了封邮件，建议腾讯做这一块的东西。马化腾很快回复了邮件表示对这个建议的认同，因为他意识到QQ并不是这个时代最需要的手机IM，更适合手机使用场景的IM才是时代最需要的，而且不仅仅是用户需要，腾讯也需要。因此他对此建议表示赞许，并仿照"微博"为这款未来的应用起了一个名字——微信。张小龙随后向马化腾建议广州研发部（简称"广研"）来承担这个项目的开发。

2010年前后，腾讯内部还有另外两个团队也在开发类Kik应用，但是他们忌惮会破坏和运营商的利益关系，压力之下这些项目都被暂缓了。而张小龙对于产品的偏执超乎想象，他继续不管不顾地向前推进。这种坚持让微信赢得了用户，继而在三位王子的储君争夺战中取得了胜利，而赢得腾讯的内部胜利从很大程度上意味着他已经赢得了移动互联网的胜利。

2010 年 11 月 19 日,微信项目正式启动。最初的人员基本都来自广研的 QQ 邮箱团队,开发人员没有什么做手机客户端的经验,唯一做过的手机产品是在 S60 平台上做的"手中邮"。有人建议公众号是否可以做成淘宝一样的网店时,张小龙直接否定了,他说:"我们应该用标准化的接口把所有的企业、物品都连接到微信里。"

2011 年 1 月 21 日,微信 1.0 的 iOS 版上线。微信对于广研是个全新的领域,很多人一开始都并不看好这个项目。从 2011 年 2 月到 2011 年 4 月,用户的增长并不快,所有平台加起来每天也就增长几千人。此时,先于微信 1 个月推出的米聊已进入用户数快速增长的阶段,媒体的关注度也高于微信,而且移动互联网 IM 工具市场由于许多功能类似产品的加入而呈现出复杂的竞争格局。这段时间,团队内部许多成员对于微信的发展都抱有着一种非常不确定的心态,认为微信没有任何优势,做微信没有前途。对于这些质疑,张小龙有他的想法。在他看来,产品并不是功能的集合,每个产品都存在其精神的部分。

2011 年 4 月,Talkbox 突然火爆起来,张小龙敏锐地认为这个地方一定有很好的机会,当机立断决定在微信中加入语音功能。微信 1.0 版本很多是纯粹的短信的交互,产品比较成熟;而 2.0 版本则跨度比较大,语音功能的加入对团队提出了不小的挑战。"从语音版开始就不一样了,我们经常到凌晨几点,"微信 iPhone 终端开发组组长 Lyle 说,"本来是在五一前就一度想发出去了,但发现很多东西没做好,就五一后才发。"

2011 年 5 月 10 日,微信 2.0 版本发布。而在此之前,米聊已先行一步推出语音对讲功能,用户反响强烈;而 Talkbox 英文版也在国内拥有一批"高端粉丝"。发布之前,团队成员们心里很忐忑,不知道语音版到底能带来什么。微信 2.0 的 iOS 版发布之后,用户增长量开始有一定的攀升,但并不是很大。团队成员心里也在打鼓,不知道到底有没有选对方向。Android 版发布以后,用户量开始快速增长。为了使用户在更多场景下都能较好地使用语音功能,微信团队对产品做了许多改进。语音版使微信成为一个有一定影响力的产品,也使微信在竞争中占据了一个相对有利的位置。

2011 年 8 月 3 日,微信 2.5 版本发布,支持查看附近的人。这一功能使用户可以查看到附近微信用户的头像、昵称、签名及距离,以便用户之间产生进一步的交流。这一功能使微信从熟人之间的沟通走向了陌生人之间的交友。查看附近的人功能出来之后,微信新增好友数和用户数第一次迎来爆发性增长。

2011 年 10 月 1 日,微信发布 3.0 版本,支持"摇一摇"和漂流瓶。"对于微信而言,有三个重要的增加点",张小龙说,"语音是一个,附近的人是最大的一个增加点,摇一摇也是一个增加点"。摇一摇可以让用户寻找到同一时刻一起在摇晃手机的人;漂流瓶则秉承了 QQ 邮箱漂流瓶的理念。"摇一摇"一推出就迅速成为许多微信用户非常喜爱的一个功能,现在"摇一摇"的日启动量已经超过 1 亿次。在 2011 年首届腾讯微创新奖中,"摇一摇"也榜上有名。提到"摇一摇"的创意过程,张小龙说:"我记得当时有一天我和同事在吃饭,提起下个版本到底做什么还没确定,我就说到通过摇手机来找人这个需求一直都有，但是如果像类似 bump 做的，只能摇到熟人的话，使用产品就缩小很多了。当时想到这个点，就有了这个方向，觉得挺好。"第二天他就让下属给出方案，并花了半天时间跟同事把核心要点确定了一下，符合用户一种最本能的行为习惯，简单自然。再后来马化腾发邮件询问是否再细化一下，免得竞争对手会做同样的功能。他当时就回了一个邮件，很有自信地说："竞争对手无法超越我们，因为一变化就要增加东西，加东西就是不对的了。"

2012 年 4 月 19 日，微信 4.0 的 iOS 版发布，其中"朋友圈"功能引起业界颇多注意，有评论认为这是微信"社交平台化"的一种尝试。微信 4.0 版本支持把照片分享到朋友圈，让微信通讯录里的朋友看到并评论。微信还开放了接口，支持从第三方应用向微信通讯录里的朋友分享音乐、新闻、美食等。2012 年 4 月 25 日，微信在香港、澳门、台湾三地均登上社交类的榜首。同时，腾讯公司开始做出将微信推向国际市场的尝试，为了将微信欧美化，公司将其 4.0 英文版更名为"Wechat"，之后推出多种语言支持。2012 年 6 月 5 日，微信在越南、泰国、马来西亚、沙特阿拉伯、新加坡等地也登上 App Store 社交类的榜首。微信不再只是一个工具，而是一个可以满足用户社交、情感、自我实现等所有需求的地方。

张小龙说："做产品就是要让用户爽，就像上帝一样。"也正是他这种乔布斯式的设计理念，让微信在 IM 市场迅速站稳脚跟，取得一席之地，并且逐步取胜。

附录 4　温州人的创业精神

"温州商人"是改革开放历程中一个至关重要的群体。二十世纪七八十年代，温州商人们敏锐地意识到了国家政策的变化，他们大胆地投入到创业致富的洪流中，并以群体性的优势，在全国乃至世界闯出了一条独特的经商之路，为中国的民营经济做出了巨大贡献。

温州之所以能创造民营经济的辉煌，其中最深层的原因在于温州独特的地域文化形成温州人特定的人文环境，从而成为温州民营经济发展的内生条件。温州地少山多，资源匮乏，交通不便，当地人为了养家糊口，只能外出"讨生活"，却由此培养了温州人特有的市场思维和创业精神。其中还包括了永嘉学派"义利并举"的重商观念构成的文化基因，这种文化基因影响和孕育了一代又一代的温州商人。在改革开放后，又形成了"敢为人先，特别能创业"的温州人精神。

温州人精神是一种自强不息的创业精神。首先，温州人的创新意识特别强，具有第一个"吃螃蟹"的冒险精神，曾经涌现了"胆大包天""胆大包地""胆大包海""胆大包江"等一批典型。其次，温州人的创业欲望特别强，"人人想当老板，人人争当老板，人人都有创业冲动"，这些欲望使他们义无反顾地打拼天下，"哪里有市场哪里就有温州人，哪里有温州人哪里就有市场"。此外，温州人还具有特别强的吃苦精神，"白天当老板，晚上睡地板""白天吃冷馒头，晚上睡车站码头"，这些都是温州人艰苦创业的真实写照。而在他们血液中流淌的更是"时间就是金钱""时间就是效率""时间就是商机"等信条。特别是温州人生活观念的与众不同,他们把吃饭睡觉叫生活,把做工创业叫"做生活"。这种原始的主观能动性无疑就是推动温州民营经济发展的内在动力。

市场经济的规律告诉我们:只有思路常新,才有出路。温州人能想别人不敢想、行别人不敢行、做别人不敢做的事,发现别人视而不见的商机,赚别人赚不了的钱。而在赚钱上,他们又集思广益,多想对策。因此,"共生共赢"是温州人精神的另一个重要方面。他们注重借力经营,形成战略联盟,集聚优势,赢取合作双方共同的更大利益,将存在于传统竞争关系中的非赢即输的二维关系,改变为更具合作性、共同谋求更大利益的三维关系。温州人做生意,讲的是"生意大家做,你好我也好","总不能算来算去,算到人家不敢跟你做生意",温州人懂得"我有利,客无利,则客不存;我利大,客利小,则客不久;客我利相当,则客可久存,我可久利"的经商之道。

在温州商人巨额财富的背后,处处能够看到普通中国人的优秀品质,诸如"心怀梦想、敢于尝试、充满冒险精神、具有敏锐的眼光"。对于生活充满乐趣且从不失望,无论跌倒多少次,总是能坚强地站起来。他们注重的不是创业聚集了多大的财富,而在于"创业"二字本身,在于励志和奋斗,在于展示一段特殊历史和美好人生。

资料来源:

[1] 章志图. 用温州人精神提升大学生就业意识[J]. 教育与职业,2011(6):94-95.

[2] 陈剑锋. 传承温州人创业精神 推进中职生创业教育[J]. 中国职业技术教育,2010(34):49-52.

[3] 孔笙. 温州商人创业精神的诠释——电视剧《温州一家人》导演阐述[J]. 中国电视,2013,2(12):42-43.

附录5 浙大人创业概览

"浙大系""阿里系""海归系""浙商系"构建了浙江"大众创业、万众创新"时代下的创客"新四军"。这四支创客"军队"各据阵地,甚有建树,其中最具有年轻活力的莫过于在"浙大系"引领下的大学生创业群体。虽然论综合实力,浙江大学并非全国第一,浙江省能在全国诸多高校排在前列的大学也只有浙江大学一所高校,杭州的高校资源无法和北京、上海、南京等地相比。然而,据2013年的相关数据调查显示,浙江大学本科生创业率高达4.16%,全国第一。2015年9月,艾瑞咨询发布的"中国独角兽企业估值TOP200榜单"中,滴滴快的、蘑菇街、盘石、一加手机、挖财网、中商惠民、普惠金融、七牛等企业上榜,他们均有浙大校友参与创办。据不完全统计,2015年,浙江大学应届毕业生及在校学生所创建、联合创建的公司,融资总额已超过2亿元。

2016年《浙江大学创业创投白皮书》显示,在上市公司(曾)担任主要管理岗位的浙大校友共112人,分布在浙大的26个院系77个专业。其中涉及A股上市公司88家,相关人员101人,这些公司分布在13个省市,遍布26个行业;海外上市公司10家,相关人员11人。而现任A股上市公司董事长、总裁、总经理77人,公司掌门人年龄从30岁到70岁不等,共管理公司72家,管理市值8540.18亿元,平均市值120.28亿元。同年数据显示,浙江大学在校生创业团队有 140 余支,与老一代创业者相比,新一代的创业者呈现了年轻化、互联网化、高学历、高科技含量、风投资金积极参与等特点,热衷于与创业创新的新浪潮共舞,如汩汩活水接力带来创业创新原动力。

表 1 浙大校友创业典型代表

校友	年级专业	公司简称	创业成就
田 宁	1996 级畜牧专业校友	盘石	2013 年,盘石发展成为全球最大的中文网站联盟,覆盖超过 95% 的中国网民。
陈伟星	2003 级土木工程专业	泛城科技	2012 年 7 月,"快的打车"在杭州正式上线,发展成为中国打车 APP 的领导品牌。
顾莹樱	2004 级社会学系	穿衣助手	完成 A 轮千万元融资。
杨明平	2002 级信息工程专业	超级课堂,画友	曾入选福布斯的"中国 30 位 30 岁以下创业者"。
陈 博	1999 级计算机专业	乐港科技	荣获 2008 年度"中国互联网精英奖"。
黄 琦	2005 级计算机科学与技术专业	淘淘搜	完成 B 轮融资,融资金额近 2000 万美元。
陈 琪	2000 级计算机专业	卷瓜网络和蘑菇街	2014 年 5 月底,蘑菇街的注册用户数突破 8000 万,2014 年 3 月份的交易额突破 2 亿元。
黑 羽（孙 颖）	1997 级国际金融专业	IN APP	获得千万美元级的 A 轮融资。
顾大宇	1996 级机械工程专业	bong 健康手环	被美国著名商业杂志 Fast Company 评为 2014 年最佳创新公司 50 强。
刘 俊	1997 级工业自动化专业	淘粉吧	2014 年获得景林资本 1 亿人民币 A 轮融资。
段 威	2004 级系统科学与工程专业	Mobvista	2014 年获得网易资本千万美元 A 轮融资。
黄晓煌	2003 级计算机专业	群核云计算	曾是浙大和港科大 ACM 校队成员,获过国内外大奖。已获千万美金级别投资。
齐 洋	2002 级信电系	佳格电子	全国最年轻的"千人计划"创业人才。
毛靖翔	2007 级信息与通信工程专业	米趣科技	获深创投千万级别投资。
刘靖峰	1991 级光学仪器专业	pcDuino	国家"千人计划"入选者。
潘鹏凯	1990 级工业设计专业	说宝堂	公司现已成为全球领先的少儿英语数码教材提供商。
孙 威	1992 级机械电子工程专业	海聚科技	入选国家千人计划,曾作为留学归国创业唯一代表,参加了国庆 60 周年天安门彩车游行。
宋宏伟	1992 级光电信息工程专业	方大智控	国内领先的智能照明控制及物联网解决方案的服务商。

续表

校友	年级专业	公司简称	创业成就
胡钢亮	1996 级化工系	康诺邦	其拥有的品牌均已成为各自细分领域的新锐代表。
宋向平	2001 级管理科学与工程	数云科技	品牌客户超千家,管理的最终消费者已达到 2 个亿。
尉建锋	1995 级临床医学专业	卓健信息	多个移动医院 APP 应用成为行业标杆。
陈 凯	1997 级光电系信息工程	华普永明	产品曾"点亮世界杯之路"、照亮西班牙城市。
陈 峰	1996 级土木工程专业	时空电动汽车	在整车研发、电池研发生产、充换电基础设施研发建设、城市电动汽车运营网络解决方案、移动互联网 O2O 平台实现全领域布局。
陈艺超	2001 级电气工程及自动化专业	游戏多	成为国内首家移动端单产品用户数过千万的手游媒体。
张黄瞩	1999 级计算机专业	卓亨信息	不到两年发展成国内下载量最大、增长最快的安卓游戏厂商之一。
潘连武	2000 级计算机专业	非奇科技	2013 年最多产的安卓游戏供应商之一。

Case 8   戴威:从燕园走向世界的 ofo 掌门人^①

引 言

在数座城市的街头,随处可见一辆辆鲜艳的黄色自行车,它们成为各种短途需要的人群的代步工具;它连接超过 350 万辆共享单车,为全球 4 个国家 81 座城市用户提供了超过 8 亿次服务;它已成为全球规模最大、覆盖最广、市场占有率最高的共享单车品牌。它就是 ofo 共享单车。

ofo 共享单车从萌芽、起步、发展到快速成长,整个历程中困难重重,创始人戴威与其创业团队成员如何凭借智慧与毅力开辟一种新兴行业? ofo 是如何从众多竞争对手的竞争中脱颖而出,在激烈的市场竞争中保持领先优势? 作为国内共享单车的创始人,戴威和其创业团队成员又是如何依靠不断地颠覆式创新提高 ofo 的竞争能力以及如何找到一个清晰稳妥的商业模式使 ofo 在激烈的行业竞争中立于不败之地?

一、校园风云

1991 年,戴威出生于安徽宣城。7 岁那年,他被半夜看法国世界杯的父亲吵醒,一来二去就成了 C 罗的铁杆。上小学,戴威参加了学校组织的足球队,在操场疯跑,这个爱好也伴随着他走过了整个童年。2006 年,戴威顺利考进了当地最好的中学——宣城一中。

高一时的戴威给父亲立下军令状"三年后上北大",就此"两耳不闻窗外事,一心只读圣贤书",原本视力 5.2 的他,三年下来竟戴上了 500 多度的近视眼镜。果然,人的潜力是无穷的。2009 年,戴威高考一举考入北京大学光华管理学院金融系。刚进入大学的他对一切都感到很新奇。大一时候,他第一次参加北大车协骑游凤凰岭的活动,搭帐篷、开篝火晚会,兴奋得不得了,由此结识了张巳丁。当时,张巳丁留着利落的短发,戴着黑框眼镜,右手中指戴着一枚 V 字仇杀队面具怪客的戒指,骑着一辆老款 26 永久,一路上

---

① 本案例由彭伟、孙步明、郑庆龄根据公开资料整理,版权归原作者所有,并对原作者的贡献表示感谢。案例仅供讨论,并无意暗示或说明某种管理行为是否有效。

坏了 20 多次,戴威帮他修车,两人就认识了。

在燕园的日子,戴威如鱼得水,"智商与情商并举,学习与社会实践并重",很快就成为学校的风云人物。大二暑假,戴威去学校附近的金和茶餐厅打工,这间茶餐厅,是戴威与创业这件事的"第一次亲密接触"的地方。

戴威与那间茶餐厅的相识源于一张"糊涂卡(SmartCard)"①,类似于团购的雏形。刚上大一的戴威就加入了全球最大的学生商业社团联盟"SIFE"②,负责拓展海淀桥片区的商户加盟,在北大学生中间发行的糊涂卡可以到店消费打折。此间戴威结识了金和茶餐厅老板,当时老板正处于经营低谷期,开业一年多一直在赔钱。戴威发现自己和同学每晚头脑风暴以及做 PPT 都要去清华附近的 24 小时咖啡厅,北大附近却没有。于是,他和老板商量,"晚九点到早九点归我,白天归他。"他买了几个插线板、台灯,把自家的路由器搬过去,把附近酒店大堂的网线拉过去,花了大概五千块钱打造了一个 24 小时刷夜学习的地方。

茶餐厅学习区开业时间选在期中考试前夕,第一天免单。让戴威意外的是,一下子涌入几十人,整晚爆满。此后,每人每晚收 12 块钱通宵费,最夸张的时候,要提前三天才能订到座位。期间戴威常听见顾客抱怨:"这月流量又超了!"戴威听后,向老板建议"为何不共享一下 wifi?",老板同意试行一个月。结果第二天餐厅就人满为患,老板一高兴,直接甩给了戴威 1000 元红包。更让戴威兴奋的是,当时雇了一个人看夜场,解决了一个社会就业问题。这次"初体验"持续了半年时间,之后这段经历被多家媒体报道,戴威从学院干部晋升为北大学生会主席。

二、初创骑游

2012 年,戴威保送上本校研究生。一天,他无意中在第二体育馆外看见爱心社在搞活动"把回收的军训服捐到西藏、青海"。2013 年,本科毕业的戴威"先斩后奏",不顾家人劝阻踏上去青海东峡镇支教的路途。对此,戴威的大学同学对他有个一致的评价:"敢想敢做。他是一个知道自己想要什么,也会努力去得到的人。今天交给戴威的事,不管多晚多难,他第二天准能完成。"

2013 年 8 月 26 日,戴威和三个小伙伴来到青海省大通东峡镇。戴威在一所高中当数学教师。在那里,戴威感受最深的是冬季没有暖气,只有冰山融化的水。最冷的时候零下二十五六度,晚上盖三床被子,穿三双袜子和衣服睡,屋里比屋外还要冷。"长这么大,从来没有这么冷过。"东峡镇的艰苦程度,让戴威始料未及。当地老师给他蚕豆一样

---

① "糊涂卡",取自北大"一塔湖图",北大 SIFE 商业圈项目团队是"糊涂卡"的创建者。该项目通过与商家谈判折扣,既降低北大人校外消费成本,又使商家薄利多销,起一石二鸟之效。

② 北京大学 SIFE(赛扶)社团于 2003 年成立,并在光华管理学院团委、光华管理学院 MBA 学生以及北大校友的支持下,发展了来自光华管理学院、经济学院、元培学院等北大各学院的 100 多名学生成员,逐步成为北京大学光华管理学院团委指导下的最大的学生商业实践类社团。

的食物嚼着吃,戴威含在嘴里嗑了好长时间,才把一颗豆子吃下去。"一天伙食费为 3 块,整天就是土豆蘸盐"。吃点苦也就算了,关键是还没法洗澡,一个月下来,戴威就觉得自己身上总飘着一股烂咸菜味。

到了第二个月,戴威已经疯了,他相约与同去支教的杨品杰等人去县城洗澡。东峡镇偏远,往返小镇与县城的山路崎岖,戴威一行人倒了 4 趟车,摇晃 4 个多小时才到县城,回去的时候,戴威再也不想坐车了。东峡镇到县城 17 公里,到西宁市区 42 公里,多山路,崎岖难行。为了去城里改善生活和洗澡,戴威和支教的同学都买了一辆山地车,这辆山地车成了他往返乡镇和县城 17 公里路的唯一交通工具。周末到县城吃上一顿德克士,是戴威难得的幸福时刻。据杨品杰回忆,有一次去县城,两个人吃了 160 块钱,戴威一个人就吃掉了 143 块。

每逢周末,戴威都会骑行 17 公里去城里一路饱览秀美风景。青海支教期间他看遍了青海的壮丽河山。"比坐车方便多了",戴威说。路上的三个小时,戴威一点也不觉得累,每每总会被青海的风景折服,正是那段经历让戴威感悟到"骑行是一种最好的了解世界的方式!"渐渐地,戴威成了重度骑行驴友,在当年的北京骑行圈小有名气,戴威对自行车的热爱也不是一般人可比的。

2014 年 4 月,戴威决心创业。在北大光华管理学院就读的学生,骨子里都有一股"怎么着也要折腾点事儿"的劲。他决心投身自己喜爱的与自行车有关的行业,但是自己创业要做什么项目呢?戴威很迷茫,他花了一段时间来思考自己到底应该做什么。

这并非戴威的第一次创业,在此之前有一个悄然失败的骑游项目,发起时间在 2013 年 7 月,也就是戴威大学本科毕业那年。他拉来张巳丁和同宿舍的薛鼎算了一笔账:"20 万元买一辆车租一天能赚 300 元,要租 1000 天才能回本;然而,2000 元钱买一辆山地车租一天 100 元,20 天就可以回本,这个比租车赚钱多了。"但是想法并未成形,三个人聊了两次之后,戴威就开始了青海的支教工作。不过,关于创业的讨论并未结束,甚至 ofo 这个名字就是戴威 2014 年 2 月在青海注册的。名字的由来也经历了一番波折,从骑百客到 7bike、17bike 到最后放弃英文和谐音,并且选择象形 ofo,因为戴威觉得"自行车是全球通用的语言"。

读本科时,戴威设想过做太阳能移动自行车车棚,也设想过用厢车装载自行车预约出租送货上门。2014 年 6 月结束青海支教返校后,戴威拉拢在车协认识的张巳丁和薛鼎一起创业,做山地车网络出租,设想一天租金 80 元,周转 30 次就能回本。网站上线后,两个月只有一笔订单。戴威认为问题是没有找到用户,9 月放弃网站,转向使用微信。通过转发参与抽奖赢自行车的活动,ofo 微信公众号在一个月里获得了 15000 人关注。此时 ofo 主要推出两类业务,一是分期消费,两千多元的山地车,一年支付 600 元,到业务关闭时卖掉了 5 辆车。另一是精选二手车,800 元收进来的二手山地车,翻新后 1200 元卖出去,卖掉了 20 辆。

此时戴威已经开始读研,他还成了专业骑行组织的主力。十一黄金周,大伙提议骑行去西藏,不巧戴威的山地车坏了,只好在图书馆泡了 7 天。闲极无聊,戴威突发奇想,

"为何不能给骑友租车呢?"与四五个同学一聊,大伙觉得有点意思。彼时国内创业风潮四起,资本狂热起来。戴威立马跟张巳丁、薛鼎说,想把青海骑行经历包装成一个产品,做成一个深度定制化骑行旅游项目。

戴威和张巳丁、薛鼎三人正式筹备再次创业。戴威记得很清楚,"ofo 的一号员工是薛鼎的高中同桌,以前是制药厂做药检的。挖不到别人,只能挖他。"没有成熟的创业模型,戴威几个人怀揣对骑行这件事的痴迷,就这样上路了。

戴威和团队成员商议做长途的骑游项目,如环海南岛、环台湾岛等,切入在线旅游这个上万亿元的市场。项目有了,钱呢?为了融资,这几个年轻人反复演练,叫来朋友做观众,并且分配好任务,戴威讲述支教经历,薛鼎讲自己的奋斗史,张巳丁讲自己如何勇敢的故事。

国庆过后,戴威拽一位师弟吃烧烤。戴威兴起对着师弟说:自己正在做深度骑游的创业项目。巧的是师弟正在北大校友肖常兴的唯猎资本[①]实习,应承道:"基金刚成立,我可以拉你去聊聊。"几天后,戴威见到了天使投资人肖常兴[②]。唯猎资本创始人肖常兴听戴威聊支教 40 分钟,聊项目 3 分钟,就打断戴威:"行了,就这样,我们投你 100 万元,我后面还有个会。"肖常兴觉得应该支持这群支教的年轻人,给他们出来做事情的机会。至于项目细节,肖常兴挥挥手:"下次再聊。"戴威是处女座,做事细致周全,这样草率的决策令他十分诧异。回家之后,戴威脑袋有点懵:不会是个骗子吧?直到查出肖常兴不仅有上市公司背景,还是个资深投资人时才放心。年底的时候,戴威和他的团队顺利拿到了唯猎资本的 100 万元融资。

拿到 100 万元融资后,戴威很快启动 ofo 的第一个项目"环台湾岛骑行"。"我们先自己探路,提前做功课,如沿路住的青旅,当地的特色小吃……"为了确保骑行路线不出现差错,骑行团的领骑特意均从当地人中招募。线路筹备好之后,团队组织大家报名。"主要是通过朋友圈宣传的手段,毕竟是第一次组织,还是希望熟人一块,有事情大家可以相互理解。"让戴威比较意外的是,团队策划的骑游线路吸引了不少陌生人报名。"报名之后,需要做的事情还有很多。办通行证、办机票、办签证,当地自行车的租赁,沿途的吃住,这些都要提前安排好。"一切准备妥当之后,时间到了 2015 年 1 月底。参加环台湾岛骑行一共 12 个人,最小的 9 岁,最远的从成都赶来。

1 月 26 日,骑游团队出发来到台湾岛。尽管做了万全准备,骑游还是出现了意外。"一路上遇到的突发情况很多。比如我们规定骑车过程中不能拿手机拍照,但是有一个成员觉得景色太美了,就单手扶车拍照,结果撞到障碍物,导致暂时性失忆,连为什么来台湾都忘了。当时我们吓坏了。"2 月 6 日,"ofo 骑游"的第一次骑行团在磕磕绊绊中顺利结束。回到北京后,戴威算了一笔账。"活动从 12 月筹备,2 月结束,每个人的报名费

---

① 北京唯猎资本管理咨询有限公司于 2014 年 12 月 11 日成立,公司经营范围包括企业管理咨询、投资咨询、投资管理等。

② 肖常兴:唯猎资本创始人之一,香港高阳科技中国区负责人,1990 年以安徽高考文科状元身份考入北京大学。

是 8999 元，利润是 1000 多元，整个团下来，一共仅挣 1 万多元。"这样的数字对一个十几个人的团队来讲并不乐观。

环台湾岛骑行结束后，戴威先后组织了十几次骑行团，成立了骑行领队团，开拓出近 10 条骑行旅游线路，发展骑行爱好者近 2000 人，组织了环济州岛、环富士山、环海南岛等多次大型骑行旅游项目，足迹到过海南岛、济州岛、青海湖、云南等热门的旅游地。"每一条线路都是我们一点一点跑下来的，这个阶段的 ofo 像是一个传统旅行社。大家做得比较痛苦，已经背离当初创业的初衷。"

另外，为了增加用户，戴威效仿滴滴搞补贴。戴威派人在广州、深圳、厦门等旅游城市做地推，打出一个用户送一瓶脉动。没曾想地推团队一个月谈了三四百家店，每天补贴三四万块，买山地车、支付领队工资、做宣传广告、给客户赠送礼品……100 万元很快见底，挣钱很难，花钱却很快，流水二三十万元，利润几万元。几个旅行项目一做，肖师兄的那 100 万元就见底了。

眼巴巴撑到 2015 年 4 月，ofo 账面上只躺着 400 元，还有 2 个程序员、5 个运营人员等着发工资。"要么死，要么变"，戴威有些慌了。马上要从北大考古专业毕业的张巳丁忧伤地说："公司要是死了，自己毕业后就要去修文物了。"一天，戴威迷迷糊糊来到西环附近的一家麦当劳，一坐便是一整天。近十名 ofo 员工的工资已发不出来，更找不到创业的方向和前景。

此时，戴威正遭遇人生最苦闷的时刻。为了融资，戴威已奔波数月，但每一次跟投资人聊完都是一盆冷水泼回来，不断调整还是找不到投资人认可的方向。唯一的一个口头协议，最后还被投资方放了鸽子。戴威陷入了前所未有的自我怀疑之中，"连续被喷两个月，非常受伤，再有激情的创业者也会迷茫。"戴威说。火热的资本给这几个年轻人结结实实地上了一课。"我每天见好几个投资人，居然连一个感兴趣的反馈都没有，非常打击人。我们一开始想，A 轮融 2000 万元，两周之后觉得不行，就说融 1500 万元，然后再降到 800 万元、400 万元，还是不行。你拿脉动换了几千个注册用户，资本一眼就看明白了，现实把这些不切实际的想法给浇灭了。"

每天被铺天盖地动辄上千万的融资消息冲击着，戴威整个人变得很浮躁，"市场很热，所有人都在融钱，为什么我们不行？""总想着别人融资了，我们也要融资，别的项目还不如我，融的钱怎么能比我还多？"戴威总感觉自己在最正确的赛道，但怎么都火不起来。"那时候可是 2015 年上半年，是中国 A 股的风口期，VC 圈也疯了，随便一个天使轮都能融一两千万"，戴威苦笑，即便这样，他也只有灰头土脸吃闭门羹的份儿。

此时的戴威已经没有资本再和创业的同行们攀比融资金额，而生存的压力正日益凛冽地袭来。戴威很痛苦。直到他发现这份痛苦很可能就来自于自己身上。"过去我太浮夸、太流于表面了"，这是一次次彻夜思考后戴威得出的结论。骑游确实显得"高大上"，也确实更接近当时火热的在线旅游风口，但这个需求到底多大，或者说自己的资源能否撑起这个需求，一直都没有进入向来自信的戴威的思考中。

团队何去何从？戴威和张巳丁、薛鼎常常在五道口的办公室冥思苦想到半夜，却依然一无所获。想不出答案,就去骑车,哪怕不知路向何处。从五道口到成府路、再到四环,戴威等三人深夜里时常骑着自行车漫无目的地闲逛。"路边全都是自行车,这么多人骑车,怎么才能够让他们成为我的用户呢。ofo 的机会到底在哪儿?"当时讨论了无数方向,都被自己否决。对戴威而言,这种感觉就像做数学题,隐约觉得能做出来,但就卡在关键一步,既痛苦,又有一点点的兴奋在里面。

2015 年 4 月中旬,薛鼎找戴威商量,决定把环青海湖项目做到极致,团队自负盈亏,总部不用管。薛鼎带了三个兄弟凑了几万元,在青海租了个一室一厅的小房子,硬是一个月内把沿青海湖所有民宿、餐厅、自行车店、保障车、应急救援全部搞定。但后续资金仍旧毫无着落,ofo 岌岌可危。青海湖骑游项目不过权宜之计,戴威琢磨如何开拓新业务。他回到自己最初的想法:"能不能解决校园里总是丢自行车的问题?要不干脆收一批车来租出去。就算万一这件事不成,50 元收过来的二手车,100 元卖出去也不亏。"

三、抓住刚需

尽管屡屡受挫,戴威始终在自行车出行领域闯荡。正是在这种捉襟见肘、融资连连碰壁的情况下,戴威开始意识到自己的失败,但他特别不甘。从小到大,戴威一直都在群体里扮演领导者的角色:小学他是班里的班长,大学里他从学院学生会主席一直升到校学生会主席。他练过 5 年足球,4 年田径。他觉得自己不该在这个时候退缩,就像他喜欢的足球明星罗纳尔多、C 罗,没有哪个不是刻苦训练坚持下来才有后来的成绩。

幸运的是,经过不断地归纳总结,戴威最终明白,"骑游是一个伪需求,自行车最本质的需求还是代步出行,代步才是真需求。"戴威复盘这次失败——自己本科四年却丢过五辆车,对于骑行这种低频需求而言,解决代步问题才是这一群体的痛点。就这样,戴威抓住了校园代步刚需,慢慢地他就想到了共享的方向上去了。戴威做了一个大胆的设想:最方便的就是出门看到车就可以骑,骑到哪放下就可以不管了。这个想法让戴威十分兴奋,仿佛抓住了一道难解的数学题的答案,他感觉眼前一片光明。2015 年 5 月 12 日,戴威午饭后找张巳丁到公司附近遛弯,随口提出自行车共享模式的新奇构想,没想到两人一拍即合。戴威随即打电话给远在青海的薛鼎,三个人的想法不谋而合,决定转型。

决定停掉骑游业务进而专注自行车共享项目后,戴威不得不裁员。他在员工座位旁转悠,开不了口,便让张巳丁去谈,张巳丁也不乐意。最后,戴威拉上张巳丁一起将员工叫到阳台上谈,"我是真不好意思,不敢抬头看对方。"行动力强的不仅仅是戴威,接到电话获知要做新项目的薛鼎当晚就清理完手上业务,连夜赶回北京。2000 多公里的路,花了不到三天,抵达北京之后,只休息半天就投入工作。

戴威迅速地做了一份共享单车方案。5 月底,戴威拿着方案再一次找到了肖常兴师兄,这回他不讲支教的故事,改讲"共享单车的宏伟蓝图"。肖常兴师兄并不看好这个模式,他回应:"虽然我不太看好你们这个自行车共享,但经历了失败,你们的团队也有了成长,我给你钱,估值给你涨一倍。"就这样,肖常兴又给了 100 万元,并且还把估值涨了一倍。正是这 100 万元让 ofo 起死回生。

在正式行动前，戴威在校园里做了一圈调研，几乎都是质疑的声音。ofo 内部也觉得把 1000 辆车放在校园里让人随便骑，肯定有去无回。如果以买车的方式做租车，融来的钱很快就会花光。戴威提出用共享的方式收车，张巳丁觉得这无异于空手套白狼，"大家都不傻，为什么要把车给你呢？""很多人觉得我读书读傻了，大学校园里谁会愿意把车白白送给你，还能让其他人来一起使用？我大学舍友说两个月后你肯定得放弃，散伙的时候记得请我们吃饭；我父母每周都在打电话问公司什么时候倒闭啊，赶紧找工作吧。"

在一片质疑声中，北京大学教育学院 2015 届硕士于信加入 ofo 成为联合创始人，他也是戴威在车协认识的朋友。于信认为自己领导力不差，但也愿意给戴威当副手。因为戴威有想法，执行力强，曾经竞选北大学生会主席，在竞选对手胜率更大的情况下，戴威主张学生会由学生主导，支持学生创业，争取了一些期待变化的同学的选票，以 1 票险胜。"他是个敢作敢为的人，后来学生会领导下有 3 家创业公司。"于信说。

戴威、薛鼎、张巳丁、于信等人加班加点在校园里游说遇到的同学，给大家讲解"共享单车计划"。将市场放到北大这片熟悉的校园，戴威开始感觉创业变得得心应手起来。这回，戴威学乖了，有钱悠着点花。一开始，这件事不被人看好，也不被人理解，甚至有时候戴威他们自己也不理解自己在干什么，没有一个用户加入，但是大家也没有放弃，创造新兴行业的开始往往都伴随着此起彼伏的质疑甚至是漫长的起步期。就这样坚持到了 2015 年的 6 月 6 日那天，在北京大学理科教学楼前，竟然有人推着自行车找到了他们，说要共享自己的单车。这个人叫胡彪言，是 ofo 共享单车的第一个用户，也是第一个共享车主，戴威与团队成员以最快的速度给他的车上了车牌，车牌号是 8808。这是 ofo 逆袭的开始！

从那时起，他们不再迷茫了，大家觉得做这件事是有意义的。张巳丁酝酿了两个通宵，6 月 16 日在公众号上写了篇文章《这 2000 名北大人要干一票大的》。在此文中，戴威宣布 ofo 将为北大校园提供超过 1 万辆自行车，同时也呼吁 2000 名北大师生贡献出自己的单车。末尾写道"100 多年来，有很多北大人改变北大，也改变了世界，这次轮到你了！"那篇文章当晚就有 10 万多阅读量，一夜刷遍北大校园。ofo 共享单车正式开启了服务，"通过 ofo 公众号，可以注册消费、获取单车密码"。随后 1 天内，ofo 收到了 400 多份申请。

截至 9 月初，ofo 共收上来大约 1000 辆车。戴威和团队成员为这些车上了车牌、刷了漆、装了机械锁，不需要钥匙，根据密码就能打开。就这样，戴威花了两个月使 ofo 彻底甩掉了骑游项目，顺利转向了单车共享平台。很快，ofo 单车共享便在北大校园里掀起了一股热潮。

2015 年 9 月 8 日，ofo 校园共享单车上线第一天，早上 8 点，仅有的 6 个成员扎堆站在北大校园张罗。头一天晚上大家干了个通宵，很疲惫，但那天就一直盯着后台的数字看。他们没想到这一天，就涌进了 200 多个订单，有 500 多个用户注册，这让戴威他们激动不已，戴威的第一反应就是"这事儿靠谱了！"第一次感觉到自己做的事情是受别人喜欢的、被需要的。之前哪怕 10 个用户,都是"求爷爷告奶奶"似的拉来的,但这是第一次戴威等人都隐约觉得,终于做出了一个有生命力的产品,它是能长大的。走在北大校园,身边一辆一辆 ofo 经过,这种感觉让薛鼎等人感到兴奋。ofo 一直在找正确的赛道,起点终于出现了。

到了 2015 年年底,ofo 的天使投资人组局,戴威和当初一同去支教的杨品杰都在场。就是在那场饭局上,杨品杰在醉意间被成功"洗脑"。当时戴威给他看了两段视频,其中一个视频是日本的一个广告片《人生不只是马拉松》。镜头中有一堆人在跑马拉松,突然镜头停止,大家四散跑开,有的去结婚了,有的去看电影了,有的去养猫。"表达的意思就是实现人生价值的方式多种多样。"杨品杰号啕大哭,"在那个时间点,非常戳我的泪点。"此后,杨品杰便加入 ofo,成为 ofo 联合创始人。

四、再遇坎坷

ofo 火了,但随之而来的却是各种问题。创业,就是不断解决问题。随着项目慢慢走上发展,新的问题又接踵而来。由于车辆来源均来自于学生提供,到 2015 年 9 月时,ofo 平台的车辆总数也不过 1000 辆。当发现共享单车的第一波规模红利有限时,戴威想,如果继续下去,项目的发展空间依旧会十分有限。他决定在校园投放一批自生产的"小黄车"。但小黄车的出现并不在最初的构想中,于是,戴威决定 ofo 开启单车的自采购模式。后来,自采购模式成为 ofo 平台车辆的最大一部分来源。但是大家发现了一个问题,新车采购需要自掏腰包,购车、开发、技术、运营等高额成本随之而来,100 万元天使融资很快就要用光了。考虑到 ofo 依靠借钱维持的现状,如果没有外部资本进入,ofo 将很难维持,戴威开始四处借钱。此时 ofo 共享单车的商业模式依然模糊,毕竟此时共享单车是一个新兴产业,所以投资人并不看好。

2015 年 10 月,戴威厚着脸皮,第三次找到肖常兴师兄,希望再借 250 万元。肖常兴师兄再次支持了他。戴威自己又东拼西凑借了 250 万元。戴威说,"我们给出的条件是融钱之后将资金转为股份"。正所谓一快遮百丑,创业解决问题的办法,只有舍命狂奔,这是 ofo 此时的发展节奏。同月,戴威在北大孵化器路演,巧的是,当时台下坐着东方弘道①的创始合伙人李晓光。李晓光是北大 81 级计算机系学长,他对戴威的项目表现出浓厚的兴趣,几番沟通,协议签订,300 万元打进了 ofo 账户……就这样,ofo 获得了来自唯猎资本和东方弘道的 Pre-A 轮 900 万元融资,尽管当时戴威身上已经背着多达 600 万元的债务。

2015 年 10 月底,ofo 在北大单日的订单突破 3000 单。戴威意识到这次是真的抓到了用户的需求,于是也有了复制扩张的想法。也正是靠那 900 万元,ofo 开始扩张。靠着

---

① 北京东方弘道资产管理有限责任公司于 2010 年 2 月 8 日成立,公司经营范围包括投资管理、投资咨询、企业管理咨询、企业策划等。

这笔钱，戴威推动 ofo 走出了北大校门，迈向了更多中国高校。2015 年 12 月，ofo 终于走出了北大校门，"投放车辆＋订单快速增长"，这个看起来顺风顺水的模式被不停复制，ofo 很快在中国人民大学、中国地质大学、中国农业大学、北京语言大学、北京航空航天大学 5 所高校同时运营，40 余万注册用户，服务近 100 万高校师生，日订单量达到 1 万，累计订单突破 150 万！

五、大获融资

2016 年 1 月 29 日，ofo 已覆盖到 5 个学校，日峰值订单接近 2 万单。当天上午，一个自称金沙江创投①的电话打了进来。客服姑娘接过电话后，把金沙江约见意向写在一张小纸条上，下午才交给戴威。原来，在北大校园发现小黄车的是金沙江创投副总裁罗斌②。他也是北大毕业生，回母校时发现身边有小黄车频繁经过。但戴威对金沙江不甚了解，拿到纸条后也未加理睬。直到晚上 10 点，回到家感觉不回复一下不礼貌，就发了一条短信过去："感谢关注，有机会上门拜访"。当时已临近春节，很多人都做好放假回家的准备，戴威觉得不可能有投资人还在上班谈项目。可是不到一分钟，戴威就收到了回复。14 个字的短信给他留下极其深刻的印象："明天早上 10 点，国贸三期 56 层。"

第二天早上，戴威和张巳丁到金沙江办公室，见到了罗斌，并与 Allen 聊了 20 分钟，而这个名叫 Allen 的投资人就是金沙江创投的朱啸虎③。这是他第一次见到了朱啸虎。当时他并不知道朱啸虎是谁，就觉得这个人说话速度非常快，问题非常犀利，把他问懵了。二十多分钟的谈话中，"每天的使用频率是多少，未来的市场规模和成长空间有多大"，都是朱啸虎最关心的问题。当时朱啸虎就给了戴威一个 Term Sheet④，要投 1000 万元。但金沙江创投最初给的估值并不高，和戴威的预期有一定差距，"我们当时的预期是 1 亿元估值，但最后打了六七折的样子。"戴威和张巳丁在国贸的地下商场讨论，并且百度搜索朱啸虎到底是谁，一搜才知道原来他竟然投了陌陌和滴滴，上楼戴威就答应签字了。拿到金沙江创投 A 轮投资 1000 万元的时候，戴威趴在国贸三期商城的围栏上，和张巳丁感叹，从来没有见过这么多钱，他俩有点晕乎乎的。

随后，戴威 600 万元的债务全部转成了股份。手握 1000 万元 A 轮融资的 ofo 准备开启校园市场的大规模扩张。此外，金沙江后续给 ofo 带来了很多的资源，在朱啸虎的

---

① 金沙江创业投资基金成立于 2004 年，专注于投资立足中国、面向全球市场的早期高新技术初创企业。

② 罗斌，拥有北京大学法律硕士学位和中山大学计算机学士学位，毕业后先后在几家基金和投资机构从事投资事务。他在 2014 年加入金沙江创投，先后投资了映客、ofo、爱心筹、VIP 陪练等项目。

③ 朱啸虎，金沙江创业投资基金董事总经理。朱啸虎拥有复旦大学的世界经济学硕士学位、上海交通大学通信工程学士学位。加盟金沙江创业投资基金以前，朱啸虎创办了全球领先的保险行业应用软件提供商易保网络技术有限公司，在大型软件产品开发和国际化发展方面积累了丰富的经验。

④ 投资条款清单，是投资公司与创业企业就未来的投资交易所达成的原则性约定。

撮合下,戴威与天使投资人王刚①、真格基金②相识。两个月后,ofo又获得了1000万元的投资。然而,资本热流的涌入并没有让戴威放弃冷静思考。每一次和资本接触,他都希望能给项目注入最需要的血液。

此时ofo的扩张号角已经吹响,校园数量从5个激增到25个。然而,到了2016年4月份,ofo的日订单量却卡在两万单,不增反降。戴威复盘,当时算过一个学校100辆车的边际效应最大,投多了浪费,就把原来一所学校的车分散到了几所学校。单校单车数量减少后,好多刚刚培养起来的用户觉得不方便就不再用了。也就是说,学校规模增加了,单车数量增加了,但是密度和使用频率下降了。戴威很焦虑,周末组织所有运营人员开会,分析从2015年12月到2016年4月订单没有增长的问题,"200辆车的时候,1天1辆车只被用两次,500辆车的时候,1天1辆车就能被用4次,相当于200辆车一天只有400单,500辆车就有两千单。"

ofo不可能满足所有人的需求,只能满足大部分人的需求。站在这个角度,戴威决定调整投放策略,不再以撒胡椒面的方式向多所学校投放单车,而只挑8所重点学校集中投放。当时还关在校园运营的ofo,被骑出校门无法收回,一时间变成"海淀小黄车"。投资人的电话打过来:"城市用户没有学生证不能注册认证,在街上看到小黄车不能用,提前投放城市吧。"

戴威并未采纳这一建议,而是把车堵在校园。对于他来说,这是一个不完美却不得不做的决定。戴威调派运营师傅满城去拉小黄车回校园,但是,"架不住学生骑得多。"创始团队五个人讨论了两个晚上,最终决定封校,当时在武汉是全封,北京、上海实行单双号限行。单号车只能在校内骑,双号车交99元押金可以骑到校外,但是必须本人骑回来。到了5月份,订单一下子起来了。

尽管用户对"封校"并非没有抱怨,但在封校之后,ofo的日订单数从2万单"跳升"到8万单。2016年5月17日,达到106322单,突破了10万单。此时,ofo交出了一份漂亮的成绩单:开拓城市近40个,连接单车超过100万辆,注册用户超过1500万,为用户提供出行超过2.5亿次。缔造出这份数据的,除了庞大的用户需求,自然离不开资本这枚助燃剂。

5月26日早晨,戴威起来很晚,没有去公司,而是去了金源购物中心,买了三件衣服,然后把一块他想要了很多年的价值4000元的手表买了下来,之后吃了一顿火锅,直接去了经纬中国③的办公室。从下午3点谈到晚上9点,戴威才和他们签了协议。戴威觉得金沙江和王刚可以帮他们从成功者的视角看问题,而"投资过快"的经纬则可以从另外一个角度给他们启示,这样的组合更让他安心。

---

① 王刚,男,天使投资人,2016年1月9日被授予"创业邦2015年度天使投资人"称号。
② 真格基金是由新东方联合创始人徐小平、王强和红杉资本中国基金在2011年联合创立的天使投资基金,旨在鼓励青年人创业、创新、创富、创造。
③ 经纬中国正式成立于2008年,旗下共管理5支基金,总值约13亿美金。经纬中国关注投资领域主要包括移动社交、交易平台、O2O、电商、智能硬件、互联网教育、垂直社区、文化、医疗、互联网金融等。

六、进军城市

2016 年 6 月，ofo 的校园共享单车计划已经拓展到广州。广州有一个大学城，十几所大学，4 个村庄，共 18 平方千米，3000 多辆车，每天能有 2 万多单。当时，戴威就觉得其实这已经不是一个大学城的概念，而是一个县城的级别。秉着"城市是一个大校园，校园是一个小城市"的理念，戴威觉得可以开始去尝试城市市场了。

在戴威稳步求进时，"半路却杀出一个程咬金"。2016 年 8 月，摩拜单车①宣布进入北京市场。戴威和 ofo 其他四位创始人到朝阳区街头一溜达，发现使用摩拜的人确实挺多，顿时预感不妙，"如果错过时机，ofo 可能永远走不出校园"。几天后，ofo 的联合创始人们在街头观察，骑着橙色自行车的人越来越多了。但是一旦进军城市市场，ofo 必将面临更多的像摩拜单车这样的对手。2016 年 9 月，各大高校一开学，ofo 的日订单数一下涨到日均 40 万单，收入也随之"水涨船高"到每月 1000 多万元，这样的好成绩却掩盖不了摩拜进入北京市场给 ofo 带来的不安。

戴威开始反思当初的"封校"：城市就是不封校的校园，如果 5 月就直接选择进入城市，那肯定就不一样了。2016 年最遗憾的事，就是进城市进晚了。"人更愿意待在自己的舒适区，我们当时计划用两年时间把全国 2000 个大学都做完，就天然地觉得，城市等我们两年后更强了再说吧。"戴威喜欢足球，"看球的时候我有一个体会，要是有个队得了点球却没罚进，多半会被对手进球反超，给了你这样的机会你都没抓住。创业也一样，在机会面前要谨慎冷静，但更要笃定地去把握机会。"戴威决定进军城市。

于是，他连夜召集团队开会"讨论进军城市"。那时校园业务发展得如日中天，公司一些人认为"只要把学生群体套牢，ofo 就不会轻易淘汰"。但戴威根本不服气。况且，在摩拜进入北京市场后，紧接着媒体上又先后传来小鸣单车②、优拜单车③融资的消息，此时的 ofo 依旧专注于校园市场，但是竞争不可避免。戴威决定马上参与"竞赛"。其实，在面对进入城市的很多问题和困难，ofo 创业团队每个人心里都很清楚：作为年轻人，如果连自己都不敢想敢做，谁来实现"随时随地有车骑"的梦想，要挣扎着活下去。这个时候，共享单车已经不是小打小闹了，进军城市的前提是必须有大佬支持。

2016 年 9 月，ofo 宣布获经纬中国数千万美元 B 轮融资。在准备进军城市市场的关键节点，戴威通过朱啸虎认识了程维，他是经历过当年滴滴快的血雨腥风市场争夺的人。

---

① 摩拜单车，英文名 mobike，标志为小橙车，2016 年 4 月，在上海上线，是由胡玮炜创办的北京摩拜科技有限公司研发的互联网短途出行解决方案，是无桩借还车模式的智能硬件。2016 年 8 月，摩拜单车凭借其优势发展十分火爆；9 月，摩拜单车已经获得超过 1 亿美元的 C 轮融资，由高瓴资本、华平投资集团领投，多家机构跟投，包括红杉资本、启明创投和摩拜单车早期投资方。

② 小鸣单车车身为蓝色，其创始人是邓永豪和陈宇莹，旨在提供城市"最后一公里"的出行服务。

③ 2016 年 6 月，优拜单车正式成立，英文名 U-Bicycle，是由上海轾辂信息技术有限公司研发的互联网短途出行解决方案，优拜单车旨在解决城市短途出行问题，创始人余熠。2016 年 7 月，"优拜单车"获得千万级天使轮融资。2016 年 11 月，优拜单车完成 1.5 亿元人民币的 A 轮融资。

戴威和程维谈了很多关于共享出行的话题,随后,滴滴与ofo签订了千万元投资协议。在戴威看来,对于缺人缺钱缺经验的ofo来说,滴滴是最好的老师。10月10日,ofo共享单车宣布完成来自滴滴出行等的1.3亿美元C轮融资。

此外,滴滴也教会了他们如何玩红包。最开始,张巳丁他们的红包完全没有策略,随机全员发放。然而,滴滴告诉他们,对于经常使用的用户可以少发放红包,使用频率低的用户需要推送更多的红包刺激他转化。3到5折、6到7折、8到9折的折扣也是按照算法调配比例,过一段时间就看看用户留存情况,再进行调整。杨品杰强调一定要做红包群,他所负责的高校最多的一所有280多个红包群,用户骑车后直接往群里分享生成的红包,其他人就忙着抢红包。"骑车最好的场景就在校园,短途代步需求太大了。"杨品杰说。

10月11日,纪拓①凌晨赶回北京,一下飞机就赶到上地②。在这里,ofo吹响了进军城市市场的号角,凌晨4点,他们在学五食堂处合影。从这一刻起,没有人再把他们当作一支青涩的学生创业团队,"刺刀见红"的互联网江湖,在他们面前徐徐铺开。粮草弹药准备充足,戴威决定发枪,"ofo正式开启城市服务"。2016年10月16日深夜,一辆辆小黄车被从货车上搬下,整齐地码放在北京西二旗和中关村两个地铁站的出站口。车子摆好了天还没亮,卸车的年轻人谁也没走,静静擦起了车,像是父母打扮将要出嫁的女儿。第二天早上,不到7点,第一批早起的上班族走出地铁站,守了一夜的ofo员工手持宣传单围了上去……"进入城市"是ofo小黄车成长中第三个重要的时间节点。"我们没有准备好,但我们进城了。"戴威说。

11月17日,ofo在北京举办了第一场正式的发布会,正式宣布进军城市市场,戴威公布了"城市大共享"计划,并且准备用更开放的态度欢迎全球的自行车品牌、生产商将自行车和服务接入ofo,而700Bike③则成了ofo第一个合作伙伴。戴威与700bike单车制造商合作,推出新一代小黄车ofo3.0。这回的小黄车特征明显,3公里之外就知道是ofo,而且车身小巧、轻便、车座可调节,最主要的是一般智商的小偷根本搞不定密码锁,安全性大大提高。开启城市服务不到两周,ofo日订单就突破150万,成为继淘宝、天猫、饿了么等之后中国第9家日订单过百万的互联网平台。为减少产品折旧率,戴威组建专业修车团队。很多摆摊的修车师傅正愁没有活干了,于是主动排队送上门来"加入到ofo的黄色军团",3人一小组终日徘徊在大街小巷。2016年年底,ofo已拥有超过300万城市和高校用户,连接单车数量达16万,总订单量达4000多万。

联合创始人张巳丁说,迈入城市市场以来,投资人开始不断地找上门来,最多的时候

---

① 纪拓,北大学生,ofo早期员工,现任ofo深圳城市总经理。
② "上地"之名由来已久,地处海淀区中东部,南临圆明园遗址。早年间因这里的地势微见岗丘,相对来说比周边地区略高一些,形似一个高地,故称"上地",意为"上升之地"。
③ 700Bike公司,2012年5月18日由原久邦数码创始人张向东(朝西)联合创办,700Bike致力于构建一个包含生活方式和运动美学的全新互联网社群;用时尚、潮流的方式引导和传递自行车文化,让运动更科技,让骑行归于生活。

CEO 戴威每天都要见三十个投资人。甚至有合伙人笑称,"半天不见戴威,我们之间的信息不对称程度就非常高了"。从 A+一路刷过了 B、B+、C 轮,ofo 不再缺钱,赶上了共享单车的风口,ofo 起飞的速度令全行业为之惊讶。但戴威却丝毫没有苦尽甘来的快感,他甚至根本没时间去高兴。对于一个大学生创业的草根班子,掉链子是常态,这让戴威一度大为头疼。"今天觉得车可以投产打样了,过两天又发现风控和质检不够好",戴威说。公司越做越大,他们才发现,公司需要越来越多的支撑体系。"建好之后觉得这次终于可以没有后顾之忧了,又发现服务器有压力,打不开了要扩容,DBA 各种安全系统又得上……"

这是一个足以让一般人崩溃的过程。为了应对业务的高速发展,戴威和他的团队不得不快速自我更新。在 2016 年这一年里,戴威带领 ofo 几乎是每两三个月就会自我蜕变一次,这是一个十分痛苦的过程。这也逐渐成了 ofo 核心团队的常态。"不蜕变,公司就会死,不是像以前那样穷死,而是吃得太撑,直接崩掉。"靠着这股自我蜕变的劲头,ofo 挺了过来。面对经验老到的对手,经验相对不足的 ofo 团队并未在车辆生产、城市扩张等业务发展层面掉队。对此,戴威很有成就感。戴威也公开表示:"不断自我更新的团队,是投资机构认可 ofo 的最重要原因之一。"

七、空降高管

人才,是戴威现在最渴求的财富。2016 年 11 月,张严琪加入 ofo。生于 1986 年的张严琪,曾经的标签是"Uber 全球最年轻的区域总经理",负责中国优步 30 个城市的业务。加入 Uber 之前,他是中国银行总行的外汇交易员,2014 年成为中国优步的前五位员工之一。不到两年时间,他先后将成都、北京的月订单量做到全球第一,在成都从滴滴手中抢到 30% 的市场份额。2016 年 9 月,四川会馆,戴威的生日会上,张严琪随朋友一同参加,是两人的第一次碰面。张严琪回忆,"我预期戴威应该是 90 后的模样,没想到很成熟,沟通起来很顺畅。更重要的是,我对共享单车这个行业感兴趣,两人的思维方式很像,如果我来做的话也会那么做。"闲聊下来,两人有很多一拍即合的地方。

彼时,滴滴、优步合并①不久,张严琪正在滴滴负责汽车后市场业务。但他很快发现,这个领域不足以让他感到兴奋。有了加入 ofo 的想法,张严琪征求程维的意见。"程维对年轻人创业都是抱着支持的态度的。"当时,滴滴投资 ofo 还未敲定。在张严琪看来,"这是一个巧合"。对于为什么从滴滴跳槽到 ofo 这个问题,张严琪说了四点原因,"共享单车未来的市场规模和战斗规模将超过滴滴和优步中国;平台型的商业模式很有想象力;创始团队的理念很专注,专业的人做专业的事情是我很认同的;戴威对数字很敏

---

① 2016 年 8 月 1 日,滴滴出行宣布与 Uber 全球达成战略协议,滴滴出行收购优步中国的品牌、业务、数据等全部资产在中国大陆运营。滴滴出行创始人兼董事长程维将加入 Uber 全球董事会,Uber 创始人 Travis Kalanick 也将加入滴滴出行董事会。

感,所有商业决定都是数字驱动的。"

加盟 ofo,符合张严琪"开拓者"的风格。"我更多的感受是一种兴奋,比如你明天有一场演出,有可能会忘词,但是你还是很兴奋,因为你并不知道观众会怎么样,你只知道你有一个 show,这个 show 没有人看过。这是一种隐隐约约的兴奋。"除了自己的兴奋感,张严琪还带来了优步中国的老同事们,"有运营、法务、战略,还有以前 Uber 最大城市的总经理"。这些人才的到来对于渴求人才的戴威来说无异于是雪中送炭。

摩拜单车 CEO 王晓峰[1]也是前 Uber 中国高层。张严琪加入 ofo 后,两公司的较量正式开启。完成 C 轮融资后,ofo 大规模进攻城市市场,城市运营人员的压力太大了,于是戴威决定把合伙人全部下放到主要城市去。薛鼎被派到上海和摩拜死磕。薛鼎到上海的第一件事就是在摩拜总部对面租下一间办公室,"从北京总部出发的时候,确实是立了军令状的,因为上海太重要了。拿下上海的过程,就是虎口夺食。"在校园,薛鼎的突破口是复旦大学,他用了一个月时间。"上海的推广一开始并不顺利,因为很多用户已经被摩拜教育过。"薛鼎只能耐心解释,"ofo 已经创业两年了,是从北京来的,有很大的数据支撑。这是个复杂的过程。"

杨品杰也被派到了武汉、广州。他印象最深的是,"特别像打仗,每天都在数据驱动下工作非常紧迫。虽然大家都是合伙人,但是开周会总结的时候完不成任务还是很尴尬。老戴会翻着笔记说,你上周新增用户是多少,没有完成任务啊。"每个月几千块钱的工资,杨品杰基本都拿来请地推的兄弟们喝酒吃饭了。

当然,碰壁都是难免的。ofo 团队因为缺乏战斗经验和战略失误,在缺乏城市试点的情况下,执行动态调价倍数的策略,走了不少弯路。空降 ofo 担任 COO 的张严琪则经验丰富。2017 年 2 月 24 日,摩拜单车第一次发布全国免费骑活动,截至 3 月 23 日,这一个月内,有 10 天全国免费。这一次,ofo 几乎没有延迟地跟进了战斗,随即推出力度相近的免费活动,充值优惠则达到了"100 送 110""100 送 200"的水平。"现在谈竞争还太早,是大战的前夜。"张严琪的判断是,3 月份以后战斗的味道就要出来了,真正的大战在 6 月份以后。"到时候你会感觉到,硝烟四起。"

八、进攻全球

伴随着城市市场的扩展,2016 年年底,戴威又做了一个决定:"出海,走出国门,把小黄车骑到硅谷、伦敦和新加坡。"对于戴威来说,出海这件事从创业第一天就在脑子里,他有过在巴黎从凯旋门去埃菲尔铁塔的经历,走路太远,想租公共自行车又用不了中国的信用卡,相似的状况发生在很多国家和城市。戴威看到了一份行业报告,全球 70% 的人

---

[1] 1997 年,25 岁的王晓峰从厦门大学企业管理专业毕业,成为宝洁公司的一名销售,一干就是 9 年,随后,他在 Google 中国以及腾讯等公司上班,拥有跨国公司和本土公司工作经验。Uber 于 2014 年 2 月从上海进入中国,王晓峰是其早期负责人之一,担任上海区城市经理。2015 年年底,王晓峰在摩拜创始人胡玮炜的劝说下加入摩拜,成为摩拜单车联合创始人兼 CEO。

会骑自行车，也就是 50 亿人，这是一个庞大的人群，这更加坚定了戴威国际化的野心。其实从 2015 年 9 月 ofo 小黄车正式运营开始，在资本追逐的过程中，戴威等人的野心早已出鞘，"以共享单车这件事来说，全球不可能有企业打得过我们，全世界 80% 的自行车是中国生产的，我们的成本优势特别大，还有很多排他的产能。"

是什么让戴威有进攻海外市场的信心？首先，是已经存在的需求。欧美交通设施、公共空间、学校社区之间的距离更遥远，大学城到地铁站多的要走半小时，短途接驳与出行有着更强烈的需求。其次，欧美骑行文化浓厚，人们对自行车投资甚至高于汽车。再次，像伦敦这样的城市虽然已经存在共享单车，但取车过程复杂，取还点固定，还称不上什么共享服务。所以，戴威认为此时是中国互联网企业出海的最佳时机。2016 年年底的 ofo 具有强现金流、高复制性、满足刚性需求等特点，因此要尽快抓住窗口期进军海外市场，而这也将有助于 ofo 在全球市场保持领先优势。

ofo 选择了旧金山、伦敦、新加坡作为全球化第一站。戴威总说一句话："只要思想不滑坡，办法总比困难多。"2016 年 12 月 23 日，ofo 正式对外宣布，将于近期在硅谷、伦敦等地开启城市服务试运营，开启全球运营战略。其后，ofo 根据不同国家的地理、文化、国情、人口等差异，根据各地的实际情况，进行不同运营理念的市场建设。于信去美国考察，他本人希望能把准备做到尽善尽美。当时美国有的州法律规定自行车必须安车灯，这对 ofo 来说要在硬件上调整很麻烦。于信回来谈到这个问题，戴威一句话就过去了："你想太多了，硬件上不能做调整，太麻烦了，先落地再说。"如何把自行车装灯从公司行为变成用户行为？于信想了很久，琢磨可以通过用户协议赠送车灯，由用户安装车灯。这次的小黄车由 ofo 团队自主投放，预计在硅谷和伦敦两地投放共计 2 万辆的自行车，而首次将投放数千辆，此后也会在海外开启"城市大共享计划"，另外，首批自行车将会在 Google、Facebook 等园区进行投放。

海外版的小黄车在设计上和国内 3.0 版本的小黄车有些类似，但会根据欧美用户的身高、体型和骑行习惯选择不同的车架。从外观来看，车型比目前国内的 ofo 小黄车尺寸更大。在运营上，ofo 借鉴国内的运营经验，根据每座城市的出行特点，结合针对用户行为的大数据分析，来开展运营。ofo 为此专门开发了海外版 APP，在试运行阶段，ofo 将以信用卡支付的形式开展业务。团队方面，海外市场主要由其联合创始人之一于信负责，并且组建了外籍工程师团队负责设计与开发工作。这次出海的自行车仍然是"中国制造"，此次的新车是由中国最大的自行车出口企业之一——凤凰自行车厂进行专门设计和制造。也就是说，小黄车运了一批自行车到硅谷，然后将其称为"布局海外市场"。对此，ofo 方面解释称，中国本来就是最大的自行车出口国，并且每年往外出口的自行车相当多。

2017 年 2 月，ofo 小黄车正式登陆新加坡。考虑到新加坡总面积小且区域集中的特点，在运营初期，ofo 为了在新加坡当地扩展业务，拓宽市场，打响品牌知名度，与 UberEats（Uber 推出的送餐应用）展开合作，开展了"单车＋送餐"的初期运营模式。不仅能物尽其用，降低 ofo 小黄车的闲置率，还能弥补新加坡当地送餐模式的缺陷，短时间内便给 ofo 小黄车带来巨大增量。戴威和于信等人后期通过数据比对,选择重点区域扩大投放,让 ofo 小黄车利益最大化。

继 ofo 登陆新加坡之后,英国也盼来了小黄车的到来。同月,ofo 小黄车在伦敦剑桥最初投放 500 辆小黄车试运营,并开展实施单车共享计划,广受当地政府及社会各界的好评,并且允许 ofo 加大车量的投放。英国本地人喜欢通过骑行来表达情绪,不论是庆典还是抗议都会组团骑行。ofo 小黄车快速落地给英国当地人们带来了更好的出行体验。与英国的骑行文化不同,美国的大量骑行需求促使 ofo 小黄车被快速接受。

2017 年 3 月,美国成为 ofo 小黄车进驻海外的第三个国家。ofo 小黄车顺利进军美国市场,率先在美国波士顿哈佛校园里试运营,刮起了一阵"黄色旋风",引领了当地新的骑行风潮。除了哈佛校园,在加州硅谷地区和纽约也能看到 ofo 小黄车的身影。并且戴威宣布,ofo 未来很快会在其他多个城市落地。ofo 在美英市场的快速崛起,也把中国"智"造、中国创新的理念第一时间向全世界传递。半年左右的发展时间,共享单车业务在新加坡、伦敦、美国等地区整体铺开,ofo 小黄车与当地文化的快速融合,促使了 ofo 小黄车的飞速落地,成功打开了市场和 ofo 品牌知名度,也为 ofo 小黄车之后的快速出海提供了强大动力。

截至 2017 年 5 月,ofo 小黄车已经在全球 5 个国家、120 个城市同步运营,连接车辆超过 600 万辆,用户累计骑行高达 10 亿次,和 ofo 小黄车合作的自行车供应商产能占到共享单车全行业的 70%。ofo 小黄车已然成为全行业中单车数量第一、覆盖国家和城市数量第一、产能第一、用户量第一、订单量第一、用户累计使用次数第一的共享单车品牌。

ofo 的创始团队成员们对这半年来的海外布局早已轻车熟路。在这半年的摸索和成长过程中,ofo 小黄车逐渐在北美和欧洲等移动互联网普及程度较高,且对短距离出行有强烈需求的市场站稳了脚跟,成为美国硅谷、英国剑桥、新加坡等地区出行的常见交通工具。ofo 作为中国第一家出海的共享单车公司,不管是出海速度、节奏的把握、运营能力、海外市场规模以及其他方面上,都远远领先于其他共享单车公司。

九、硝烟四起

2017 年年初,戴威开启了一个"城市战略"计划,此时,ofo 以"一天开一城"的速度,快速覆盖了全国 33 座一线和省会城市,春节后 ofo 把覆盖的城市提高到 100 座。ofo"小黄车"和摩拜"小橙车"间的战争不输当年的滴滴和快的、滴滴和 Uber。27 岁的戴威表现得性格温和、儒雅,让人很难将他与这场火热的"单车大战"联系起来。他曾拒绝用"打斗、战争"一类的暴力词汇形容即将到来的那一刻,虽然他知道,"竞争是难免的"。

2017 年 3 月 1 日,ofo 完成 D 轮融资,黄橙大战一触即发,正面战场的交锋激烈,资本战场的硝烟也不容小觑。摩拜单车也早已获愉悦资本①、熊猫资本②以及摩拜正式宣布的 C 轮融资方高瓴资本③、华平④、红杉⑤、启明创投⑥等的投资。单看融资规模，成立两年半的 ofo 经历了多达八轮的融资。ofo 身后集结了 DST、滴滴出行、中信产业基金⑦、经纬中国、Coatue、金沙江创投、东方弘道、真格基金、天使投资人王刚、顺为资本等资本大咖，摩拜单车亦是如此。这个被贴上"资本吹起来"的标签的新风口，一如当年的千团大战、打车大战，一时间狼烟四起。除了 ofo 和摩拜，入局单车领域的玩家前仆后继，例如小鸣单车、优拜单车、小蓝单车、骑呗单车⑧、由你单车⑨、HelloBike⑩以及永久⑪等传统单车布局的共享单车项目。

3 月 16 日，ofo 与蚂蚁金服旗下的芝麻信用达成战略合作，开启共享单车的信用免押模式。然而，由于缺乏车辆定位，ofo 在用户寻车、集中调度、数据搜集及应用上存在一定劣势，一系列问题日益凸显。不仅如此，4 月 1 日，上海质监局还公布了一份《共享自行车服务规范》征求意见稿。意见稿要求共享单车必须具备 GPS 定位系统，仅这一项，就足以将 ofo 平台的大部分车辆拒之门外。虽然意见稿当前并不具备法律效应，但其对相关法律法规制定起到的指向性作用，依旧不容忽视。这意味着 ofo 的成败，很大程度上会取决于定位车的推进进度。

---

① 愉悦资本成立于 2015 年 4 月，由原君联资本 TMT 核 3 心团队刘二海、戴汨、李潇等联合创办，是一家关注于 TMT 领域的风险投资基金。主要投资阶段为天使初创期、成长发展期、成熟期。愉悦资本投资领域包括互联网、移动互联网、本地生活、教育、金融、文化娱乐体育、硬件、电子商务、企业服务。

② 熊猫资本成立于 2015 年 5 月，由四位新锐投资人李论、梁维弘、李心毅、毛圣博共同发起，定位于早期创业项目投资，重点关注房产、汽车、金融、企业服务与物流、健康消费等。

③ 高瓴资本是一家专注于长期结构性价值投资的投资公司，由张磊先生于 2005 年创立，现已成为亚洲地区资产管理规模最大的投资基金之一。

④ 华平投资集团（Warburg Pincus）是国际领先的私募股权投资公司。自 1966 年成立以来，华平一直采取深入行业的投资方法，专注消费、工业和服务、能源、金融服务、医疗保健以及技术、媒体和电信等行业。

⑤ 红杉资本由唐·瓦伦丁于 1972 年在美国硅谷成立，先后投资了如 Apple、Google、Cisco、Oracle、Yahoo、Linkedin 等众多知名公司。红杉中国的合伙人及投资团队兼备国际视野和本土经验，从 2005 年 9 月成立至今，在科技、消费服务业、医疗健康和新能源/清洁技术等投资了众多具有代表意义的高成长公司。

⑥ 启明创投成立于 2006 年，先后在上海、北京、苏州和香港设有办公室，专注于投资互联网消费、医疗健康、信息技术以及清洁环保技术等行业早期和成长期的优秀企业。

⑦ 中信产业投资基金管理有限公司是中国中信集团公司和中信证券股份有限公司从事投资业务的专业公司于 2008 年 6 月设立。中信产业基金致力于成为立足中国的世界级 PE 基金管理公司。

⑧ 2015 年 7 月，骑呗单车，即杭州骑呗科技有限公司成立。2016 年 11 月 3 日，杭州互联网科技公司骑呗与芝麻信用在杭州洲际酒店召开的战略发布会上发布，骑呗单车正式入驻杭州。

⑨ 由你单车，英文 UniBike，是由厦门大象单车科技有限公司创办的无桩共享单车出行平台，致力于解决最后一公里出行问题。团队成员均为 95 后，共 8 人，来自北大、人大、北航、北师大、上外。2016 年 10 月 30 号，由你单车首批产品在中国人民大学投入使用；11 月份，由你单车进入了中国农业大学、中国地质大学、北京语言大学、北京化工大学、北京航空航天大学、上海外国语大学；12 月份，由你单车又在松江大学城进行了单车投放。2017 年 4 月，由你单车 UniBike 宣布获 1 亿元 A 轮融资并投放城市，首批城市单车投放北京。

⑩ 2016 年 11 月，共享单车 Hellobike 宣布完成 A 轮融资。另据 Hellobike 创始人杨磊透露后期会引入其他投资机构，此轮融资将主要用于投入研发和造车。2016 年 12 月 6 日，无桩智能共享单车品牌 Hellobike 在厦门集美进行低调的试运营，12 月 12 日，Hellobike 正式宣布进驻厦门，已经投放超过 40 个停靠点。

⑪ 上海永久股份有限公司是中国最早的自行车整车制造厂家之一。新中国成立以后，它作为最大的国有自行车厂为中国自行车行业的发展做出了不可磨灭的贡献，永久研制了统一全国自行车标准、规格的标定车，又开发了中国第一代 660mm 轻便车、载重车、赛车及电动自行车、LPG 燃气助力车等产品。

面对这个问题,戴威丝毫没有慌张。4月6日,共享单车 ofo 小黄车与北斗导航达成了战略合作。未来,ofo 将在京津冀地区配备由北斗导航研发的拥有全球卫星导航定位技术的"北斗智能锁",车辆定位更加精准。ofo 开始较大范围地进行定位车测试,2017年全年投放的小黄车绝大部分都会是定位车。另外,该投放多少单车的问题,也是戴威在探索的答案。事实上,部分地区曝出共享单车泛滥成灾、影响正常出行,使得共享单车泡沫的论调甚嚣尘上。"对于单车市场,存量和增量都要看,先看存量,中国市场里的存量6亿多辆,即便 ofo 拥有两三千万辆小黄车也才占5%",而这也是很多人并没有真正考虑的因素。

十、奋起狂奔

4月22日,ofo 宣布获蚂蚁金服 D+轮战略投资。戴威和蚂蚁金服负责人双方都没有公布这一轮投资的具体金额。因为在戴威看来,引入蚂蚁金服的投资,战略价值大于财务价值。此外,继摩拜抱上微信的"大腿"后,4月27日,ofo 正式接入滴滴出行,滴滴用户可通过滴滴出行 APP 陆续在全国直接使用 ofo 小黄车。这次的合作,ofo 和滴滴将在用户注册、认证、押金缴纳、在线支付、客户服务方面全线打通。

5月3日,ofo 小黄车宣布正式进入第100座城市——拉萨,成为全球覆盖城市最多的共享单车出行平台。这也标志着 ofo 小黄车成为首个为4个国家100座城市提供服务的共享单车出行平台。5月6日,共享单车 ofo 小黄车在第27届中国国际自行车展览会上宣布与中国"百年功勋企业"、国际知名自行车品牌凤凰达成战略合作,双方将在共享单车研发制造、产能及供应链、品牌战略合作、海外市场布局等多个领域展开深入合作。5月17日,共享单车的原创者和领骑者 ofo 小黄车在北京举行主题为"The one"的517品牌日活动。活动现场,联合国开发计划署(UNDP)与 ofo 小黄车签署战略合作备忘录,正式宣布在全球范围内启动"一公里计划"。

5月20日,ofo 小黄车正式发布"X 计划",宣布将支持中国卫星创业公司九天卫星发射民用娱乐卫星,助力中国商业航天事业发展。未来,ofo 有望通过以该卫星为起点的物联网卫星星座,进行共享单车卫星定位监控和信息回传,助推中国商业航天产业化。

ofo 在2017年上半年的发展速度令人惊讶,取得的成就也是让人大吃一惊,戴威也感觉像是"坐上了火箭一般飞速前行"。7月1日,ofo 小黄车在北京大学举行公司第一次党员大会,宣布公司党委正式成立。ofo 创始人兼 CEO 戴威当选为公司党委书记,联合创始人杨品杰、薛鼎当选为副书记。7月25日,北京大学光华管理学院和 ofo 小黄车联合宣布成立"北大光华-ofo 小黄车共享经济研究中心",双方将在学术研究、专业人才培养、行业交流等领域开展深入合作,开启院企合作的新模式。

尾　声

作为共享单车的原创者和领骑者，ofo 在关于中国式创新路径方面体现更多的是"坚持"两字。也正是因为坚持，ofo 才成功立足校园，成功走向城市，并从中国成功走向全球。"共享是一种信任，使用也是一种信任。共享单车更重要的一点，是拉近了人与人之间的距离。"张巳丁表示，"我们真切地感受到城市的每个角落、每条街道、身边的人，都被 ofo 的共享单车模式改变着。ofo 所带来的自行车变革，让自行车摆脱了落后、廉价的标签，现在它是高效便捷、青春时尚的代名词。"但如今市场硝烟四起，行业竞争日趋激烈，戴威和团队成员该如何在永不停歇的市场竞争中保持其行业"独角兽"的地位继续一枝独秀？

与两年前相比，戴威已经完成了从地狱到天堂的飞跃，但接下来他需要走的路还有太多。共享单车领域日益严峻的竞争态势、扩张压力、对手的步步紧逼都让戴威和创业团队成员如履薄冰，他们该如何破解发展路上的无数难题？他们能将曾经创造的奇迹延续下去吗？

参考文献

[1] 陈静. ofo 小黄车：漫漫赛道 舍命狂奔[N]. 世纪人物，2017-06-15.

[2] 戴建兵. 共享单车市场的博弈与均衡——来自 ofo 与摩拜的案例分析[J]. 中小企业管理与科技，2017(6)：47-48.

[3] 郭师绪. 资本大战后 共享单车如何盈利？[J]. 新产经，2017(3)：68-70.

[4] 郭雅琼. 别只看到摩拜和 ofo 的千万美元融资共享经济其实没那么好玩[J]. 投资有道，2016(11)：62-65.

[5] 洪志生，薛澜，周源. 以"共享"理念驱动产业创新和经济转型[J]. 党政视野，2016(7)：33.

[6] 焦丽莎，邓攀. ofo 不纠结[J]. 中国企业家，2017(12)：32-35.

[7] 焦丽莎，王攀. "骑行狂人"戴威[J]. 中国企业家，2017(5)：74-84.

[8] 李儒超. 摩拜 vs ofo：一场"神州"与"滴滴"的战争[J]. 商业文化，2017(10)：70-73.

[9] 梁忠让. 从共享单车的发展看慢行交通的回归[J]. 工程建设与设计，2017(10)：88-89.

[10] 马晓宁. 戴威："共享是一种需要长期培养的习惯"[J]. 现代青年，2016(12)：57-59.

[11] 蔚晴. 飞奔的小黄[J]. 中国企业家，2017(6)：8.

[12] 吴丹. 共享单车：星星之火能否燎原？[J]. 财讯，2017(4)：141.

[13] 徐敏，韩阳，杨鑫. ofo，走向何方？[J]. 新西部，2016(12)：54-58.

[14] 佚名. ofo 创始人戴威：地狱到天堂的飞跃[J]. 赣商，2017(4)：54-59.

[15] 佚名. ofo 宣布正式接入滴滴[N]. 深圳都市报，2017-04-28(A02).

[16] 尹丽梅，周凯玲. "我们是一帮脚踏实地的理想主义者"——访 ofo 共享单车联合创始人张严琪[J]. 中国商界，2017(1)：109.

[17] 银昕. 凤凰的"涅槃"ofo 的野心[J]. 中国经济周刊，2017(25)：68-69.

[18] 袁阳平，张玲玲. ofo 创始人兼 CEO 戴威：资本与流量都不如勇敢重要[J]. 支点，2017(4)：22-25.

[19] 张辉. 共享单车在国外[J]. 课外阅读，2017(14)：34-37.

[20] 张巳丁. 从校园到城市，我们的痛苦和坚持[J]. 甬商，2017(2).

[21] 赵东山. 戴威搅动起资本暖流的冷静青年[J]. 创业邦，2016(2)：54-57.

[22] 周敏. 摩拜对决 ofo：共享单车"火"了[J]. 沪港经济，2016(11)：18-24.

附录

附录 1 共享单车在中国的发展

共享单车是指企业与政府合作，在人流密集区提供无桩自行车单车共享服务，是以互联网平台为依托的典型"互联网＋"项目。它给传统自行车插上了互联网的翅膀，是城市交通系统重要的组成部分，共享单车的出现有效地缓解了城市交通拥挤的现状，解决了市民出行"最后一公里"的难题；且共享单车最大优点是随取随停；不仅如此，共享单车更是共享经济的体现，所谓共享经济是一种基于共享闲置服务或物品的一种新型商业模式。2016 年，李克强总理曾在政府的工作报告中表明，政府需要加大推动共享经济发展在内的"新型经济"发展的力度。

自行车租赁的概念起源于欧洲，1965 年第一代公共自行车系统在荷兰首先出现。由于中国发展历史和现状与欧洲不同，公共自行车系统起步较晚。2007 年，智能化运营管理的、真正具备一定实用价值的公共自行车系统开始进入中国，此时的运作模式是公共自行车租赁，由政府主导，分城市统一管理。2007 年 8 月，北京率先开始投放公共自行车。2010 年永安行公司成立并承接浙江台州、苏州、上海松江公共自行车系统项目，获得了成功。

中国共享单车共经历了三个发展阶段，第一阶段是 2007—2010 年，国外兴起的公共单车模式开始引进国内，多为由政府主导分城市管理的有桩单车公共。第二阶段是 2010—2014 年，逐渐演变为由企业承包模式的有桩单车；第三阶段是从 2014 年至今，随着互联网的快速发展，共享单车的概念开始兴起，以企业为主导的互联网共享单车便应运而生，主要用来方便市民出行，解决市民出行"最后一公里"的难题。2014 年 ofo 共享单车成立，ofo 的出现为校园提供了便捷经济、绿色低碳、更高效率的共享单车服务。不久,面向社会公众的共享单车开始出现——2015 年摩拜单车进入市场,刮起了城市单车领域的"橙色风暴"。截至目前,ofo 单车和摩拜单车为市场上占有份额最大的两个共享单车品牌。

根据第三方数据研究机构日前发布的《2016 中国共享单车市场研究报告》显示,截至 2016 年年底,中国共享单车市场整体用户数量已达到 1886 万,预计 2017 年,共享单车市场用户规模将继续保持大幅增长,年底将达 5000 万用户规模。报告还显示,共享单车更受年轻男性欢迎。中国共享单车用户中男性占比 54.2%,女性占比 45.8%。用户年龄分布中,25～35 岁人群使用最多,其次是 25 岁以下人群。使用频率中,每周使用3～4 次的用户最多。

自 2016 年以来,各类共享单车先后涌上街头,据统计在 2016 年约有 25 个新的共享单车品牌进入市场,其中甚至还包括共享电动自行车,多种多样的共享单车为市民的出行提供了便利,同时也侧面反映出共享单车市场竞争的激烈。

表 1 国内共享单车的发展历程

	2014 年 8 月	ofo 骑游成立
萌芽期	2015 年 1 月	摩拜单车成立
	2015 年 6 月	ofo 共享单车北大上线
	2015 年 10 月	摩拜完成 A 轮数百万美金融资
	2015 年 12 月	ofo 获得 Pre-A 轮融资
		Uber 上海总经理王晓峰加入摩拜
	2016 年 2 月	ofo 获得 A 轮融资
	2016 年 4 月	摩拜单车在上海开始运营
	2016 年 8 月 15 日	摩拜单车在北京开始投放,引起媒体关注
表演期	2016 年 8 月 19 日	摩拜单车完成 B 轮数千万美元融资
	2016 年 8 月 30 日	摩拜单车完成 B+轮数千万美元融资
	2016 年 9 月 1 日	摩拜单车召开北京发布会
	2016 年 9 月 2 日	ofo 完成 B 轮数千万美元融资
	2016 年 9 月 23 日	优拜单车宣布获得数千万天使投资
	2016 年 9 月 26 日	ofo 完成数千万元美金 B+轮融资
	2016 年 9 月 26 日	朱啸虎发微信称单车大战将在 90 天内结束
	2016 年 9 月 28 日	熊猫资本称若年内 ofo 能超过摩拜,熊猫资本裸骑
	2016 年 9 月 30 日	摩拜完成红杉、高瓴 1 亿元美金 C 轮融资
	2016 年 10 月 8 日	小鸣单车获得 1 亿元 A 轮融资
	2016 年 10 月 9 日	ofo 走出校园在北京、上海试运营
	2016 年 10 月 10 日	ofo 获得小米、顺为、中信 1.3 亿美金 C 轮融资
	2016 年 10 月 13 日	摩拜完成腾讯、高瓴、贝塔斯曼、启明等 C+轮融资
	2016 年 10 月 16 日	摩拜单车进入深圳

续表

爆发期	2016 年 10 月 20 日	Joybike 携手飞鸽入局
	2016 年 10 月底	小鸣单车在广州和上海上线
	2016 年 10 月 27 日	CCbike 正式发布
	2016 年 10 月 30 日	由你单车在北京人大上线
	2016 年 11 月 3 日	骑呗单车携手芝麻信用入局杭州
		Hellobike 在苏州上线
	2016 年 11 月 4 日	Hellobike 获得 A 轮融资
	2016 年 11 月 10 日	一步单车在成都上线
	2016 年 11 月 16 日	摩拜进入成都
	2016 年 11 月 17 日	ofo 宣布正式进入城市
		Uber 西区北区经理加入 ofo
		Funbike 深圳科技大学上线
	2016 年 11 月 18 日	快兔出行在互联网大会发布
	2016 年 11 月 22 日	小蓝单车在深圳上线
	2016 年 11 月 24 日	永安行共享单车携手芝麻信用宣布进军成都
	2016 年 12 月 8 日	摩拜单车进入宁波
	2016 年 12 月 8 日	ofo 正式进入广州
	2016 年 12 月 13 日	优拜单车获得 A＋轮融资

附录二 ofo 小黄车大事记

2015 年

- 6 月,ofo 共享计划推出,在北大成功获得 2000 辆共享单车。
- 10 月,完成 Pre-A 轮融资。

2016 年

- 1 月,完成 A 轮融资。
- 5 月,ofo 共享单车总订单量突破两百万,单日服务校园出行近十万次。
- 6 月,ofo 共享单车总订单量突破五百万。
- 8 月,完成 A＋轮融资。
- 9 月,获得数千万美元 B 轮、B＋轮融资。总订单突破一千万订单,日订单突破 40 万单。
- 10 月 10 日,ofo 宣布完成 1.3 亿美元 C 轮融资。
- 11 月 17 日,宣布正式开启城市服务,启动"城市大共享"计划。
- 12 月 9 日,ofo 宣布正式登陆深圳。
- 12 月 16 日,ofo 宣布正式进入成都、厦门。

- 12 月 23 日，ofo 率先发布海外战略，在美国旧金山、英国伦敦展开试运营。

2017 年

- 1 月，ofo 宣布覆盖到全国 33 个城市。

- 1 月 16 日，ofo 发布第一代智能锁。

- 2 月 22 日，ofo 宣布与中国电信、华为达成全面合作。

- 3 月 1 日，ofo 完成 D 轮融资。

- 3 月 9 日，ofo 与 700Bike 联合发布新一代共享单车 ofo Curve。

- 3 月 16 日，ofo 与蚂蚁金服旗下的芝麻信用达成战略合作。

- 4 月 6 日，ofo 与北斗导航达成了战略合作。

- 4 月 22 日，ofo 宣布获蚂蚁金服 D＋轮战略投资。

- 5 月 3 日，ofo 小黄车宣布正式进入第 100 座城市——拉萨。

- 5 月 6 日，ofo 小黄车在第 27 届中国国际自行车展览会上宣布与中国"百年功勋企业"、国际知名自行车品牌凤凰达成战略合作。

- 5 月 17 日，ofo 小黄车在北京举行主题为"The one"的 517 品牌日活动。联合国开发计划署（UNDP）与 ofo 小黄车签署战略合作备忘录，正式宣布在全球范围内启动"一公里计划"。

- 5 月 18 日，ofo 共享单车正式更名为 ofo 小黄车，同时更换 LOGO。

- 5 月 20 日，ofo 小黄车正式发布"X 计划"。

- 7 月 1 日，ofo 小黄车在北大举行公司第一次党员大会，宣布公司党委正式成立。

- 7 月 25 日，北京大学光华管理学院、ofo 小黄车宣布成立"北大光华－ofo 小黄车共享经济研究中心"。

附录三　ofo 创始团队

左起：张巳丁　杨品杰　于信　薛鼎　戴威

戴 威	ofo 创始人兼 CEO，青年创业者，毕业于北京大学光华管理学院。
薛 鼎	北京大学光华管理学院 2009 级本科，北京大学马克思主义学院 2015 级硕士，ofo 创始人。2017 年 7 月 1 日，ofo 在北京大学百周年纪念讲堂举行公司第一次党员大会，正式成立了公司党委，薛鼎当选为党委副书记。
杨品杰	ofo 联合创始人，ofo 公司党委副书记。2017 年 7 月 1 日，ofo 在北京大学百周年纪念讲堂举行公司第一次党员大会，正式成立了公司党委，杨品杰当选为副书记。
于 信	北京大学教育学院 2015 届硕士，ofo 小黄车联合创始人。
张巳丁	北京大学考古文博学院 2015 届硕士，ofo 小黄车联合创始人。

附录四 这2000名北大人要干一票大的！

张巳丁

上周，我们在北大校园内做了一件非常酷炫的事：简单地说，就是让北大师生随时随地可以取用自行车代步的共享计划。如果你不太明白，可以来看看之前这篇文章《我们有一个梦想：让北大同学随时随地有车骑》。举个例子，从前每次从宿舍到二教，无数同学下楼做的第一件事就是在茫茫车海中耗尽全部脑细胞努力回想起昨晚到底把车停哪儿了？

现在，有了 ofo 共享计划，还用费时找车？放眼望去都是你的车！推一辆就快快出发吧，骚年①。这样一个看似不可能实现的计划，没想到在短短 1 天内，我们竟然收到了400 多份加入申请！

大家的热情如此高涨，反应如此迅速，已经远远超出了我们的预期！我们知道，我们得到的，不只是单车，更是一份沉甸甸的信任。我们知道，你和我们一样，都是改变北大校园出行的一份力量！为了一起实现这个便利你我校园出行的宏伟蓝图，现在，我们要：面向北大，招募 2000 位共享车主，一起实现共享计划！

（一）为什么需要 2000 位共享车主？

ofo 共享计划的实现需要足够多的单车，保证共享计划开启至少需要 2000 名共享车主携车加入，这相当于北大每个学院共享 30 台车。当然，我们的目标并不仅限于此，我们要在北大校园内维护 10000 辆共享单车，保障 3 万北大人随时随地有车骑！所以，你的加入将大大加速共享计划的启动。除了单车本身，我们还希望童鞋②们在使用共享单车的时候，不仅仅把它作为代步工具，更视为一份对燕园的记忆，一份对北大的纪念。我们相信每一辆单车背后都有着深沉的过往、独特的青春和难忘的故事，这是北大人才拥有的情怀。

（二）作为共享车主，我能获得什么？

共享车主这么有情怀、有理想，怎能不大力嘉奖！

---

① 网络用语，意为"少年"。
② 网络用语，意为"同学"。

现在加入共享计划，你就可获得：

100 元现金红包（真送！不信你去问问那些挂车牌的童鞋）

共享单车终身使用权（终身免费，想怎么骑就怎么骑）

共享计划好友邀请码（可邀请 2~4 名好友免费使用共享单车哟）

（三）如何加入共享计划？

加入流程很简单：

Step 1. 点击【阅读原文】或关注微信公众号 ofobike。

Step 2. 选择【有车加入】，留言预约时间、地点、电话，ofo 工作人员会上门安装共享硬件。

TIPS：

共享单车≥2000 辆时，共享计划将正式启动，所有共享单车均可随时随地使用。

共享单车＜2000 辆时，别人不可获得共享单车的使用权限，所以不会出现自己共享的车被骑走，而自己又无车可骑的杯具①。

一百多年来，有很多北大人改变了北大，也改变了世界。

这一次，该轮到你了！

---

① 网络用语，意为"悲剧"。

Case 9　郭鑫:不断寻找社会"痛点"的 90 后创客①

引　言

2015 年年底,在浙江乌镇举行的第二届世界互联网大会上,南开大学商学院 2015 级硕士研究生郭鑫,作为唯一的"90 后"特邀嘉宾,在互联网文化与传播论坛上,以《互联网时代的创业创新文化》为主题发言。

这位阳光开朗、充满活力、敢想敢做、有担当的 90 后,一向以独特的大学生视角审视社会责任。不同于现在有些人,认为企业社会责任是一种负担,他认为社会责任也可以是商机,青年创业者不妨挖掘其中的机会,学会寻找社会中的"痛点"。"这个痛点是人们生活工作中感觉不顺畅的地方,是社会真正的需求所在,也是创业者的责任所在。"只要找到这个痛点,找准可以"止痛"的方式,对症下药,就能达到"止痛"的目的。他的创业经历就充分体现了这一点。开发"碳汇林"新模式使千万农民实现增收、为刚毕业大学生提供住房、解决海南部分海岛人吃不上蔬菜的问题、创办"闯先生网站"为青年创业者提供一站式服务、成立高维"创业岛"让传统产业在与互联网对接过程中助力升级……都实现了发现商机和创造社会价值的双赢。

郭鑫是怎样一步一步凭借着恰时的机遇、超凡的才能和坚强的毅力走上创业之路的? 在坎坷的创业之路上他遇到了哪些棘手的问题,又是怎样凭借着智慧和勇气解决的? 在他连续不断的创业过程中,他的创业身份有哪些变化? 在身份不断变化的过程中,他有了怎样的新认知? 思想又得到了怎样的升华?

一、感恩回馈社会

郭鑫,男,1992 年出生于四川省阿坝藏族羌族自治州。亲身经历过汶川大地震的他

---

① 本案例由彭伟、虞睿、于小进根据公开资料整理,版权归原作者所有,并对原作者的贡献表示感谢。案例仅供讨论,并无意暗示或说明某种管理行为是否有效。

比同龄人看起来更加成熟。2008 年 5 月 12 日下午 2 点 28 分,当时读初三的郭鑫坐在教室里认真备战中考,每一根神经都紧紧绷着,为最后的冲刺做着充足的准备。谁也没有想到,教室突然晃荡,并持续了 90 秒左右。这几十秒让楼宇瞬间变成了废墟,街边摆满了用白布遮住的尸体。

汶川大地震[①]中,郭鑫失去了亲爱的爷爷和外婆,他突然意识到生命随时都可能结束,必须争分夺秒去实现梦想。"2008 年的汶川大地震改变了我的人生观、价值观,也是我命运的转折点。"郭鑫说道。

地震后,家园成了一片废墟,一切似乎都化为乌有,当地存活的人们生活极为艰难。郭鑫看见战士连夜搭建帐篷,志愿者劳苦运送食物,汗水浸湿了他们的衣服,却毫无怨言,他被他们无私奉献的精神深深感动,心底里不断涌起阵阵暖意。后来,一位志愿者将他带到成都,陪伴着他上学读书和考试。郭鑫在志愿者家里吃饭、睡觉,直至在余震中考上了全省知名的成都树德中学[②]读高中。这种"一方有难,八方支援"的社会爱心让郭鑫时刻感觉被关心、被温暖,让他内心产生一种"回报社会"的心态。也就是在那时,感恩社会的种子在他的内心开始生根发芽。"滴水之恩,必当涌泉相报。"社会帮助自己,郭鑫必成百上千倍地回报社会。

在树德中学的老师眼中,郭鑫是一个刻苦努力、勤学上进、品学兼优的好学生。他兴趣爱好广泛,不仅学习成绩优秀,而且热爱课外阅读,关心国家大事。他还负责主持班级"时政讲坛",与同学们一起谈古论今,畅聊时政要闻。此外,郭鑫还积极参加社会实践活动和研究性学习活动,并在实践和研究中不断成长。

即便在郭鑫踏进高中校园后,家乡的人们还生活在汶川大地震带来的悲伤中,偶尔的轻微余震更让大家不时感到惶恐。为了详细了解地震给人们精神状态所带来的影响,郭鑫组织同学成立了"5·12"汶川大地震灾区高中应届毕业生精神状态调查小组,利用课余时间开展调查研究活动,通过走访、问卷、座谈,先后调查都江堰外国语实验学校和都江堰中学等重灾区学校 1000 多名学生,撰写了 10 余万字的调查笔记,完成了一篇高质量的调研报告——《不一样的青年,属于不一样的坚强》,并将该报告提交给了相关的心理援助机构。这对灾区学校灾后心理援助工作起到了积极的作用,郭鑫团队也因此荣获了市级学生社会实践奖励。

命运对郭鑫似乎不太公平,小小年纪的他经历地震,并且因地震失去了两位至亲。但他并没有因此而绝望,反而拥有了一颗更加强大的内心。他不肯向命运低头,伸手扼住了命运的喉咙,并成功逃脱出了厄运的魔爪。他开展的灾区学生心理健康状况调研,

---

① 汶川大地震,发生于北京时间 2008 年 5 月 12 日 14 时 28 分 04 秒,严重破坏地区超过 10 万平方千米,极重灾区共 10 个县(市),较重灾区共 41 个县(市),一般灾区共 186 个县(市)。截至 2008 年 9 月 18 日 12 时,汶川大地震共造成 69227 人死亡,374643 人受伤,17923 人失踪,是唐山大地震后伤亡最严重的一次地震。

② 成都树德中学是四川省的一所知名中学。学校由时任国民革命军第二十九军副军长孙震创办于 1929 年,以"忠、勇、勤"为校箴,以"树德树人"为办学宗旨并因此而得名。该中学是成都普通高中的"三驾马车"之一,不仅代表了成都普通高中教育的高水准,更充满了浓郁的文化氛围。

不仅是他大难不死后对于社会的感恩和回馈,也无形中为他日后的创业活动奠定了基础。

二、迈出创业第一步

2011 年,郭鑫以优异的高考成绩被南开大学录取,进入周恩来政府管理学院政治学与行政学专业学习。在大一上半年的时候,他偶然参加了一个"环境政策过程"讲座,听完后,他认为这是生态补偿的问题;随后就进行各种资料的查阅,无意中看到了一则新闻报道①,而报道所指的也是生态补偿问题。学习政治学与行政学专业的郭鑫,对社会现象很敏感。此外,他因出生于农村,对此也很感兴趣,于是就把这个问题向学校的"百项工程"②申报,入选的项目会得到学校提供的资金、导师等方面的支持。

学校的老师们见这个小伙子有兴趣研究,也乐于提供帮助。这使郭鑫得以在短时间内掌握了国内外生态补偿领域的基本理论,也了解到一些农民因为退耕还林,被迫放弃以往稳定的经济来源,生活状况是一天不如一天,再这样下去,农民的日子可能就过不下去了。为此,他前往农村实地调研,发现这些退耕还林的林地大部分都符合国际碳汇林标准。此外,他还了解到我国东南沿海地区的中小型出口企业,经常因为碳排放超标,产品在出口到欧美国家时,需要缴纳大量碳关税③。根据国际规则,碳排放超标部分可以通过碳汇林的方式加以抵消。他发现只要让种树农民与出口企业之间建立互动合作关系,就可以把大量外流的碳关税截留在国内。外流的碳关税可以通过市场机制反哺给农民,进而改变农民的生存状况。郭鑫因此萌发出了创业的想法。

"如果你真要创业的话,就从今天开始做。不要等有钱了再去做,因为很多事不是用钱就能做好的,有创业梦想的人就应该勇敢闯一次,先迈出一步。"郭鑫就是这样践行的。郭鑫"闯"的背后是他极度吃苦耐劳的精神和高度专注的态度。即便是外出调研,他也能够在吵闹、嘈杂的硬座车厢里全神贯注地完成自己的作业。

在导师的指导与帮助下,郭鑫成功申请到国家大学生创新科研计划。同时在学校和老师的指导下,他开始着手建立"诚鑫通"跨境农产品电子商务平台,把退耕还林地区农民生产的林下产品经由这一平台销售到国外,帮助农民增收。在艰苦摸索近 2 个月后,郭鑫根据自己掌握的资料和最新形成的理论成果,提出了"林业碳汇商业化模式"。所谓

---

① 朱镕基总理视察河北一个小县城——北京沙尘暴的最大源头,当地为了改善生态环境被迫放弃以往稳定的农耕,执行退耕还林政策,但却影响了当地农民的收入,生活每况愈下。

② 从 2002 年开始,南开大学专门为鼓励本科生自选课题搞科研设立创新基金。每年年度经费为 100 万元。"百项工程"的目的不仅是为了培养本科生的创新意识和创新能力,同时也是为了培养同学们在科研中的组织、管理能力,更重要的是为了培养青年学子们献身科学的精神。

③ 碳关税也称边境调节税。它是对在国内没有征收碳税或能源税、存在实质性能源补贴国家的出口商品征收特别的二氧化碳排放关税,主要是发达国家对从发展中国家进口的排放密集型产品,如铝、钢铁、水泥和一些化工品征收的一种进口关税。碳关税的纳税人主要是指不接受污染物减排标准的国家的高耗能产品出口到其他国家时的发货人、收货人或者货物所有人。碳关税征税的依据是按照产品在生产过程中排放碳的数量来计征的,主要以化石能源的使用数量换算得到。

"林业碳汇商业化模式"，即与政府签署"碳权交易"代理协议，建立"碳汇林"，然后碳排放量高的企业出资购买碳指标。这样不仅农民可以得到收益，出口企业也能降低成本。

"纸上得来终觉浅，绝知此事要躬行。"2012 年春节后，郭鑫带着团队全国各地跑，希望能找到合作伙伴。可由于"碳汇林"项目在国内尚属空白，再加上这是大学生团队的想法，根本没人愿意相信他们。郭鑫和团队只好在网上找了 100 多个乡镇的电话，一个一个打过去，推荐让村民种植碳汇林，并在电话里头和他们解释说，"国际认可的认证机构颁发的认定书和国家主管部门发放的碳汇证可以作为有价证券出售给企业，一方面可以增加农民收入；另一方面也减轻了出口企业的负担"。但郭鑫他们滔滔不绝地讲了半天，对方都没听懂在说什么。打出去的 100 多家电话，商谈过的 30 多个地方，无一例外全部被拒。这让原本热情十足的队员们一下变得很沮丧，很多人甚至想要放弃。

"山重水复疑无路，柳暗花明又一村。"就在所有人都一筹莫展的时候，事情有了转机。郭鑫是一个想到就要做到的人，碰钉子不怕，找突破口才重要。他突然想到了大学生村干部①。"大学生村干部跟我年龄相近，知识结构相仿，不会认为我是在瞎忽悠，而且他们也确实想为老百姓做一些实事。"于是，郭鑫和他的团队成员就用 QQ 群的搜索功能进入了不少村干部群，在各个群里宣传林业碳汇商业化模式。在一个 QQ 群里，郭鑫结识了河北省邯郸市邱县②的大学生村干部朱治华。在朱治华的牵线搭桥下，郭鑫终于和当地政府的负责人见了面。

为了获得当地政府部门的信任，郭鑫带着团队一个一个给他们讲解，一开始不知道怎么讲，就只好第一天把培训资料准备好，多次演习讲解。就这样，他们每天起早贪黑，通宵达旦，有时实在困得受不了，也就只趴在桌子上面眯一会儿，之后就又演习讲解。一个月后，当地政府的干部们终于被他们"锲而不舍，金石可镂"的精神感动了，开始主动召集老百姓来听课。

为了能让老百姓听明白，郭鑫专门让其团队中河北籍成员给当地老百姓讲课。另外，郭鑫的团队还设计了一个专业测量软件，这样老百姓只要在手机上安装这个软件就可以轻松测量出日常生活行走间的碳排放量。看着手机上的数据，农户们都拍手称赞，可到了实践过程，却很少有农户主动参与。这让郭鑫百思不得其解，后来他通过向当地的一位村干部了解情况，才发现原来老百姓害怕花费了冤枉钱，"竹篮打水一场空"，既投入了金钱与体力，又得不到什么利益好处，因此不敢轻举妄动。

为了让种树农民能够早日获得收益，郭鑫和团队成员不仅免费指导农户怎样种树才能符合"碳汇林"标准，还帮他们在树林里建鸭棚，种药材。这样农户不仅可以通过种植

---

① 大学生村干部工作是国家开展的选派项目，主要目的是培养一大批社会主义新农村建设骨干人才、党政干部队伍后备人才、各行各业优秀人才。大学生村干部岗位性质为"村级组织特设岗位"，系非公务员身份，其工作、生活补助和享受保障待遇应缴纳的相关费用由中央和地方财政共同承担。

② 邱县位于河北省邯郸市东北部，地处环渤海经济圈和中原经济区交汇区域，冀、鲁、豫三省交界地带，总面积 455 平方千米。邱县常年植棉面积 40 万亩左右，年产籽棉近 12 万吨，为全国棉花生产百强县之一；林地面积 25 万亩，林木存量 1700 多万株。

树木获得"碳汇"收入,还可以通过将养殖和种植药材进行有效结合来获得附加收入。另外,郭鑫和团队成员还积极联系"碳汇"的买家,在江浙地区建立了稳定的销售渠道。

两个月后,郭鑫的"碳交易"理念终于被当地农户接受了。在郭鑫及其团队成员的带领下,经过多方努力,当地开辟了第一块2000亩的试验田,种植的产品达到了"有利于土壤发育、有利于涵养水源、有利于改善气候"等国家标准,在当地形成了一条涵盖"碳汇林"种植、立体农业开发、附加工业发展的完整产业链。最后,邱县的"碳汇林"被长三角19家企业打包购买,当地老百姓一下就赚了上百万元,在当地引起了轰动。

因为有了成功的先例,所以很多企业纷纷主动找来。为了帮助更多的人,郭鑫把自己"林业碳汇商业化"的模式以及该模式在邯郸试点的实践情况,整理成了一份内参,报送给了相关部门。慢慢地,"碳汇林"在全国100多个县被推广,共使1000多万农民受益。看到自己的辛勤劳动成果既能得到他人的认可,又产生了巨大的经济和社会效益,郭鑫感到无比的欣慰,认为自己所做的一切哪怕再苦再累也都是值得的。

随着研究项目的推进,郭鑫成立了规范化的电子商务公司专门运作"诚鑫通"项目,通过覆盖全国的线上线下互动网络,将农产品销往全世界,帮助这些为保护环境做出贡献的人们改变困境,发家致富。"我的家乡四川阿坝藏族羌族自治州多产虫草、松茸、蘑菇,农民在退耕还林的同时可以依靠在林下种植这类农产品赚钱,但是林下经济农产品都是通过一级又一级的贸易商才能卖到市场、超市乃至国外,贸易商加价非常重,导致农民没有什么收入。而我们发展电子商务,搞一个跨境的电商可以迎合美国、欧洲在这方面对这类农产品的大量需求,农民可以通过这种渠道盈利。"

为了将"诚鑫通"发展壮大,郭鑫果断引入一家知名风险投资基金,帮助"诚鑫通"探索稳定的盈利模式。在经过两轮融资后,"诚鑫通"被一家知名企业以上亿元的估值成功并购,他也赚到了在创业路上稳扎稳打的第一桶金。正是这种敢想、敢闯、敢拼的劲头,让郭鑫迈出了创业的第一步。

三、"创新公寓"助力有梦青年

一次偶然的聊天,一位美术学院毕业的好友向郭鑫感叹:"如今房租昂贵,大学刚毕业因为没有工作经验,工资低得不够吃穿用,房租成为刚毕业的大学生一笔沉重的经济负担。"由于对这种社会现象的高关注度和细腻的敏感度,郭鑫注意到了和这位好友一样的群体,他们多半是哲学、历史、美术专业的。刚毕业后的收入不高,在巨大的生活成本下,他们的住所条件很差,网络、空调等起码的生活设备都没有,在强烈的现实反差下,可能恶劣的环境容易激发他们的斗志,但是他们曾经美好的梦想都不足以让人生存,更不用指望他们坚持梦想,大胆追梦了,很多人怕是坚持不住就放弃了梦想。郭鑫希望这些刚毕业的大学生可以在梦想的草原上自由驰骋。郭鑫认为"虽然这些刚毕业的大学生生活不太如意,但内心是很有想法的"。

这时,他想起自己第一次创业时做的"林业碳汇"项目,全国有18个省100多个县

1000 多万农民从碳汇交易中增加了收入。这极大地鼓舞了郭鑫，点燃了他二次创业的激情火花，并给了他无限的信心和拼搏的勇气。他寻思着自己能否开辟一些面向刚毕业大学生居住的公寓，让他们就业乃至创业时在租房上少一些后顾之忧，减轻一些生活和心理上的负担。

在得知清华大学对面有房子出租后，他马上联系物业管理部门，最终以每月 3500 元一套的价格租下了 50 套公寓，取名为"创新公寓"。统一装修后以 1500 元/月的价钱租给刚毕业的大学生。但是，公寓也不是每一位刚毕业的大学生随随便便就能租到的——你必须"有梦想并努力实现"。入住前，会有人对大学生的"梦想"做出评估；入住后，还有专门人员提供实现梦想的服务。市面上租房的付款方式是押一付三，而在"创新公寓"，租客只需向郭鑫支付当月的房租。除了前期装修的成本之外，每租出一套房，郭鑫就得亏 2000 元，可他依然决定做下去。也许有些人并不看好"创新公寓"，认为这是一桩只亏不赚的买卖，但是郭鑫心里很清楚，他的目的是帮助刚毕业有梦想的大学生解决租房困难，帮助他们实现梦想。

清华大学美术学院毕业的小李去了一家广告公司当策划文案，认识了郭鑫后，小李按照要求向郭鑫提交了自己今后几年的创业计划，郭鑫的团队对创业计划进行了评估并细化，每年都确定一个小目标，最终同意他搬入"创新公寓"。有了安定的居所，小李开足了马力，对工作和生活充满了热情和希望，他白天在一家广告公司上班，晚上拍一些反映都市年轻人生活的微电影。他跟土豆网合作拍了一部《敢不敢》的微电影，这部电影后来被很多视频网站转载，广告收入颇丰。这笔收入的 80% 归他自己，"创新公寓"得到 20% 的回报。微电影给小李带来了收益，小李索性辞去了广告公司的工作，专注于追求自己的电影梦想。

实际上，房租方面，郭鑫看似亏了，但通过求职和创业帮扶方面的回报，最终他还是赚了，而这也是"创新公寓"的盈利方式。正如上述小李的例子，"创新公寓"为有梦想、敢追求的小李扫清追梦路途上的"障碍"，最终在小李追梦成功后，从他颇丰的广告收入中按一定比例提取，作为收益。虽然这一周期可能比较长，而且也不是最终每一位入住的追梦青年都能获得成功，但是"创新公寓"给了他们值得依靠的"宽厚臂膀"，使得年轻人有了追梦的社区和实现创意的基地，而这也是郭鑫的本愿。

四、"绿箱子"服务海岛军民

就在"创新公寓"蓬勃发展的同时，郭鑫通过一次偶然聊天，了解到由于土壤条件和气候原因，海南三沙等海疆地区的官兵和居民食用的蔬菜主要靠从外界运输，然而运输极容易受到海浪、台风等恶劣天气的影响，因此海岛的蔬菜价格高且不新鲜，运输时间也不定期，这让当地人吃不上新鲜蔬菜，患上了各类疾病。他突然灵机一动，想到："南开大学化学学院有一项无土栽培养基技术，因为成本过高一直闲置着，正好可以用来试验着解决没有新鲜蔬菜的问题。"

在化学学院老师的帮助下,郭鑫团队和海洋产业集团合作,创办"绿箱子"项目,为海岛的官兵和居民提供新鲜蔬菜,团队提供管理咨询和技术咨询,而海洋产业集团提供人力和设备。体积约1立方米的"绿箱子"可以放在海岛、船舰上,箱子里面分为好多层,每层的托盘中有营养液,可以栽培当地的各种蔬菜,而蔬菜的生长周期也只要30天。这样在"绿箱子"里放上营养液、种上本岛的各种蔬菜,海军官兵、钻井工人和驻岛渔民的餐桌上很快就见到了"绿色"。郭鑫的办事效率总是让人意想不到,因为在他看来,只有想不到,没有做不到。

五、"闯先生"引领创业梦

在中国,年轻大学生在创业过程中通常会遭遇"资金不足、没有办公场地、没有靠谱团队、没有正规管理操作"等问题。郭鑫认为青年创业所需的资金、团队、能力、机会、政策、技术等六大要素并不缺,缺的是一个为创业者提供一站式服务的社会化创业平台,就像是一根能把这些珍珠般的要素串起来的项链。

有了这样的想法后,郭鑫四处访求贤士,并于2013年寒假找到了张开迪[1],向他陈述了自己想创建一站式创业服务平台的想法,并邀请他一起创业。听完郭鑫的慷慨陈词后,张开迪非常赞成他的想法,顿时有了"相见恨晚"的感觉,也成为郭鑫的第一个"合伙人"。此后,郭鑫还邀请了清华大学电子工程博士魏红鑫一起创业。他们决定以南开大学学生为主体,在清华大学、北京交通大学等多所985高校内招募优秀学生人才,运用网站、APP、微信公众平台、微博等多个公众新媒体,带动更多的年轻人创业,把创业所需要的资金、人才、项目导师等,都汇聚到一个平台上,给创业者提供方便。

郭鑫给这个创业平台起了一个拼劲十足的名字——"闯先生",并提出了一个响亮的宣传语:"以闯之名,不让青春荒废;以先生之义,让创业不再盲目。"统一了思想后,几个伙伴分头进行了为期半年的市场调查,正式将创建"闯先生"网络创业平台提上了日程。

2014年3月,在郭鑫团队的努力下,先期就整合了北京市50余家孵化器,90余家创业服务企业;红杉资本、北极光创投、IDG等国内外32家一流风投企业陆续入驻,小米手机创始人雷军、360董事长周鸿祎、网龙公司总裁刘路远等优秀企业家已同意担任创业导师。郭鑫还从全国各地邀请了60位创业导师,包括大学教授、研究员、律师、法学博士、经济师、银行高管、公司经理、企业老板等,通过"闯先生"网站"互联互通",解决年轻人初次创业的难题。

2014年5月31日,"闯先生"网站正式上线。"闯先生"由空中孵化器和创业新媒体两大板块组成。以服务创业群体为宗旨,以互联网的方式颠覆传统孵化器和创业媒体,集成创业服务团购、创业人才招聘、创业攻略分享和创业价值发现等四大核心功能,构建

---

[1] 张开迪是郭鑫的学长,南开大学外国语学院翻译专业2010级本科生,天津市学生联合会主席,在英国剑桥大学交流期间拿到了教授推荐信。

一站式创业服务，让创业变得更加简单。在"闯先生"上，创业者可以发布自己的项目，找到自己的伯乐，并寻求法律、税务等创业过程中涉及的问题的帮助。同时，投资人、孵化器也更容易找到靠谱项目，发掘有价值的创业点子。

南开大学中文系毕业生田标听说"闯先生"上线后，辞去了一份大型国有企业的稳定工作。正在南开大学周恩来政府管理学院攻读博士学位的汤明磊放弃了去哈佛大学交流的机会。他俩双双加盟到"闯先生"团队。关于加盟到"闯先生"团队的原因，他们表示："弥漫在辽阔中国的一种跃跃欲试的气氛吸引了他们。"国务院总理李克强在天津举办的 2014 夏季达沃斯论坛上说，要在 960 万平方公里土地上掀起"大众创业、万众创新"新浪潮。各个行业、各个领域的人才，所有的投资基金都感受到前所未有的创业热浪，很多创业者走到了台前。田标、汤明磊受时代号召感应，也想成为这样的创业者。谈起创业体会，田标说："我深信我们这一代创业者有一个比前辈创业更广阔的创业情景——互联网开阔了我们的眼界，让我们能够从最优秀的案例中汲取养分，拓宽思路，从而擦出火花并立即实践。'闯先生'圆了我的创业梦想。"

"闯先生"处于连接高校与外界的"咽喉"位置，这是它独特的价值所在。对校园里的创业项目，投资人或许一时瞧不上眼。但这里有草根创业的激情，有思维的火花，只不过缺乏创业知识，导致项目选择、商业运作或团队管理出现问题。针对创业企业"招聘难""融资难""落户难""发展难"四大痛点，"闯先生"提供"合伙人招募、资金对接、场地推送与商业模式打磨"等四大核心服务。

从寻找代理注册，到企业网站申请域名；从开发首批种子客户，到"团购"法律咨询服务……"闯先生"就像创业者的淘宝乐园，可以随时寻找所需资源；也像是一个贴身教练，手把手地引领零起点创业者稳步前行。

彭俊是第一个在"闯先生"平台上尝到了"甜头"的创业者。这位于 2011 年从昆山登云科技职业技术学院①毕业的小伙子，先后有过三次创业经历，均以失败告终。一次偶然的机会，他认识了郭鑫，内心创业的火种又被点燃了。在"闯先生"的帮助下，他成功注册了"农梦成真电子商务有限公司"，将西部地区农民手中的虫草以相对较高的价格收购进来，省去传统农贸商中间"倒手"环节，以合理价格将虫草售出。通过"闯先生"，彭俊获得了代理注册公司、建立网站、建立团队、设备维护等外包服务，还获得了东丽区②一个免费的工位，这让他节省了至少每年 2 万元的成本，同时还享受到"岗位补贴和社保返回"的政府扶持政策……

---

① 昆山登云科技职业技术学院创建于 2005 年，坐落于江苏省昆山市，是经江苏省人民政府批准，由台湾政行校企各界贤达人士共同投资兴建的一所全日制民办专科层次的普通高等学校。学院致力于打造成为海峡两岸文化教育交流的平台，运用特有的台湾人脉优势，积极开展两岸职业教育交流与合作。

② 东丽区隶属于天津市，位于天津市中心市区和滨海新区之间。

六、"高维创业岛"服务创业者

随着连续创业的不断深入,郭鑫开始思考转型。"如果能孵化更多的创业项目,服务更多的创业者,将会是一件更有意义的事。"2015年年初,郭鑫与比他大19岁的师兄共同创办了创业投资基金——高维资本,附属的创业孵化器"高维创业岛"也在中新天津生态城①正式起航,成为科技部火炬中心审核通过的国家级众创空间,并顺利完成了第一笔300万人民币的融资。

"帮助创业者降低创业成本,提升创业的勇气和能力,就是我们的愿景。"郭鑫是因创业受益的典型代表。为了让更多的年轻人享受创业的红利,郭鑫想用简单易懂的方式把资源方和创业方连接起来,开发"创业岛"软件,用算法的方式把合适的人和合适的基金对接上,以微信为平台,创业者登录软件可以解决一切问题。这样一来,就可以帮助更多的同龄人成功创业。

"通俗一点说,'创业岛'是创投圈的人肉搜索引擎和找人神器,就是希望创业者在'岛上'抱团取暖,我们不融资,因为我们目前的自有资金和利润都能覆盖我们的业务。"郭鑫自信地说。

不同于传统以财务投资为核心的"天使投资"模式,"创业岛"强调以资源整合和商业打磨为核心的"魔鬼投资"模式。"'创业岛'将对各类创业项目进行深度评估,挖掘其中的潜力项目进行资源注入和模式打磨,然后引入拥有实战经验的企业家担任创业者的'副驾驶'。"

"我需要知道每个人的专长,把他们放在合适的位子上,然后沿着我设定的路线跑下去,目的就是让专业的人去做专业的事。"这是郭鑫的管理理念。在"高维创业岛"上,郭鑫有12名合伙人,超过一半的是"70后",其中不乏美国特许另类投资分析师、摩根士丹利投资专家等从知名企业跳槽过来的高管。在问及为何放弃高薪选择跟郭鑫重新创业时,除了郭鑫创业的热情感染他们以及公司创新氛围能够调动他们的积极性以外,很多人坦言最重要的是因为郭鑫超前的思维、敏锐的嗅觉和新颖的商业运作模式。在跟郭鑫聊天时,他们完全感觉不到他是一个90后,他的知识储备、对问题的看法以及对社会需求的敏感程度,远远超过一般人。

"我心中的互联网创业是协助传统产业的参与者对接互联网,降低交易成本。"在郭鑫的带领下,"高维创业岛"致力解决传统产业与互联网对接过程中的合规化问题,先后与煤炭、建筑、石化等多个传统行业企业开展合作,让传统产业在孵化器中快速成长。一年多的时间,"创业岛"便在全国5个地方开拓了创新型孵化器,为多个传统产业输出孵

---

① 中新天津生态城:生态城坐落于天津滨海新区(距离天津市中心40千米处),占地30平方千米,是中国、新加坡两国政府战略性合作项目。生态城市的建设显示了中新两国政府应对全球气候变化、加强环境保护、节约资源和能源的决心,为资源节约型、环境友好型社会的建设提供积极的探讨和典型示范。

化器解决方案。中国有 1400 多万家"互联网＋"创业公司,他们都需要打通人脉和整合资源,需要"创业岛"这样一个信息资源服务企业。"我们的想法是让每个人都有平等的机会,人人都敢创业。"郭鑫如是说。

2015 年 5 月 4 日,郭鑫荣获"中国青年五四奖章"①,是该奖章的唯一在校大学生获奖者。2015 年 7 月,郭鑫当选为第十二届全国青联委员。在全国一千多名青联委员中,他年龄最小且是唯一以在校创业大学生身份当选的委员。2015 年 7 月 24 日晚,在"共和国部长与全国青联委员面对面活动"中,郭鑫作为青年代表发言,极大鼓舞了大学生创业群体的斗志,给他们带来了无限希望与精神支持。

七、回首创业二三事

"我希望自己成为一个对社会有帮助的人,能够持续为他人提供帮助。"一个人梦想的实现,益友砥砺、名师熏陶、风云际会、时势造英雄缺一不可。"我们有幸生长在一个鼓励创业创新的时代,应该更多地思考如何对世界对社会产生帮助,去做更多让人生更有意义的事情。"90 后创客代表郭鑫如是说。

作为 90 后的创客代表,郭鑫认为 90 后创业的激情和创意无与伦比,但 90 后创业的弱点也很明显,比如阅历不够、无法较好地适应复杂的商业环境、管人理事的能力匮乏等。通过自身的创业经历,他感悟到要学会审时度势,不能墨守成规,要敢于变通,但不能盲目自信。

"我最早以为创业靠想法和激情就够了,以为团队建设和组织架构并不重要,但后来意识到成功的创业和成熟的企业,都有很完备的组织架构。另外,不论是做传统还是新兴领域的创业项目,90 后都要有自己的'匠人'气质,提高产品本身的品质,把服务做好。"郭鑫所说的这番话言有尽,而意无穷。

尾 声

"为区别以营利为目的的商业创业,我们的创业称为社会价值创业,以抓住社会问题、解决社会'痛点'为创业的核心目标。"郭鑫这样描述他的创业性质。

实际上,郭鑫的创业经历离不开"痛点"这个词。一直以来,他心怀感恩,为了回报社会,时刻寻找并关注着社会的"痛点",并通过社会创业的方式不断创造出社会价值,并最终服务于社会。

郭鑫说,"人生是一场马拉松,有低谷,更有险峰,更多的时候我们恰如盲人摸象,更

---

① 中国青年五四奖章是中国共产主义青年团中央、中华全国青年联合会授予中国 14 至 40 周岁(年满 14 周岁、不满 40 周岁)优秀青年的最高荣誉,每年表彰人数在 10 人左右,旨在树立政治进步、品德高尚、贡献突出的优秀青年典型,集中反映当代青年的精神品格和价值追求。

重要的是保有激情。"熊熊燃烧的激情,让郭鑫的创业梦想在青葱岁月里尽情地绽放着。高维"创业岛"的故事还在继续,变身为"天使投资人"的他以后还会有怎样的身份转变?他的创业故事还会有怎样精彩的上演?让我们一起拭目以待。

参考文献

[1] 崔玉娟."创业达人"郭鑫 让资本更有温度[N].中国青年报,2015-05-26.

[2] 高荣伟.郭鑫:从"创客"到"天使"的 90 后[J].金融博览(财富),2016(4):87-89.

[3] 江珊,赵晖.爱拼才会赢——南开大学学生郭鑫创业纪实[N].天津日报,2015-05-15.

[4] 靳博.南开大学 90 后创客郭鑫:创业要找准社会"痛点"[N].人民日报,2016-11-14.

[5] 孔祥凤.由感恩催生的创业力量[J].职业,2014(31):54.

[6] 马超.郭鑫:回报社会圆我"中国梦"[N].南开大学报,2013-05-17.

[7] 石雷.大学生毕业后先创业还是先就业[J].劳动保障世界,2016(25):64.

[8] 苏河丰."闯先生"郭鑫带着年轻人去创业[J].职业,2015(13):30-31.

[9] 铄言.郭鑫:让人人都敢创业[J].光彩,2016(6):40-41.

[10] 朱虹.郭鑫 创业是希望的种子[N].人民日报,2014-02-24.

附录

附录1 郭鑫的成长历程

1992 年出生于四川省阿坝藏族羌族自治州。

2008 年 5 月 12 日下午 2 点 28 分亲身经历过大地震,之后考入四川省知名的成都市树德中学光华校区读高中。

2011 年考入南开大学,在导师的帮助下申请了国家大学生创新科研计划,提出了林下经济新型发展模式,撰写的创业计划书获得了 2012 年第八届"挑战杯"中国大学生创业计划竞赛金奖。

2012 年实施北京"创新公寓"和"绿箱子"项目。

2013 年 5 月 4 日参加共青团中央"实现中国梦、青春勇担当"主题团日活动,受到习近平总书记亲切接见。

2013 年 5 月 16 日,《人民日报》以"身边的楷模,学习的榜样"为题报道了郭鑫同学的先进事迹。

2014 年 3 月与合伙人一起创办"闯先生"网站。

2014 年 11 月受邀随汪洋副总理出访德国。

2015 年年初与师兄共同创办创业投资基金(高维资本)和附属的创业孵化器。

2015 年 5 月 4 日荣获"中国青年五四奖章"。

2015 年 7 月当选为第十二届全国青联委员。

2015 年年底参加浙江乌镇举行的第二届世界互联网大会并发言。

2016 年 11 月参加主题为"创新驱动造福人类——携手共建网络空间命运共同体"的第三届世界互联网大会并发言。

附录 2　深坑之上泡沫之下:90 后该如何逆向创业
——2016 年 1 月 14 日郭鑫在"青咖说"上的演讲

首先,非常感谢"青咖说"给了我这样一个可以分享的机会。今天我要讲的,也是这一年来很火爆的一个话题——90 后创业者该何去何从? 特别是当下这个属于创业者最好的年代,90 后是不是该走出来创业? 如何选择自己的创业道路?

我的创业初心

我是 2011 年考入南开大学的,选的专业是政治学。刚入学时,不是很忙,就想找点有意思的事情做。那时,偶然参加了一个"环境政策过程"讲座,讲座中老师提到了中国环境生态补偿问题,我很感兴趣。经过大量调研,我了解到农村退耕还林所面临的困境,渐渐形成了用电子商务方式把林下的农产品销售到国际市场,让这些退耕还林农民富起来的思路。于是,我创办了第一家网站"探元诚鑫通"。

刚开始做"探元诚鑫通"也没什么收获,到第二年时有了一个想法,就是发动大学生村干部,通过他们联系村民,把电子商务开进农村。第一批试点成功后,我们一举把这个模式推向了全国。后来,引入了一家知名风险投资基金,该投资基金在带来后续融资的同时帮助公司探索到稳定的盈利模式。到 2013 年,这个项目面临着非常激烈的竞争,因为京东、阿里也都在做同样的模式,但是他们有几百人在做,我们只有二十几个人。同时,我也感觉到了大学生创业者的不足,很难管理一个团队。于是,急流勇退,把"探元诚鑫通"卖给了一个上市公司。接着,就开始做创业岛了,创业岛的定位是服务传统企业的二次创业。我自己经历过创业过程后,更加感觉到 90 后创业者的优势和劣势。

深坑之上,90 后创业者面临的诸多风险

在我看来,90 后创业者多不具备完备的商业经验,在迈出第一步的时候,就面临着很多"坑"。从财务、人力到公司治理、法律规范,都充满了荆棘。第一是劳务风险。人力资源监管部门对小企业的监管也是按照大型企业的监管模式来做的。所有员工在进入企业那一刻,企业就有一系列的事情需要去完成。在这个过程中稍有不慎就会给企业带来很多风险,而 90 后创业者没有处理这类问题的经验,不仅会影响企业的发展,还会影响企业组织的成长。一个企业是一个战略组织,比如五险一金对于初创企业应如何上缴,今天也没有一个标准的答案。创业企业如何让员工有效地流动、迭代,也没有完整的解决方案,依然是一个风险。这样的风险还有很多,比如纳税风险。凡是创办企业的人,都梦想上市,如果上市的话,所有的财务流程都要非常规范,但这对于 90 后创业者来说非常难,因为即使上市公司的财务也有很多不规范之处。第三个是法律风险。一个公司出去做任何业务都要签合同。还有管控风险,内部如何管理这个公司。这么多风险叠加在一起,你会发现做任何业务都会有坑的,所以这就是我讲的深坑之上。

对于 90 后创业者来说,要求太多了,因为他的同龄人还在成长,他却要去安排别人;同龄人还在跟着师傅一起学习,他要自己学习,并且还要教会徒弟。所以对于 90 后创业者,风险非常多。

泡沫之下,90 后创业者所处的严峻环境

同时,90 后创业者面临一个非常激烈的环境,正处在泡沫之下。今天是创业最好的时代,创业就能改变我们的生存境遇,但同时也是一个最坏的时代,很多外部环境已经发生了变化。2010 年至今,互联网全方位引领创业。身处于这样一个急剧变化的时代,既有传统体制的束缚,也有对新事物的热切追逐,除此之外,还要面对 BAT 的围剿。即使是作为互联网"原住民"的 90 后,也很难获得发展机会。90 后引以为傲的互联网"原住民"思想也被人学走了,长处正在被别人模仿,短处是还没有别人的积累。在这样的环境中,90 后创业者在很多人看来就是不靠谱的代名词。我们正在面临一个严峻的商业环境,仅仅靠扬长避短也无法解决问题。90 后不但长板不够,还要补上很多短板,但补短板需要时间,而时间却没有给够 90 后。

90 后创业可以抛弃既定规则

一个时代最具创新活力的人是什么?就是最敢抛下资源的人。击败一个创业者的不是创新活力,而是资源诅咒和路径依赖。"我已经有了这么多钱和资源,为什么不围绕这些资源去做一些努力呢?"这就是创业者陷入资源诅咒的状态。这时候,资源是一个包袱,成功者更容易出现路径依赖,但是 90 后没有资源,也没有路径,他是一个全新的思维体系。很多机会容易会被 90 后抓住,就是因为 90 后可以用全新的思维去审视今天的互联网。

90 后本来一无所有,冒险精神就更足。90 后等于白手起家,白手起家等于没有框架束缚,没有框架束缚等于全面的创新。90 后优势在于他们没有回到产业中去思考产业问题。我做农业创业,回到行业的规则中去,学会规则再去创业,学会规则的一刹那我就没有机会了。因为我学政治学,是个门外汉,所以没有任何行业的束缚。所以,我们站在局外人的角度考虑问题才会有机会。

90 后创业最应该干的三件事

我认为,90 后创业最应该干的事情,就三点:

第一,要保持本真。很多 90 后创业者,在寻求创业成功路上更愿意相信一些创业导师的话。但创业导师对 90 后有利有弊,一方面可以引导他的变化,但是更多的时候是束缚和限制。一个企业的魂、道是有区别的,魂是教不了的,但道是可以教的。如果一个创业者只听从创业导师的话,忘记本真,就会失去他的核心竞争力。像我最早做创业项目时,如果模仿京东淘宝做农村电商模式的话,创业导师会告诉我农村电商不要碰,因为农村的互联网普及率实在太低了。我当时就在想有没有土办法解决问题,游戏规则中没有

的点，我作为一个局外人更愿意尝试一下可能性，这种尝试给了我一线成功机会。

第二，要更多地相信合伙人团队。90 后创业者独立的创业可能性已经没有了，要更多地相信合伙人团队，要有效地补好团队的短板。比如环境不友好、资本不友好，这些都需要优秀的前辈帮助完成，才能更好地建立团队。

第三，对市场不要听信，要有敬畏。一方面，不要全部听信市场和所谓前辈的话，当你完全听信的时候，其实市场会告诉你，他们都错了。同时要敬畏市场，因为市场有些观点确实有道理。我们不要有"筛子"心态，所有观点进来以后，有利于我的就完全听信，不利于我的就完全隔离开。我们要有一种"空杯子"的心态，所有信息都纳入进来，然后去分析和研究，我认为有道理的就是有道理，如果没有道理的就可以搁在那里，这种空杯子的状态会推动企业的发展。

90 后创业者该何去何从？

在我看来，没有必要把创业者分成 90 后、80 后、70 后，因为我们面临的监管环境、市场机会都是一样的。如果 90 后创业者想成就一番事业，就要把自己当成一个普通的创业者，用普通的商业逻辑去思考问题。当你对自己高标准、严要求的时候，就会发现，你跟别的创业者没有区别，你有你的优势和特点。像我们做创业岛的时候，有很多人说众创空间是没有盈利模式的，但是在我看来，哪怕我们把别人的纳税、劳动关系这种很简单的事情做好，让别人没有负担、没有风险，这就是对社会有价值的事情。有些人说 90 后创业都在讲概念，所以，只有当我们真正踏实下来寻找社会痛点，发动能够发动的资源，认认真真去解决问题，为社会做贡献，为用户获得价值，自然会有一些好的收获。当我们把这个价值点无限放大的时候，你会发现这才是真正的热点，而社会上飘的那些概念不是真正的热点。如果一定要问"90 后创业者该何去何从"，我认为是回归本质，回归初心，这样才会有所成就。

谢谢大家！

弱势群体创业篇

Case 10　郑卫宁:残疾人创业的典范[①]

引　言

　　一直以来,残疾人无法从事繁重的体力劳动,被视为"没有价值的劳动资源"。每年残疾人的高自杀率,正说明了残疾人内心的自卑与忧虑。他们活得没有存在感,找不到生活的方向和人生的价值。而他,郑卫宁,深圳残友集团的创始人,拖着千疮百孔的身体,用毕生的精力救广大残疾人于水深火热之中。他将最初只有 5 名残疾人的残友,发展成世界级的残疾人高科技就业平台。令人震惊的是,2011 年,残友集团解决了 3000 多名残疾人的就业问题,旗下全资子公司以及合资公司的总体营收达到 1.2 亿元。是他! 就是他! 让残疾人身残志不残,真正在社会中找到了自己合适的位置,帮残疾人夺回了生存的勇气和宝贵的尊严,引领着广大残疾人走上了创业带动就业之路。

　　郑卫宁是个怎样的传奇人物? 他是怎样结合自身状况,在被人们所无视的社会残疾人问题中与残友们患难与共,打开了公益创业之门的? 他又是凭借着什么一步步引领着残疾人过上了全新的、有尊严的生活? 残友集团在他的手里又是怎样被一步步做大的?

一、命运多舛

　　郑卫宁,男,湖北武汉人,1955 年生于大连。他因先天遗传重症血友病致残,13 岁之前只能坐地、爬行。郑卫宁所患的甲型血友病又叫第Ⅷ因子缺乏症,是一种严重的遗传病。患上这种病,就意味着一生几乎都要在不幸中度过,全身缓慢持续渗血,出血部位极为广泛,常常反复发生,形成血肿,导致关节变形,一般患者的死因多为颅内出血。又因十年"文革",其父遭受迫害,致四处流浪,让他彻底失去了步入校门的机会,而他却在1982 至 1991 年中苦读十年,获电大中文、法律、企业管理三个大专文凭。1993 年,河南上蔡县发生了"艾滋村"惨剧,他们的血基本上都卖给了郑卫宁的家乡湖北武汉。在当

　　① 本案例由彭伟、虞睿、于小进根据公开资料整理,版权归原作者所有,并对原作者的贡献表示感谢。案例仅供讨论,并无意暗示或说明某种管理行为是否有效。

时,全国血友病患者的艾滋病感染率是 87%。为了活命,郑卫宁不得不正式入住深圳。作为主流社会的脱离者,过去他在内地运用熟练的交往规则和技能,一下子失效了。深圳是移民城市,人的自我保护欲很强,他感到这座城市毫无人情味。当时的郑卫宁并未料到,这个城市除了能让他活下去,还会给他带来什么。

二、峰回路转

1996 年,郑卫宁染上丙肝,加之妻子的操劳过度,接连的打击让他试图自杀了三次,"最艰难的不是身体上,是个人自信心毁灭性的打击"。郑卫宁称自己为高成本的苟延残喘,"巨额的输血费、营养费、生活费,那时候感觉自己活在世上是有罪过的,影响了别人的生活。"为了让丈夫重拾生活信心,郑卫宁的妻子给他买了一台旧电脑。聪明的郑卫宁很快就学会了制作网页、组装电脑。"血友病让我感染了丙肝,大陆的治疗方法一直不起作用。后来我竟然在网络上搜索到了台湾一位名医撰写的关于治疗丙肝的资料。"透过电脑屏幕,郑卫宁发现足不出户的他也能做许多事情,脆弱如玻璃的身体无法从事体力劳动,但利用网络这个平台,他可以将自己的才智毫无障碍地发挥得淋漓尽致。从此,互联网让郑卫宁找到了实现自我价值的途径。从他这里开始,互联网变成了残疾人的腿、眼睛甚至翅膀,让一个残疾的身体也可以御风飞翔。

做残友就是破釜沉舟的决定。残疾人在一般的商业企业中是典型的弱势资源,效率低下,不能给商业企业带来经济价值,这直接导致了这部分群体就业困难。但郑卫宁却创造性地把残障人士视为核心战略资源,他认识到残障员工相对稳定,凝聚力强,更能专注于活动量较少的工作等优势,将他们整合到自己的价值链中,为自己的创业创造了独一无二的机会。这不仅仅能实现残疾人的价值,还能一改社会各界对于残疾人的看法。他必须做出选择,要么继续在冷漠的人际关系中"冻死";要么创业。而深圳正是一座鼓励创新、包容失败的城市,是创业的热土。

有了创业想法的郑卫宁便寻思着开办一个电脑兴趣小组,并于 1997 年年底联系了深圳义工联,从他们那里招募了 4 个平时比较活跃的残疾人。会打字的刘勇是其中一个,小时候因为摔进地窖而致残,身高不到 1.3 米。来到残友之前他在深圳滨河社区一间老年人活动中心里给打麻将的老年人端茶倒水,这家活动中心不付他工资,除了管饭,唯一的福利就是能摆弄摆弄角落里一台废弃的电脑。一听说可以做跟电脑有关的工作,刘勇二话不说放下水壶就跟郑卫宁走。随后整整 15 天,刘勇没有回家,每天趴在电脑面前,这期间竟然做出了网站。他不会写稿,做的网站没有内容,把栏目打开,页面下方就有一个小人在挖土,底下写着:"正在建设中。"尽管网站里所有的栏目都是正在建设中,但是当你看到一个架构完整的网站出现在屏幕上,依然会感到震惊。

是残疾人又如何? 他们有着健全的大脑,更重要的是,他们有着超出常人的专注力,而这恰恰是上帝赐予残疾人最好的礼物。

事实证明郑卫宁的选择是对的,5 位残疾人的联合,开启了一个集团的历史,也打开了无数残疾人新的生活篇章。

三、开拓绿洲

从残疾人小组发展为残友的直接契机则是深圳 1999 年举办的第一届高交会。高交会上，诺基亚的一位副总裁在现场做了演讲。他说："没有互联网的时候，人们在知识的海洋上漂泊，有了互联网之后，知识的海洋就从每个人的身边流过。"这句话一下子触动了郑卫宁的内心深处，他突然意识到：过去残疾人因身体不便无法上学或去图书馆学习的那种远离知识、没有力量的状态可能会因为互联网的普及而结束，一个被压抑了千年的边缘群体——残疾人，将有机会借助互联网真正地融入主流社会，过上有尊严的生活。

于是，借着互联网的翅膀，郑卫宁等人开始探寻小组的盈利模式。得益于深圳这座城市在互联网和电子工业上的发达，残友真正地发展起来了。1999 年 8 月，郑卫宁用父母留下的 30 万元带领刘勇、麦健强等 4 名"有电脑技术"的残疾人在家中成立了"深圳市残疾人电脑网络兴趣小组"，将之前的想法变为了现实。之后边学边干，一个月后，兴趣小组发展成了"中华残疾人服务网"。"中华残疾人服务网"是一个以残疾人为主要服务对象的综合性网站。它所包含的内容非常广泛，既有与残疾人相关的政策法规资料，也有介绍残疾人学习、生活、交友、工作的资料。尽管设计简陋，但这个涵盖残疾人病情交流、生活互动等多个版块的网站一经推出，便迅速在圈内走红，不到一年时间，就创下全球残疾人福利网站点击率最高的纪录。而此时的残友急需能为企业提升战斗力的人才，所以郑卫宁就直接与一些大学联系或在网上招聘人才。期间最为关键的人物是来自北京大学物理系的李虹。

李虹是当年浙江省的高考物理状元和数学状元，从北京大学物理系毕业后，在北京一家知名软件公司做了五年软件程序员。然而晴天突现霹雳，李虹患上"进行性肌肉营养不良症"，医生也断言"活不过三个月"。李虹面对突如其来的打击，几近绝望。2001年 10 月 6 日，他在互联网上看到了中华残疾人服务网上的一则留言，得知网站由于缺少技术支持而遇到了难以克服的困难。李虹立刻留言说，他有能力解决网站遇到的问题，如果公司愿意接纳他，他会为企业贡献自己全部的聪明才智。求贤若渴的郑卫宁马上向李虹发出了诚挚的加盟邀请："如果你愿意到我们公司来工作，这里就是你永远的家！"于是李虹顺利地进入了残友，开始带动整个团队向高科技领域进发。很快，"中华残疾人服务网"发展成为"残友网社"。

"残友网社"刚开始的业务是简单的打字与复印，后来，他们又于 2001 年成立了"爱心庇护网吧"。但是，通过一段时间的经营，他们发现残疾人在这类岗位上并没有优势，"爱心庇护网吧"与其他网吧一样，没有竞争优势，经营也相当困难。不过幸运的是，由于办网吧，他们经常接触各种软件和网站。通过一系列的探索，他们终于发现编软件、做网页设计等工作可以忽略残疾人身体缺陷而又能发挥其稳定、耐心优势。于是，经过一段时间的努力，软件开发、网站建设等业务成为残友网社的主要内容。

2002年，残友开启了中国首个"盲人电脑免费培训"公益项目。随着电脑的不断普及，越来越多的即使是不懂电脑技术的残疾人都有了学习计算机的机会，残友为他们提供了一个很好的学习并展示的平台，同时也给了更多残疾人就业的机会。

然而在创业初期，除了有被骗的可能，还得忍受客户对残疾人的歧视。一次，上海一家原本已经达成合作意向的公司前来考察残友，发现残友员工全是残疾人后，态度立刻改变，对郑卫宁撂下话："我们可不是慈善公司！"在随后的谈判中，除了不断质疑残友的开发实力外，对方还把原本已经谈好的30万元价格压到6万元，意在让郑卫宁自行放弃合作。谈判桌上，面对对方轻蔑的脸色和侮辱性的价格，郑卫宁一言不发，他压抑住想给对方一拳的冲动，紧捏着拳头转身回到办公室。员工们随即围了过来，气愤难当地说："大哥，我们不做了！""大哥，我们不能受这个气！"但郑卫宁却冷静下来，在思考良久后，他咬了咬牙："接！"原因无他，此时的残友没有太多选择，这个行业的机会并不多，如果放弃，很难再找到下一单。而郑卫宁也想证明残疾人并不比健全人差。

此后，残友开始以难以置信的低价，如饿狼一般在市场上疯狂抢夺订单，这招来了业界同行的非议甚至是仇视。但郑卫宁表示，为了身边残疾人的利益，为了能让他们发挥出自身的价值，残友可以不顾其他企业团体的利益去抢资源，比如疯狂抢夺订单，"因为残疾人能够获得的社会资源很有限"，"千百年来，只有互联网才使残疾人有了崛起的可能"。

四、茁壮成长

为了发展需要和帮助更多的残疾人在网络世界中实现信息无障碍的沟通与交流，残友于2005年1月9日设立了深圳市信息无障碍研究会，旨在推广互联网平民化、普及化之社会效益，推动弥补信息差距、缩小数字鸿沟的公益进程，发展新经济时代的信息无障碍慈善事业，并且与IBM全球信息无障碍中心等合作在全国首次广泛推广信息无障碍理念和信息无障碍的相关产品。他们还加强了与香港公益组织的交流，并在2005年引入香港的专业社会服务制度，运用香港丰富的服务经验，构筑集生产、生活于一体的企业环境。

2005年春节，时任福田区委书记的许德森来到"残友"调研。当他看到二十多名残疾大学生挤在一间狭小的房间里心无旁骛地工作时，他被残疾人自强不息的精神所打动，一种油然而生的敬佩感在内心漫开。他眼里满是心疼，拉着郑卫宁的手，说："残疾人做事不容易，区里一定帮你们找一处更宽敞的办公场地！"陪同调研的社区工作人员表示，景新花园内正好有架空层等几处可能的选址场所。许德森听罢，立刻推着郑卫宁的轮椅，到现场查看。在区委区政府的关心协调下，有关方面很快为"残友"在社区找到了300多平方米、由架空层改造的办公场地，区委区政府又专门拨款30万元帮他们搞内部装修。在政府部门的帮助下，"残友网社"从郑卫宁家搬入300平方米的新办公场所。之前，郑卫宁同时聘请了2个保姆、2个行政人员，负责做饭、安排车辆等工作。在郑卫宁的家里，最多时，员工达 26 人。从 1999 年开始，就有义工、社工经常来帮忙。他发现，行政管理人员只把这当作一份工作，其专业素质、爱心都与社工、义工有天渊之别。社工、义工本来就是帮助弱势群体的，又受过专门的训练，服务比行政人员要好很多。所以残友自 2005 年始"去行政化管理"，引进义工和社工为主的专业服务，成立专业的社会服务机制。

为了从高端填补民间公益网络事业发展之不足，建设一个使广大残友受益的互联网慈善平台，同时扩大残疾人技术团队规模，提升企业质量，推广残疾人高科技集中就业，进而实现创办大规模就业的残疾人软件工厂的远大构想，深圳市残友软件有限公司于 2007 年 7 月正式成立，实行免费包食宿的无障碍大后勤保障，成功实现了残疾人借助高科技集体成功就业。它主要以 IT 开发外包（ITO）和业务流程外包（BPO）的业务方式，为各行业提供具有咨询能力的解决方案服务和提供软件产品开发与制造服务。

2011 年，深圳市残友软件有限公司已发展成为国际唯一全部由残疾人软件技术精英组成的高科技软件企业，同时又是北京大学、湖南大学等各所高校软件及计算机学院肢体残障优秀毕业生汇聚的摇篮。公司人员近百名，实行残疾人自主管理自主发展。为解决残疾员工上下班困难，公司实行免费包食宿的无障碍大后勤保障，成功实现了残疾人借助高科技集体成功就业。随着公司的发展，以郑卫宁为核心的残疾人团队，不分昼夜地拼搏，以先进的技术、24 小时迅捷反应服务、紧随客户需求的专业精神赢得了诸多的荣誉。

公司员工在成功实现残疾人就业自养的同时，还和义工们一起回报社会：先后开办了 10 期肢残人士免费电脑培训班，4 期社区老人免费电脑培训班，2 期孤儿特困生免费电脑培训班，23 期盲人电脑培训班。并通过网上"免费空间""手语教学"和"盲人按摩教程"等免费服务，培训了残疾人 3128 人次、老人 75 人次、孤儿特困生 41 人次。

残友集团不仅仅旨在更好地帮助残弱孤困，它自身还拥有置之死地而后生的搏命气质，后来逐渐成为残友的一种企业文化。正是由于残友有着敢闯敢拼的企业文化，它义无反顾地于 2007 年向 CMMI 认证发起冲击。CMMI 类似于传统行业的 ISO 认证，代表着软件企业的开发品质和成熟程度，通过的等级越高，在行业地位也就越权威。在当时深圳数百家软件开发公司中，只有十几家拥有这一资格。而其认证过程也极其困难。一款软件要抽取 100 个功能点进行考察，每个点由两三个员工共同完成，只要其中一个环节出错就全盘皆输。在这一过程中，除了考察员工的能力之外，更要考核他们对公司的忠诚度——考试将全程保密，除了监测官外，没人知道是谁或者哪个环节出错，这给了对公司不满的人故意出错的机会。

尽管如此，郑卫宁仍然决定背水一战。他拿出当时残友几乎全部的现金流 35 万美元，报名参加了认证考试。随后在一次午饭时间，他在食堂将参与测试的人员组织起来，挥起拳头大声吼道："公司是我们的家，有了认证才能过得更好，谁要是出了错，大家都会卷铺盖走人！"

郑卫宁的话直戳了大家的痛点。在场的员工们先是一怔，缓过神来后开始纷纷表达决心。对于从小受到歧视的残疾人员工来说，最在意的并非经济利益，而是个人存在的价值。健全人失败了换份工作就可重新再来，而他们如果失败了，残友倒下了，就只能回到原先毫无意义的潦倒生活中。

经过一年多的反复测试，残友最终通过了 CMMI 五级认证，这使得残友不仅能为华为、中广核等大型集团提供软件外包服务，还获得了来自微软、IBM 等全球巨头递来的橄榄枝。获得权威认证的残友，在郑卫宁的低价策略下，很快占据了深圳大半的软件开发市场。

说到底，残友并不倾向于直接接受政府补助或基金会捐款，它一方面会充分利用地方政府闲置资源与地方政府实行互补合作，另一方面还会积极获取社会各界在专业人才供给、资金供给、技术供给、设备供给等方面的支持：埃森哲的总裁，每个月坐飞机来深圳，自己花钱住酒店，花两天时间给残友讲软件技术；残友经常有技术问题解决不了，便给神州数码、腾讯等公司打电话，他们立刻帮忙找到相关的专业人员来现场解决，还将解决方法教给他们。

回想残友建立初期，由郑卫宁一人担任董事长和总经理，那在当时单一生态下是可行的，但随着残友的发展，内部组织的扩展和外部环境越来越复杂，原有的组织结构已经无法适应新的形势。2007 年，残友进行了股份制改革，任用新人刘海军担任总经理，实现了现代企业管理制度，用制度管人。

2008 年，面对每年都有十几万残疾大学生毕业的状况，为了让更多的优秀残疾大学生在更好地服务社会的同时能更好地实现人生价值，郑卫宁决定加快残疾人就业进程，扩大残疾人就业范围，成立了深圳市残友动漫文化发展公司、深圳市残友电子商务有限公司和深圳市残友科技有限公司。残友动漫解决的是文科美术人才的就业，残友电子商务解决的是因为身体原因不方便外出的残疾人就业，残友科技解决的是低学历的残疾人就业。

郑卫宁通过评价资源，细化市场需求，将不同的资源分门别类，对资源给予配置，形成满足不同客户需求的竞争优势，最大化利用了资源，如此残友的生产、生活经营模式也日趋成熟起来。可是为了残疾人的事业，他付出了不仅仅是时间和精力，更是他原本有限的生命。先天性重症血友病仍每天折磨着他，每每出现危情，就被送进急诊室输血。一输完血清醒过来的他，又毅然回到公司，坐在办公桌前，与残疾兄弟姐妹们工作至深夜凌晨。郑卫宁的杰出贡献，得到了中国政府和社会的极大赞许和支持。2008 年，郑卫宁作为北京残奥会火炬手参加了深圳段的火炬接力活动。2008 年 12 月，郑卫宁被中国民政部授予"中华慈善奖"，在北京人民大会堂受到胡锦涛总书记的亲自接见。

到了 2008 年年底，残友的管理团队几乎全部是残疾人，其员工中残疾人达 90% 以上。从此以后，残友开始进入几何式增长的发展道路。

2008 年后，残友开始了社会企业孵化之路。在 20 多个城市创办"残友科技"分公司，结合当地实情，开展各种业务。其投资方式是与当地的科技、民生部门合作，一般由当地提供几年的免费场地，由残友出资装修、建设无障碍工作生活环境、购置设备、派驻

10 到 20 人进行管理,开展培训等工作。

残友要求每个分公司要从一开始就实现盈利。所采取的步骤是,第一步是前店后厂,由总部到当地签订合同,也由总部生产,总部只收回成本,利润全留在当地分公司。第二步是协同作战,3～6 个月后,派驻团队和当地残疾人负责当地的维护任务等。再半年后,完全本地化,总部人员撤走,本地残疾人自治。

对于自治所得的利润,残友并不严格按照西方社会企业的概念将所得利润全部用于再投资和社会事业,而是在深圳的各个分公司,将所赚取利润三分之一留在企业,用于进一步发展;三分之一用于股东分红;三分之一用于员工分红。这种利润分配方式,既可保证企业的公益性质,也可调动员工和股东的积极性。

郑卫宁认为,一方面,抽走利润就会限制分公司的发展,如果让他们自己发展,多年后,也许某个分公司会比总部还好,"不要以深圳作为残友的最高高度";另一方面,如果深圳总部的资金太多,总部就没有了压力,就有官僚化的可能。

五、如火如荼

2009 年,深圳市残友集团股份有限公司成立,它集中了深圳残友软件、动漫公司等多家公司,残友开始正式进入扩展期。

2009 年 11 月,郑卫宁先生为保证残友和谐科技事业的稳定持续发展,将其在残友集团的 90% 个人股份和各分公司 51% 的个人股份以及残友和"郑卫宁"的驰名商标品牌价值等,通过律师公证全部捐赠,经中国民政部特批,成立了名人基金会:深圳市郑卫宁慈善基金会,郑卫宁成为残友集团的最大股东。

为了保证自身的可持续性发展,残友集团运用商业手段获取资金。为了使组织的公益宗旨最终得以实现,集团积极主张主要依靠自身企业营利来为公益机构提供资金支持,另一方面,残友也有效利用自身社会企业的声誉获取各基金会的贷款或股权投资,因此创新性地提出了三位一体的组织架构,即社会企业、基金会和社会组织为集团架构主体,三者间相互扶持相互制约,以企业化形式共同推进残友集团公益宗旨的实现。

而事实也证明,残友的"三位一体"模式是可行的,并且它也越来越受社会各界的认可。2012 年 6 月 26 日,首届"中国公益慈善项目大赛"决赛在深圳圆满收官。有着出色表现的残友在大赛中的多个项目,都是基于"三位一体"模式,如"残友社会企业孵化""简体字地区读写障碍服务推广""爱心柜台公益就业协作发展计划"在很大程度上立体显现了残友的三位一体模式。以基金会为中心、最高点,孵化社会企业,创造残疾人等弱势群体的生存、就业平台;读写障碍服务等项目是以社会公益组织的形式,广泛探索,开拓社会关爱服务;而类似于爱心柜台项目则是尽可能地整合社会资源,通过广泛的社会爱心协作,在解决弱势群体就业问题的同时,又能很好地实现公益爱心的宣传、推广。三个项目所代表的系统思路,组成了一个具有强大生命力和循环机制的公益生命体。一改社会上普遍的单个公益爱心行为,残友是在努力打造公益的整体生命机制:关爱、服务弱势群体的同时,最大程度发挥弱势群体自身的能动性,让他们有实现自己人生价值和生命尊严的机会,由此使残友整个公益事业从根上活了起来。

作为郑卫宁和残友集团公益梦的延续,深圳市郑卫宁慈善基金会从未接受捐赠。"因为我们希望这个平台是为每一个残疾人创造有价值、有尊严的生活,在这个心态下我们不愿意接受社会的捐赠。"郑卫宁如是说。而作为集团的"老板",基金会每年会把残友集团的利润分成两块使用,一块继续拨回给企业做持续发展,另一块拨给9家社会组织,由这些组织为集团里的员工提供8小时之外的免费吃、住、洗衣、心理辅导、出行等等社会服务。这样,基金会、社会企业、非营利社会组织就完成了一个内部循环。

在这一架构下,社会企业获得完整独立的公司身份和竞争力,非营利性质的社会组织为社会企业提供服务,包括照顾残疾员工的日常生活,这让社会企业不需要负担残疾员工所产生的额外成本,企业可以轻装上阵参与行业竞争,而其创造的利润上缴给基金会,再由基金会反哺社会组织。

这一架构的成立,意味着以后所有决策都将由基金会拍板,残友将逐渐淡化"郑卫宁"痕迹。为了表明自己退出的决心,郑卫宁还从残友总部的办公室搬离出来,甚至连自己的出差费用都必须由基金会签字才能报账。

2009年年底,在基金会秘书长刘海军的陪同下,郑卫宁找到律师做遗嘱见证:"以后我的财产全部捐献给残疾人事业,不得由家人来继承。"很多朋友在得知这个消息后纷纷找到他,希望他能收回意见,将财产交给女儿管理,但郑卫宁偏不。"女儿已经大学毕业工作了,她可以不靠我的钱来生活,关键最重要的是,这些财产可以使很多残疾人活得快乐而有尊严。"一想到残友的飞速发展,郑卫宁边说脸上边折射出了幸福的光芒。

郑卫宁的初衷是好的,但在残疾人群中,残友成了一棵可以遮风避雨的大树,而这一度让他非常头痛。残友毕竟不是慈善机构,在前来投奔的残疾人中,很多没有软件技术的残疾人,并不能为公司创造效益,反而会成为负担。但郑卫宁又狠不下心来拒绝:"抛弃他们就意味着推他们去死,你敢做么?"

幸运的是,在2010年的达沃斯论坛上,郑卫宁在会场看到了中国电商教父马云。这种机会岂能错过?他主动上前和马云打招呼,并刻意聊起残疾人就业难,希望得到平台改变命运。然而,面对郑卫宁突如其来的"搭讪",马云并没有接招。郑卫宁急了:"我们不像那些残疾人组织那么官僚!我们不要钱!阿里云服务里面有近3万个职位,给我们60个总可以吧?我来安排人,干得好你就用,干不好你就把他们咔嚓了!"他的一席话让马云笑了起来,觉得这个坐在轮椅上的人有点意思,随即派人跟残友进行业务对接。双方在残友珠海分公司开了培训班,由马云派人前来指导和考核,并约定如果60人全部过关就给名额。为了能拿下这个机会,郑卫宁特地组织了一批重残患者,再逐一亲自挑选,并租下一间教室日夜兼程地给他们灌输电子商务以及客服培训,直到正式通过阿里巴巴的考核,获得了来之不易的60个名额。

初次合作成功后,残友和阿里巴巴很快开启"百城万人就业"计划,由淘宝提供200个端口给残疾人做电商客服,而残友除了安置合适人选为淘宝服务外,还由各地分公司提供当地的特产，诸如新疆分公司的葡萄干、海南分公司的椰子糖等产品，自己在淘宝开设官方网店，让残疾人担当客服，以此改变他们的生活。

电子商务为郑卫宁打开了一道门。在与阿里巴巴合作的基础上，他组织残友进一步和多家公司开展电商合作，以对方出资、自己出人的方式创建公司，再按比例进行利润分成。

2014年，阿里巴巴与郑卫宁慈善基金会正式签约推动"云客服"项目：由阿里巴巴提供一批在线客服就业岗位，由集团联合残联，对符合条件的残疾人进行完善的岗前培训，并辅助他们签约上岗。由于岗位匹配度高，残疾人工作的意愿很强烈。这给残疾群体在淘宝平台上为消费者提供业务咨询、产品销售、售后服务等远程客服，完成远程外派工作等提供了便利，从而实现残疾人特别是重残人员的居家远程就业。

2015年7月，中残联与郑卫宁慈善基金会就该项目签约，并作为中残联全国残疾人就业的重大项目启动与推广。"只要当地残联提供精准的残疾人就业需求数据，只要这些人能每分钟打30个字，经过短期的培训我们就能帮助他们实现就业。"郑卫宁称，这个项目给了残障群体就业机会和实现自我价值的机会，为他们的就业和生活提供了保障。

六、壮哉残友

"研究会是理论研究平台，网站是宣传的平台，企业则是实践的平台，三位一体全方面探索新时代最适合残疾人的生活方式！"从成立电脑学习兴趣小组到成立残友公司和创办中华残疾人服务网，引领一大批残障人士走入网络生活；从创办深圳市信息无障碍研究会，帮助更多的残疾人在网络世界实现信息无障碍的沟通和交流到成立深圳市残友软件有限公司，接收来自北京大学、湖南大学等高校软件以及计算机学校肢体残障的优秀毕业生；从开展盲人电脑免费培训，到推进"百城万人"居家残疾人远程就业计划；从"打字复印小作坊"到拥有1家慈善基金会、8家非营利机构、30多家高科技社会企业、员工超过5000人的庞大社会企业集群，公司已发展成为国际唯一全部由残疾人软件技术精英组成的高科技软件企业。业内普遍认为，残友是国内最好的社会企业之一。利用互联网，残友发展的每一步，都让残疾人有了更多的就业机会。依托信息高新技术产业，充分发挥残疾人的优势，开展了一场残疾人生存方式的革命，开创了一体两面的新型治理结构，形成了融经济功能和社会功能、经济组织和社会组织、经济制度和社会制度于一体的企业社区的独特社会企业模式，从而在极短的时期内获得高速发展，取得重大突破。对此，郑卫宁称，当初他没有想到为残疾人谋利，只想为自己改变一种活法；现在也没有想过为所有残疾人谋利，只想为身边的残疾人多做些，如果有能力，就多解决一些残疾人就业。解决一个残疾人就业，就是解救一家人。

区别于所有中国的福利企业，残友创造性地发挥了残疾人自我管理、自主发展的主动性，用全球唯一的残疾人管理团队，运用成功的商业手段和商业模式，成功使过千名残疾人借助高科技就业，完成了社会目的，是一种中国社会企业理论和实践相结合的创新。

2017年,残友又迎来了事业的高速发展,发起和开展的"百城万人"残疾人远程就业公益项目已在全国上百个省市全面开展,为数千名足不出户的残疾朋友通过互联网完成阿里巴巴等IT巨头远程的外派工作,提供了网络就业、远程就业、居家就业的多种类型工作岗位。同时深圳总部以及河南、上海、天津等分公司,集中招聘包括软件开发、影视特效、BIM建筑设计、电子商务等多种行业领域的专业岗位。

如今,残友集团作为中国现代产业体系内的"总部经济",已经走到了要将这个"标准化、制度化"的和谐科技平台在全国各地尝试推广的阶段。第一个广东省内的试点已在广州市南沙区筹建中,届时会招收近五百名残疾大学生,以综合信息服务的呼叫中心为主营业务,配以客户数据库开发的软件核心,将广东省的高端服务业推上一个新台阶。残友的大目标是"发展和谐科技,融入现代产业体系",而郑卫宁一生的创业追求也就最终浓缩在这里。多年的创业经历使郑卫宁深信:众多渴望理解、旨在贡献的残疾学子们,在残友这个高新技术领域残疾人集中就业的平台上,一定能实现自己"越是残疾,越是美丽"的人生价值,他希望残友模式能在中国甚至全世界推广,为促进残疾人的社会参与及创造社会价值而不懈努力,惠及千千万万的残疾人;致力于社会民生与高新产业辅助发展的和谐科技事业,以创业为驱动力,带领广大残疾人走上就业之路,形成残疾人的高端就业;打造能为自身、合作伙伴及社会带来良好价值的服务性无边界团队,为社会服务的同时实现残疾人的自身价值,保护残疾人的尊严。

尾 声

残酷的命运面前,郑卫宁以坚忍的意志自救,又以执着的行动救人。他把面对死亡的窘迫,化成回馈社会的豁达。多年以来,他缔造了残疾人在高科技领域集中就业的典范。他又以毫无保留的捐赠,为残疾人公益事业留下永续发展的平台。他和他的员工都是坚毅之人,在通往美好世界的路上,他们愿意付出比正常人多几倍、几百倍甚至成千上万倍的努力,也正因为如此,他们才共同缔造了如此强大的残友集团。

但是,放眼未来,想要在经济利益与社会目标之间实现可持续平衡,残友集团该怎样走出适合他们自己的企业化运营之路呢?又该怎样规避企业化运营风险呢?获得捐助和政府资金的扶持对残友集团的发展有长久性的帮助吗?残友集团又应该怎样更好地应对来自市场的挑战呢?

参考文献

[1] 金仁旻. 双重目标下的社会创业生态研究——以深圳残友集团为例[J]. 吉林工商学院学报,2016(3):42-46.

[2] 康蕾,何荷,张政杰,巫文瑜. 残友软件——走在中国社会企业发展的道路上[J]. 中外企业家,2011(20):145-146.

[3] 康蕾，徐月芳，何荷，张政杰，巫文瑜. 中国社会企业战略发展的思考——以深圳残友模式为例[J]. 战略决策研究，2012(2)：84-90.

[4] 林明玉. 公益宗旨的企业化实现：社会企业在我国的发展及其问题研究[D]. 上海：上海华东理工大学，2014.

[5] 彭劲松，黎友焕. 社会企业商业模式研究——以广东残友集团为例[J]. 江西社会科学，2012(4)：224-227.

[6] 易运文. 胡锦涛总书记三次接见的"残友大哥"残疾人社会企业创新的生命斗士——郑卫宁[J]. 社会与公益，2011(1)：43-47.

[7] 虞志秋. "社会企业"——深圳残友集团企业文化内涵研究[D]. 南宁：广西大学，2012.

[8] 赵石羊，聂振虎. 立体新模式，让公益活起来——记残友的首届"中国公益慈善项目大赛"之行[J]. 社会与公益，2012(7)：30-31.

附录

附录 1　2012 年 6 月中央电视台《奋斗》节目对郑卫宁的访谈

阿丘：到今天发展那么大，我想这个过程当中肯定会遇到很多槛，遇到很多转折，您印象当中哪一个槛、哪一个转折对您影响是比较大的？

郑卫宁：我们有几个里程碑，就是从 5 个人一直到 2005 年发展到 26 个人，一直是在我的家里。因为我们搬不下去，搬下去房租水电就会压垮我们，盈利能力非常弱。26 个人在 2005 年，政府在社区里给了我们一个自行车棚，我们修建起来就没有防风，进入那个自行车棚之后变成了 140 多人的时候，我们就开始分出去动漫和软件公司，这个就在 2008 年。所以说应该是我们的跨度从 1997 年成立，我们应该是在 2000 年成立的公司，2005 年发展到 26 个人从家里搬下去，然后从 2008 年开始井喷式的发展。

阿丘：咱们今天的残友集团到底是由哪些部分构成，做什么事？

郑卫宁：这个我们称之为三位一体，最主要的就是这是社会企业，残友集团下面有深圳和外地的 32 家分公司，这个社会企业是残友面对市场和盈利的所有来源。之前这个社会企业的所有股权是我个人的，那么 2008 年开始，我就把它全部捐出来，在 2009 年成立了基金会，所以目前我们的关系就是这 32 家企业和在深圳的残友集团登记的企业，它的所有的老板和股东是基金会，也就是说残友集团的财产是社会所有的，不是私有企业。那么基金会每年、每个月收了残友集团的这些利润之后，它做两个安排。一个是把一些钱继续拨给企业，做市场的发展和竞争，另一个是把另一部分钱拨给我们的公益机构。再回头为集团里的员工的 8 小时之外的免费的住、免费的吃、免费的洗衣、心理辅导、出行等等的社会服务，由这些专业机构来做，所以就形成了一个内部的循环。

阿丘：咱们也经常做一些慈善活动。

郑卫宁：是，譬如说我们那有无障碍的残疾人车，那么残友我们有一个车队，现在有5辆，我们内部员工用不完，我们现在就把呼叫的电话给了深圳的关爱办，他们全市的残疾人有谁需要车的时候，打电话给他们我们就免费地安排，给市民做免费服务。

阿丘：您跟我们说说，这个是全国自强模范奖章，是哪一年获的？

郑卫宁：这个是2009年，这个是残联和劳动资源保障部还有我们国家的中宣部几个部门，针对全国的残疾人颁布的一个叫全国自强模范。这里面我有最自豪的两个奖章，一个是这个，这个是国务院颁布的全国劳模，这2万人当中只有我一个是坐轮椅寸步难行的残疾人，劳模应该是用自己的劳动奉献社会，做出标杆性的作用的，所以说我觉得这个有一个时代的意义。

郑卫宁：我当时获奖的时候很自豪地告诉大家，未来会有越来越多的残疾人，坐轮椅的、挂拐杖的、走入劳模的行列。

阿丘：手底下的员工都喜欢叫你大哥？他们不叫你郑总，不叫你郑先生，叫您大哥，这个有渊源吗？

郑卫宁：有，我觉得我们这个企业，应该更多的是一个残疾人的家庭，我觉得我跟他们不是上下级，一直发展到最后我把它裸捐掉，也是想争得一个身份，就是跟他们一起都是为了换一个活法，不是为了挣钱，而是摆脱自己那种空虚、寂寞、毫无价值的人生。所以说我的办公室都写的叫大哥办公室，5年前我就已经把财务一支笔这种签字权，交给了我们的残疾人委员会，我自己就甘当一名员工，每个月我领我的工资，需要报销什么我也来贴条子。所以说从职务到形式，我从来没有认为自个儿是一个什么老板，我只认为我跟他们是同一个战壕的兄弟。前几天我发微博，说到我们的退养制，我们就是有一个如果有一些残疾人由于身体的原因，在我们这工作了3、5年之后他就面临死亡了，那么这种情况下我们就研究了一个制度，无论他工作几年，只要是一辈子，我们就给他发他自个儿之前最高的工资额，一直发到他去世，让他有尊严地死。

阿丘：好，我想问一下咱们企业现在有员工，你看原来5个人，26个人，我记得，现在是上千了吗？

郑卫宁：到目前已经有1270多人了，在深圳。在全国我们在珠海、广州、上海，包括新疆遥远的喀什我们都有分公司，所以全国的人数加上深圳的总数是3700多个残疾朋友。

阿丘：招工招揽人才，进人才有什么原则吗？比如说健全人和残疾人的比例应该是怎么的？

郑卫宁：我们原本是不歧视健全人，所以说我们想的是70%就可以，我捐赠的遗嘱上也是说残友未来比例不能低于70%，但是由于我们照顾残疾人，我们很多公司变成了实物公司，这让很多健全的大学生他喜欢全部拿钱，所以在这种情况下，我们目前的残疾人比例太高，在95%以上。我们的所有岗位，技术岗位和管理岗位全部是残疾人，可能只有厨师、清洁工、司机这样的岗位是健全人。以后这个比例我们想慢慢地，随着自个儿的工资越来越好，如果变成深圳的别的企业都能高出来一块，可能这个比例会稀释。

阿丘：还有没有很想做的事情，往后？

郑卫宁：有，我觉得一个人一生做好一件事不容易，像我这样的一个短命的身体，这么弱的残疾人能有幸做一件事，我觉得更要把它做好。所以说，我们目前是10个月之前我们在喀什开了一个分公司，用的全是维吾尔族的残疾人，意图就是进行一个尝试，就是语言不同、宗教信仰不同的时候，可不可以复制成果。那么喀什的模式非常成功地解决了68个维吾尔族残疾人的就业，下来我们可能就要走出国门。

郑卫宁：目前我们在香港、澳门和台湾，这种大中华地区已经有分公司，我想把未来的几年，我想在欧洲的鹿特丹、美国的硅谷，包括非洲还没有选好城市，都想开办这样的一个残友，让残疾人这种新的生活方式，在世界各地都能够开花结果。

附录2 郑卫宁经典语录

1.即使没有完美的身体，也可以拥有一个完美的灵魂！人生本是因为缺憾而美丽的。我的眼泪，有时候是一种无法言说的幸福；我的微笑，有时候是一种没说出口的伤痛！残疾没让我习惯了得到，便忘记了感恩；重病告诫我对未来真正的慷慨，是把一切奉献给现在。

2.人生是艰苦的，对于那些不甘于平庸鄙俗的人，是一种每日的战斗！爱与生艰难、生存与职业艰辛，生活就是一个艰苦的包裹。直面人生是不能退缩或堕落，去学会生活、学会爱，去承担这生命中艰苦的一切，然后从中寻觅出美与爱的存在，从一条崎岖的自我路径上寻找到通往整个世界的道路。

3.我最大的荣耀不是永远不跌倒，而是每次跌倒后爬起来。也许人生最大的快感，是做别人说你不能做的事。

4.我不害怕明天，因为我经历过昨天，又热爱今天。有时候，忽略那些发生在你身上的事，要好过纠结于这些事为什么会发生在你身上。